Peter Schellenbaum · Die Wunde der Ungeliebten

Peter Schellenbaum

Die Wunde der Ungeliebten

Blockierung und Verlebendigung der Liebe

Kösel

CIP-Titelaufnahme der Deutschen Bibliothek

Schellenbaum, Peter:
Die Wunde der Ungeliebten : Blockierung u. Verlebendigung d.
Liebe / Peter Schellenbaum. 2. Aufl. – München : Kösel, 1988
ISBN 3-466-34206-6

2. Auflage 1988, 11.–20. Tausend

Gesamtherstellung: Kösel, Kempten
Umschlag: Elisabeth Petersen, Netterndorf
Umschlagmotiv: Deckenfresko von Signorelli im Dom von Orvieto
ISBN 3-466-34206-6

Inhalt

Vierter Teil

Befreien

Hinweis und Dank

Um das Thema »Die Wunde der Ungeliebten« nicht zu verfehlen, muß ich mich als Ganzes einlassen: als Mensch mit einer eigenen Lebensgeschichte –, als Psychotherapeut, der aus Neigung und von Berufs wegen in nahe Berührung mit vielen Menschen kommt –, mit meiner Freude an Sprache und Erzählung –, mit der Überzeugung, daß Philosophie, Literatur und Mystik die Psychologie aus einer gewissen Enge abholen müssen –, mit dem Bedürfnis nach Theorie und Theoriekritik. Durch die Ausklammerung eines oder mehrerer dieser Bereiche würde ich zu kurz treten, nicht so weit kommen, wie es das Thema erfordert. So verbinde ich in diesem Buch Erzählungen aus meinem Leben, Fallbeispiele aus der psychotherapeutischen Praxis und Traumdeutungen (mit den aus Diskretionsgründen nötigen Verfremdungen), Dialoge mit Klienten, die als innere Dialoge gelesen werden können, philosophische Gedankengänge, Veranschaulichungen aus der Literatur, Einsichten der Mystik und theoretische Klärungen zu einem Ganzen: von außen betrachtet vielleicht eine verwirrende Mischung von unterschiedlichen Ansätzen, von innen gesehen jedoch ein Spiegel der Zusammenhänge im lebendigen Menschen und der Weiträumigkeit des Menschlichen. Die Psyche ist reicher als alle Systematisierungen der Psychologie.
Ich verfolge die Entwicklung einer Psychologie der Bewegung – der Psychoenergetik – weiter. In einer gemeinsamen Bewegung strömen Bereiche des Menschseins zusammen, deren Wechselbeziehung im ruhenden Zustand nicht aufscheint.

Meinen besonderen *Dank* sage ich
allen, denen ich als Psychotherapeut und Analytiker *folgen durfte;* sie führten mich zu den entscheidenden Einsichten
Peter Sloterdijk, dem Meister leiblicher Rede, der meiner Ausdrucksnot zu Hilfe kam
Stephano Sabetti, für Lebensimpulse
Heike, meiner Frau, für alle Herausforderungen
Heidi Widmer, für neue Belebungen in alter Freundschaft; in einem Gespräch mit ihr entstand der Titel zu diesem Buch

Georg Wachtler, für viele Anregungen und Hinweise
Dörthe Binkert, für Phantasie- und Denkanstöße
Gerda Boyesen, die mir an einem wichtigen Punkt einen Einfall ermöglichte
den Freunden der *Nietzsche-Arbeitsgruppe* in Sils-Maria im September 1987.

Zürich, im Mai 1988 Peter Schellenbaum

ERSTER TEIL

Ungeliebt

1 Keine Wunde ist älter

Vorgestern fragte mich eine Bekannte in der Nähe von München, wo ich ein Wochenendseminar leitete, ob ich denn im Buch, das zu schreiben ich vorhabe, wie in früheren nicht nur die Problematik der Menschen, mit denen ich therapeutisch arbeite, sondern auch meine eigene im Auge habe und folglich einen Reifungsprozeß nicht nur im Leser, sondern auch in mir ermöglichen wolle: die Heilung meiner eigenen Wunde des Ungeliebtseins. Sogleich antwortete ich: »Nein, dem ist diesmal nicht so« und dachte: »ich bin in der letzten Zeit ›zu Frieden‹ gekommen, zufriedener geworden. Ich habe alte Beziehungen geklärt und neue dazugewonnen. Bin ich alleine, fühle ich mich immer noch mit vielen Menschen und der Welt verbunden. Nein, diesmal schreibe ich hauptsächlich für andere. Außerdem liegt mir daran, den Therapieansatz der Psychoenergetik, den ich in ›Abschied von der Selbstzerstörung‹ ausgearbeitet habe, zu konkretisieren, zu erweitern und ideengeschichtlich zu situieren.« – »Nein«, wiederholte ich zu meiner Bekannten, »ich leide nicht mehr an der Wunde der Ungeliebten. Während meiner Kindheit schmerzte keine Wunde wie diese. Doch habe ich sie in meiner Lehranalyse und danach in fortlaufender Selbstanalyse aufgearbeitet. Die Wunde der Ungeliebten brennt nicht mehr in mir.«

Darauf träumte mir in der letzten Nacht folgendes: »In einem düsteren, trostlosen Raum stand ich mit vielen Menschen, vor allem Bezugspersonen aus meiner Kindheit. Jemand sagte mir: ›Schau dich an, wie kaputt du bist! Seit deiner schweren Operation vor drei Jahren bist du immer hinfälliger geworden. Deine Augen sind trübe und blicken nicht gesund. Dir geht es immer schlechter und deine Kräfte verlassen dich.‹ – Links von mir steht eine Frau, die Zuneigung in mir weckt. Doch auch sie schaut mich stumpf und starr an. Keiner liebt mich, wußte ich auf einmal, von allen bin ich unwiderruflich getrennt. Das ist die Hölle. Dieses Absterben von allem ist mein endgültiger Leidensweg.«

Ich erwachte und erinnerte mich, daß ich, als ich um Mitternacht in Tellaro ankam, den Ort ganz anders als erwartet vorfand: ein orkanartiger Sturm tobte, so daß ich noch eine halbe Stunde im Auto sitzen bleiben mußte, bevor ich die mitgenommenen Bücher und anderen

Sachen ausladen konnte. Kaum ausgestiegen, riß mir ein Windstoß den Schirm aus der Hand. Sack und Pack wurden naß. In der Wohnung angekommen, als ich das Fenster aufs Meer hin öffnete, spritzte mir die Gischt von einer hoch aufschlagenden Welle ins Gesicht und übersäte den Schreibtisch mit unzähligen feinen Tröpfchen. Mit dem, was auf mich einstürmte, hatte ich wirklich nicht gerechnet, ebensowenig wie im Traum.

Nach und nach beruhigte ich mich, begriff, daß im Traum einmal mehr wie wildes Wasser der zerstörerische Schmerz über längst Vergangenes durchgebrochen war, begriff auch, daß ich selber dabei der Frau im Traum ähnlich wurde: ohne Beziehung zu meiner Energie, meinem Organismus, zu den anderen. Überwachsenes und Vernarbtes waren wieder aufgerissen und hatten angefangen zu bluten: die Wunde der Ungeliebten in mir war nicht tot. Sie wird nicht sterben, solange ich lebe.

Jetzt, um Mittag, glitzert das dunkle Wasser vor mir in schwindlig schnellen Vibrationen unter der kräftigen Sonne. Der Glanz wäre nicht so frisch, hätte es in der letzten Nacht nicht gestürmt. Die Wunde der Ungeliebten brennt nicht mehr. Doch die lebendige Erinnerung an ihren Schmerz ermöglicht das Licht, das ich auf das zu Schreibende zu werfen gedenke.

Manche Menschen bringen es ein ganzes Leben lang nicht fertig, zu denken, geschweige denn zu sagen: »Meine Mutter hat mich nicht geliebt«, oder: »Mein Vater hat mich nicht geliebt«, oder: »Meine Mutter und mein Vater haben mich nicht geliebt«, oder einfach: »Ich bin ungeliebt«, auch wenn sie so fühlen. Dieser eine Satz scheint so schrecklich, so vernichtend zu sein, daß er nicht einmal in der Stille innerer Zwiegespräche laut werden darf. Doch seine entscheidende Wahrheit drängt unentwegt in den Ausdruck. Das dumpfe Wissen um das eigene »Ungeliebt« bahnt sich komplizierte Umwege ins Freie, weil der kürzeste Weg der klaren Aussage versperrt ist. Als psychologisch »aufgeklärte« Menschen erzählen wir vielleicht ohne Hemmungen, daß wir als Kinder bei dieser oder jener Gelegenheit alleine gelassen, daß wir nicht verstanden wurden, daß die Eltern überlastet oder krank waren, daß sie enge religiöse Grundsätze ängstlich machten, daß sie zu hohe Anforderungen an uns stellten, daß sie auf unsere besonderen Begabungen nicht einzugehen vermochten, usw. Das

»Drama des begabten Kindes« (Alice Miller) wird zum Konversationsstoff. Von Zeit zu Zeit wechseln die Argumente, mit denen wir unser fundamentales Unbehagen über uns selber erklären und loswerden wollen. Wie arme Seelen auf der Suche nach Erlösung schweifen wir unstet von Erklärung zu Erklärung. Doch die Energieladung ist massiver als das in Worten Ausgedrückte. Auf dem Irrweg ins Freie vernebeln wir die klare, einfache Wahrheit: »Ich war ungeliebt und bin es immer noch.« Dies ist eine Wahrheit, die auch für die Zuvielgeliebten und Fehlgeliebten zutrifft. Mangel an Liebe hat viele Masken. – In einem tiefen Sinne, den ich beleuchten werde, trifft diese Wahrheit auch für die »ausreichend Geliebten« zu. Die Wunde der Ungeliebten ist die Wunde des Menschseins.

Oder aber wir mildern die explosive Kraft solcher Aussagen, indem wir sie durch einen psychologischen Fachjargon filtrieren. Wir sagen dann etwa, daß wir symbiotisch sind, an frühkindlichen Frustrationen leiden, daß es uns an Empathie mangelte oder wir eine narzißtische Wunde haben. Wir benützen also die Psychologie, um dem wuchtigen Urschmerz auszuweichen: »Meine Mutter hat mich nicht geliebt«, oder: »Mein Vater hat mich nicht geliebt«, oder: »Meine Mutter und mein Vater haben mich nicht geliebt«, oder einfach: »Ich bin ungeliebt«.

Höchstens bringen wir es noch fertig, in vernünftiger Distanzierung zum eigenen Gefühl und im Bemühen um Objektivität zu sagen: »Ich wurde nicht richtig oder nicht genug oder zuviel geliebt.« Aus sachlicher Warte ist diese Formulierung sicher zutreffender. Wie hätten wir sonst das Säuglingsalter überlebt? – Doch sind wir keine Sache, und die Sprache der Gefühle, die Gefühlstatsachen offenlegt und heilt, kennt kein sachliches »teils-teils«. Ein Gefühl, das offen ausbricht, ist ganz und ungeteilt: Das Mädchen, dem die Mutter verbietet, an Bubenspielen teilzunehmen, obschon es auf nichts mehr Lust hat als auf diese, fühlt sich, wie es jetzt dasitzt und weint, ganz und gar ungeliebt. Sein Schmerz ist ungeteilt. Es sagt sich nicht: »Teils mögen mich meine Eltern, teils mögen sie mich nicht. In der Mädchenrolle mögen sie mich, in der Bubenrolle nicht.« Auch objektiv gesehen würde dieser Satz nicht stimmen. Die Freude an »bösen Kindern«, die soziale Konventionen über den Haufen werfen, ist das Unterscheidungsmerkmal einer bewußten, wahrhaftigen Liebe, die das Kind in seiner Besonderheit annimmt, jenseits bloßer Affenliebe. Wir brauchen diese

Liebe zwar nicht, um biologisch zu überleben, wohl aber um uns seelisch zu entfalten. Die Mutter hat ihre Tochter tatsächlich nicht geliebt! Ich spreche von *»Ungeliebten«,* wenn das Gefühl, ungeliebt zu sein, den springenden Punkt in der Lebenshemmung von Menschen ausmacht. Dies ist in allen tieferen psychischen Störungen der Fall, besonders in denen, die dem Narzißmus zugeordnet sind. Dieses Gefühl wird verdrängt, da es so entscheidend ist. Wird es schließlich zugelassen, zeigt es seine bestimmende Dominanz. Zwar erscheint es je nach Schwere der zugrundeliegenden Ereignisse in der Kindheit und entsprechend der eigenen Anlage und gegenwärtigen Lebenssituation mit unterschiedlicher Intensität. Auch schließt es andere Gefühle nicht aus, die wegen ihrer Positivität bewußt und bejaht sind. Und doch ist es das Gefühl, auf dessen Wahrnehmung es ankommt. Es auszusprechen, bedeutet einen Anfang von Heilung. Von daher sind die vereinfachende Bezeichnung von Menschen, die an ihm leiden, als Ungeliebte, und der Titel dieses Buches »Die Wunde der Ungeliebten«, gerechtfertigt. Die Wunde der Ungeliebten ist die Ursache eines Mangels an »Urvertrauen« (Erik Erikson). Wollen wir diesen mildern, müssen wir uns jener zuwenden.

Das Buch soll dazu anleiten, den Schmerz über das Ungeliebtsein in den Leib zurückzuholen, ihn bis in seine existentielle Tiefe zu durchschauen und durchzuspielen, um schließlich frei von ihm zu werden. Zunächst geht es darum, unsere Vernebelungsspiele – ich nenne sie »Unliebesspiele« – zu erklären, mit denen wir uns diesen Schmerz vom Leibe halten. Im *ersten Teil* – den ersten vier Kapiteln – ziele ich auf die Bewußtmachung der Tatsache des Ungeliebtseins, jedoch noch ohne weiterführende Erläuterungen und therapeutische Impulse. Im *zweiten Teil* – Kapitel fünf bis acht – bemühe ich mich um ein Verständnis für die Entstehungsgeschichte des Ungeliebtseins. Im *dritten Teil* – Kapitel neun bis zwölf – zeige ich einen Weg auf, wie das Entstandene zum Verschwinden gebracht, das Gefühl des Ungeliebtseins aufgelöst werden kann, nämlich im Durchleben der vollständigen Reihe der Emotionen, die der Tatsache des Ungeliebtseins entsprechen und denen die Betroffenen bisher ausgewichen sind. Im *vierten Teil* – Kapitel dreizehn bis sechzehn – erscheint die Wunde der Ungeliebten in einem tiefen Sinne als Existential, nämlich als Grundbefindlichkeit des Menschen überhaupt.

Daher wähle ich folgende kurze Titel für die vier Teile des Buches: *Ungeliebt – Verstehen – Spüren – Befreien*. Dieser Weg entspricht dem Vierschritt in der Lösung eines seelischen Problems: erst sind wir in ihm gefangen und befangen. Dann nehmen wir Abstand von ihm und versuchen, seine Ursprungsgeschichte zu verstehen. Darauf überlassen wir uns bewußt dem ins Leben drängenden Fluß der Emotionen, Bilder und Gebärden. Schließlich befreien wir uns zu einer wahrhaft menschlichen Existenz, die uns bisher verwehrt war.

Gesprächstherapien und Analysen bleiben oft in der zweiten Phase des Verstehens stecken. In diesem Falle gewähren sie wohl einige Durchblicke und Durchbrüche ins blühende Land der Emotionalität, doch sie rufen dann wieder zur Ordnung des Analysierbaren. Körperorientierte Therapien überspringen meist die zweite Phase des gründlichen Erforschens, oder sind dessen Anforderungen nicht gewachsen, so daß die emotionale Erfahrung nach und nach zum sterilen Agieren entartet. Die Psychoenergetik will das Zusammenspiel von Verstand und Emotion in einem einzigen natürlichen Prozeß ermöglichen, ohne daß eine der beiden beschnitten wird. Ich werde sie im vierten Kapitel erklären.

Zum erwähnten therapeutischen Vierschritt wurde ich von Gautama Buddha in einigen seiner Lehrreden inspiriert: Der erste Schritt besteht bei ihm in der »Wachheit« für reale »Gegebenheiten«, der zweite in der Beobachtung von deren »Umständen der Entwicklung«, der dritte führt zur Erfahrung der »Umstände des Vergehens«, und der vierte schließlich zur Fähigkeit, der Anfangssituation »künftig keine (erneute) Entstehung«[1] mehr zu geben. Es geht mir nicht um den Vergleich der Inhalte dieses Buches mit denen der Lehrreden Buddhas, sondern um den psychologischen Prozeß, der in den vier Schritten zum Ausdruck kommt: von der Offenlegung unserer Verdrängungsspiele zur weitmöglichsten Einsicht in das, was wirklich in der Kindheit war und heute ist, dann zu dem, was aus innerer Notwendigkeit aus uns leben will, und endlich zur Befreiung aus der Versklavung durch alte Lebensmuster. In der Ordnung dieses einfachen Modells menschlicher Reifung kann sich das Nicht-Ordnungsgemäße, d. h. alles, was mit Unliebe und Liebe zu tun hat, nach und nach ausbreiten.

Gesellschaftlich gesehen hat die Wunde der Ungeliebten mit den *faulen Verneinungen* zu tun, die ein Mensch in träger Unterwerfung unter die Spielregeln von Familie, Nation, Kultur und Religion annimmt: mit dem Nein zu jenen Spielarten des Menschlichen, die von der Gesellschaft nicht angenommen sind. Die Unterwerfungszwänge gibt er an seine Kinder weiter, die zuerst leiden, dann schweigen und schließlich wie ihre Eltern andere leiden machen. In seinen Ausführungen über den Magnetismus bezeichnet Peter Sloterdijk den zivilisierten Menschen als »Sumpf stagnierter Negativität«[2]. Der Magnetismus ist die Ursprungsform der modernen Psychotherapie (4. Kapitel). Er sah den menschlichen Leib nicht mehr wie Descartes als »ausgedehnte Sache«, sondern als mit innerem Wissen um Gesundheit und Krankheit begabt. Haben wir Zugang zu seinem Wissen, kennen wir auch die notwendigen Revolutionen, das Nein zu den faulen Verneinungen. Die Regeln der Gesellschaft werden dann als das erkannt, was sie sind: Spielregeln, die im Gegensatz zu festen Normen geändert werden können, nämlich immer dann, wenn sie mehr schaden als nützen. So werden wir, je näher die Befreiung von unserem Gefühl des Ungeliebtseins rückt, erstarrte Normen wie Eiterbeulen aufbrechen lassen. Ungeliebtsein ist »normal«, weil Normen Entscheidendes von dem, was in uns und anderen liebenswert ist, nicht bejahen, während Liebe »anormal« ist (Titel des 14. Kapitels), weil sie auch das in uns und anderen bejaht, was die Norm verneint.

Daher ist die Wunde der Ungeliebten nicht Privatangelegenheit derer, denen es an Liebe gefehlt hat und die jetzt nicht lieben können. Sie ist ein gesellschaftliches Phänomen: Eltern, die ihre Kinder in deren Anderssein nicht lieben können, sind von sozialen Konventionen und aus diesen entspringenden Lebensängsten fehlgeleitet. Liebe, auch Elternliebe, ist das Natürlichste der Welt. Um sie brauchen wir uns nicht zu bemühen. Sie strömt von alleine, wenn wir uns nicht gegen das Leben sperren. Unbehindertes Leben setzt Liebe frei. Lebensenergie ist Liebe: gleichzeitig zu sich wie zu den anderen. Nur durch Normen zurechtgestutzte Menschen müssen diese Vorstellung als idealistisch ablehnen. Doch stellen nicht auch sie fest, daß sie in Phasen größerer Ungezwungenheit und Lebendigkeit mehr Liebe empfinden? – Nein, v. a. mit den Hindernissen zur Liebe, mit den Umständen, unter denen der Liebe Wunden geschlagen werden, haben wir uns zu befassen. Alles andere ergibt sich von alleine. Ich werde zwar auch über die Liebe schreiben, doch nur um das, was spontan quillt, wenn wir es nur zulassen, im Wort zu bestärken, zu verstärken. – Weil Normentreue und Mangel an Liebe zusammenhängen, darf das Therapiezimmer kein Zufluchtsort vor den gesellschaftlichen Realitäten sein. Es muß im Gegenteil zu einem Ort werden, wo das Individuum als Schnittpunkt von Eigenem und Fremdem sich selber durchsichtiger wird. Nur so kann es schließlich Spielräume für Menschliches, das bisher ungeliebt blieb, eröffnen.

Es gibt ein Gefühl, bei dem Eltern aufmerken sollten, wenn es bei ihrem Kind auftritt: die *Scham*. Scham ist das Gefühl, das an Konfliktpunkten zwischen Individuum und Gesellschaft entsteht. Wessen wir uns schämen, das decken wir bei uns zu und lieben es nicht. Wir fürchten die *Schande:* mit Schimpf und Schande verstoßen zu werden. Das gesellschaftlich Verpönte weckt im Individuum Scham. Solche sozial bedingte Scham ist nicht mit der natürlichen Scham, d. h. der Zurückhaltung zu verwechseln, die wir manchmal brauchen, um zu uns zu kommen und bei uns zu bleiben. Menschen, die sich oft vor anderen schämen, sind unfrei, lieben sich nicht, neigen zur Verschmelzung mit idealisierten Bezugspersonen – und zur Depression. Ihre Wunde ist die der Ungeliebten.

Wie traurig, daß das geschlechtliche Kontaktorgan der Frau als »weibliche Scham« bezeichnet wird, als etwas, dessen sich die Frau zu schämen hat. Weibliche Depressionen kommen denn auch oft aus diesem Bereich der Geschlechtlichkeit, der zugedeckt und kontakttot gemacht wird. Und weckt die Schamhafte in verklemmten Männern nicht Aggressionen, manchmal bis zu Vergewaltigungswünschen? Mit diesen konfrontiert, sieht sie sich in ihrer Scham bestätigt, deckt sich noch mehr zu, liebt sich noch weniger. So schließt sich der Teufelskreis von gesellschaftlicher Prüderie und Borniertheit, individueller Scham und Gewalt.

Das, wessen wir uns schämen, ist das Ungeliebte in uns, sei es ein bestimmter Körperteil, etwa die »zu dicken Schenkel«, sei es eine Eigenschaft, z. B. die belächelte Vorliebe eines Knaben, mit Puppen zu spielen, sei es ein von der Gesellschaft zu Recht geahndetes Vergehen oder Verbrechen, das, solange wir uns seiner bloß schämen, seine paradoxe Bedeutung, Wandlungsfähigkeit und Fruchtbarkeit in unserem Leben nicht entfalten kann. Auch hier steht der Teil für das Ganze, die Verachtung eines einzigen Aspekts in uns für die Verachtung unseres ganzen Seins. Nicht zudecken sollen wir die Wunde der

Ungeliebten, sondern uns ihr zu-wenden und zu-neigen. Dann kann sie, Fokus unseres Leids, zur Quelle unserer Lebendigkeit werden.
Die Dichterin Virginia Woolf spürte im Prozeß des Schreibens ihre Lebendigkeit. Las sie dann nach Beendigung eines Werkes das Geschriebene durch, wurde sie regelmäßig von Scham überwältigt. Sie war eine Frau des gesellschaftlichen Übergangs. Im Gegensatz zu Millionen anderer Frauen ihrer Generation öffnete sie ihren Mund, doch schämte sie sich anschließend ihrer Worte. So infizierte sich die Wunde der Ungeliebten in ihr stets von neuem. Virginia Woolf nahm sich 1941 das Leben, kurz nachdem sie den Roman »Zwischen den Akten« vollendet hatte.[3]
Es ist schwierig, zu den Worten zu stehen, die aus unserem Innersten gekommen sind, ebenso, wie es schwierig ist, einen Blick im lebendigen Kontakt auszuhalten. Menschen, die als Kinder Ungeliebte waren, haben es schwer, sich selber unter dem Auge eines anderen Menschen zu lieben. Gelingt ihnen dies nicht, erleben sie sich weiterhin als Ungeliebte, auch wenn sie geliebt werden. Gelingt ihnen dagegen das Standhalten im magnetischen Feld einer Blickverbindung, werden sie lebendig und kreativ. – Ich werde zeigen, wie wir an kritischen »Blick-Punkten«, wo sich das Ganze entscheidet, lernen können, die Spannung auszuhalten, weiterzugehen und auf der Energiespur, d. h. auf der Fährte der Lebenslust zu bleiben (9. und 10. Kapitel).
Es sind immer extreme Fälle, die die ganze Tragweite eines Problems aufzeigen. Es gibt Menschen, bei denen die Wunde der Ungeliebten so alt und so tief ist, daß sie die ganze seelische Persönlichkeit in Brand setzt und in die Psychose führt. Margaret Mahler berichtet in ihrem Buch »Symbiose und Individuation« von einem siebenjährigen Jungen, der nach dem plötzlichen Verlust seiner Mutter, von der er sich noch nicht in altersentsprechender Weise gelöst hatte, Bierfässer berührte, um »die abgebrochene Verbindung zur schwangeren Mutter wiederzufinden und zu reparieren«[4] und schließlich psychotisch wurde. Solange das »symbiotische Objekt«, wie Sigmund Freud schreibt, noch als integraler Bestandteil des eigenen Ich erfahren wird, schließt sein Verlust die Drohung der Selbstvernichtung in sich ein. – Die Wunde der Ungeliebten entsteht immer zu einer Zeit, in der wir symbiotisch, also verwachsen, verflochten und verknotet mit einem Menschen sind. Ist diese Verknotung groß, gräbt sich die Wunde bei einem Liebesverlust

tief ein, und wir erfahren uns nur noch in Schmerz und Vernichtung. Es scheint manchmal, als könne dies auch in der gescheiterten Liebesbeziehung zweier erwachsener Menschen geschehen. Doch geschieht es da, geschah es schon früher, nämlich in Kindheit und Jugend.

Der Gipfel- und Umschlagpunkt der symbiotischen Phase ist das dritte Viertel des ersten Lebensjahres. Da beginnt sich das Kind von der Mutter zu unterscheiden und sich als eigenes Individuum zu fühlen. Diese Phase dauert ungefähr zwei Jahre und führt zur »entwicklungsmäßigen Bereitschaft des Kindes zu unabhängigem und getrenntem Funktionieren sowie der Freude, die es dabei empfindet«[5]. Freilich bleibt durch die ganze Kindheit und Jugend, und oft noch darüber hinaus, eine mehr oder weniger intensive Verschmelzung mit den Eltern. Doch ist das unabhängiger gewordene Subjekt durch spätere Liebeswunden nicht mehr mit totaler Vernichtung bedroht.

Aus unserem Beziehungsverhalten als Erwachsene läßt sich direkt ablesen, in welcher Weise wir in der Kindheit nicht geliebt wurden. Wer das Beziehungsverhalten der Ungeliebten zu entschlüsseln weiß, erfährt dabei Genaueres über Art und Ort der Wunde als durch das Zusammentragen von Kindheitserinnerungen. Daher sollte das Gespräch immer von der gegenwärtigen Situation ausgehen und regelmäßig zu ihr zurückführen. Dazu kommt, daß die Wunden der präverbalen Phase vom Betroffenen ohnehin nicht mit Worten wiedergegeben werden können. Das therapeutische Vorgehen zielt hier zuallererst auf die Verlebendigung der Emotionalität (12. Kapitel). – Mit dem Gesagten will ich Kindheitserinnerungen nur relativieren, nicht entwerten. Diese ans Licht zu fördern, bleibt ein wichtiges Ziel im Reifungsprozeß eines Menschen, nicht zuletzt, weil wir uns durch ihre Wiederbelebung in einem geschichtlichen Entwicklungszusammenhang erfahren, sowohl im Lebensfördernden als auch im Lebenshemmenden.

Wo wir nicht geliebt wurden, lieben wir uns selber nicht. Dem Mangel an Selbstliebe entsprechen blinde Flecken in unserer Selbsterkenntnis. Der Leitsatz des Orakels von Delphi »erkenne dich selbst« muß durch den Leitsatz »liebe dich selbst« ergänzt werden, denn psychologisch gehören Erkennen und Lieben untrennbar zusammen. Das ist ein Grundsatz der Psychoenergetik: durch die Verbindung des Therapeuten mit dem emotionalen Drang des Klienten werden dessen Selbstliebe und Selbsterkenntnis »angestoßen« und gefördert (4. Kapitel).

Wir erkennen den Ungeliebten daran, daß er da, wo er sich nicht kennt und liebt, in anderen Menschen *spiegelt*. – »Indem er andere widerspiegelt – und auch sich selbst – bemühte er sich zu lernen, wie man fühlt, wie man Emotionen hat«, schreibt Margaret Mahler von einem jungen, affektleeren Mann. Sie nennt diesen Vorgang *Spiegelidentifikation*. Laut Mahler sucht der Ungeliebte unablässig in allen Menschen, denen er nahe kommt, die Mutter, deren Augen Liebe für ihn widerspiegeln sollen. Daraus entstehen affektive Abhängigkeit und Unfähigkeit, einen Partner als anderen zu sehen und zu spüren. Durch die *Leitbildspiegelung* (8. Kapitel) suche ich einen Weg aus der Spiegelidentifikation. Aus dem passiven Angewiesensein auf die spiegelnde Bezugsperson soll aktive Selbsterfahrung im Spiegel eines passenden Leitbildes werden.

Die Wunde der Ungeliebten äußert sich im schmerzlichen Gefühl, *nicht geliebt*, sondern *ausgestoßen* zu werden (5. Kapitel). Dieses Gefühl ist in bezug auf die aktuelle Lebenssituation jedoch oft unrealistisch: Ungeliebte – in der psychologischen Bedeutung, die ich diesem Wort gebe – werden in der Gegenwart oft nicht weniger als andere Menschen geliebt und angenommen. Das Gefühl, nicht geliebt zu werden, obschon die Realität dagegen spricht, weist, solange es andauert, auf die Gefühlstatsache hin, selber nicht lieben zu können.

2 »Wieder der Falsche!« und andere Unliebesspiele

Ich bezeichne solche Menschen als Ungeliebte, die an einem kritischen Punkt ihres Lebens, meist schon in der Kindheit und Jugend, eine traumatische Erfahrung mit der Liebe gemacht haben, die sich in die Persönlichkeitsstruktur eingefressen hat und nun alle Gefühlsbeziehungen verfärbt und beeinträchtigt. In jeder späteren Beziehung läuft ohne ihr eigenes Dazutun das Programm »Ungeliebt« in der individuellen Spielart ab. – Der erste Schritt in der Therapie besteht darin, überhaupt zu erkennen, daß ein Programm und welches Programm abläuft. Es ist verkehrt, zu Beginn gleich alles erklären und deuten zu wollen. Erst wenn das Gespür für die Fehlprogrammierung in Fleisch und Blut übergegangen ist, kann die Deutung des Therapeuten im Klienten Distanz zu den Unglück bringenden Abläufen schaffen und den Zugang zu neuen Gefühlserfahrungen freilegen.
Therapien, in denen diese erste Phase der sorgfältigen Bestandsaufnahme zu kurz kommt, gleichen üppig aufgequollenen Wasserpflanzen, die ebenso schnell wieder verwelken, wie sie gewachsen sind. Auf das Schwelgen in tiefen Einsichten und Erfahrungen folgen Ernüchterung und Enttäuschung. Natürlich ist mit dem Aufdecken des eigenen »Skripts«, wie die Transaktionsanalyse den krankmachenden Lebensplan nennt, noch zu wenig getan. Doch ist dieses Wenige unerläßlich, um weiterzugehen. Außerdem ist es amüsant, durch konsequente Übersteigerung im dialektischen Gespräch, wie Sokrates es liebte, die eigenen Spiele ad absurdum zu führen. Das Lachen ist der Anfang der Veränderung. Die meisten Klienten erleben zunächst die Therapie als Leistungsanforderung. Solange diese besteht, läuft das Unglücksprogramm weiter, das sie in die Therapie geführt hat. Wo viel gelacht wird, geschehen oft erstaunliche Wandlungen. Daher werde ich die Spiele der Ungeliebten – die »Unliebesspiele« – nicht mit pathetischem Ernst, vielmehr mit leichter Ironie beschreiben. Diese entspringt nicht einer Mißachtung der Menschen, mit denen ich arbeite, sondern im Gegenteil einer Zu-neigung, die sich nicht durch deren Lieblosigkeit zu sich selber düpieren und zerstören läßt.
In diesem und dem folgenden Kapitel werde ich einige verbreitete

Unliebesspiele schildern. Die Tatsache, daß jemand in einem von ihnen virtuoses Können erreicht hat, bedeutet keineswegs, daß er nicht auch in anderen überdurchschnittlich bewandert ist. Vielleicht hat er sich aus mehreren Spielen eine eigene originelle Synthese erarbeitet. Allen gemeinsam ist die Verbindung zweier widersprüchlicher Strebungen: die eine ist das Trauma, d. h. die prägende seelische Verwundung aus der Kindheit, das sagt: »Nein, es gibt keine Liebe«, die andere das Ich, das verzweifelt kontert: »Doch, es muß Liebe geben.« – Aus diesem Widerspruch entsteht eine »Kohabitation«, ein »Zusammenhausen«, das uns nur dann als natürlich erscheint, wenn wir selber in dieser Zwiespältigkeit zu Hause und gefangen sind. Und gefangen sind wir alleweil, solange das Nein des einen inneren Konfliktpartners das Ja des anderen mundtot macht und umgekehrt. So entstehen die berühmten doppelten Botschaften (Gregory Bateson).

In einem Liebesgedicht schreibt Pierre *de Ronsard:* »Si c'est un malheur, baste, je délibère / de vivre malheureux en si belle misère.« In freier Übersetzung: »Ja, es ist ein Unglück, doch entscheide ich mich, unglücklich in diesem schönen Elend zu leben.« – Es scheint manchmal, als würden Ungeliebte zu dieser Einstellung neigen. Oft ist der Lustgewinn aus Unliebesspielen nicht unbeträchtlich. Das Ich holt sich alle Rosinen aus dem mißratenen Kuchen. Dem Therapeuten werden diese Rosinen verheimlicht. Nur der glückliche Gesichtsausdruck beim Erzählen der sich wiederholenden unglücklichen Unliebesgeschichten verrät manchmal die heimlichen Rosinen, die den Klienten laben. Verlöre das Leben nicht jedes Interesse, wenn es einfacher würde? So scheinen sich solche Spielernaturen zu fragen. Hier liegt die Schwierigkeit zu Beginn einer Therapie: man kann sich das »andere« noch nicht vorstellen. Im therapeutischen Gespräch müssen die schlimmen Spiele weiter als sonst und auf die Spitze getrieben werden, so daß mit der Unlust auch das Bewußtsein für die Spiele als Unliebesspiele durchbricht. – Ich beschreibe das erste Spiel ausführlicher als die folgenden, denn allen ist einiges gemeinsam.

Das *erste Unliebesspiel* heißt: *»Wieder der Falsche!«* – Schon viele Male hatte sich eine 25jährige kultivierte Frau in deutlich ältere Männer verliebt, die alle protzig, primitiv und unbeherrscht waren, rücksichtslose Geschäftsleute, doch in der Liebe zärtlich und warm wie Brummbären. So jedenfalls stellte die Frau sie dar. Das erste Glücksgefühl, das der wohligen Nähe und der Stallwärme entsprang, dauerte immer nur kurze Zeit. Im *ersten Akt* des Dramas spielte die Sexualität keine oder eine geringe Rolle. Die Frau versank in unendliche Geborgenheit, grub sich gleichsam in die Fettleibigkeit dieser Männer ein und gesundete in deren vertrauenserweckender Masse. Sie war uneingeschränkt glücklich und beteuerte, eben das, was dieser Mann in seinem Wesen sei, seit jeher gesucht zu haben. Auf ihn könne sie ihr Leben bauen. Und sie begann Pläne zu schmieden, wie sie gemeinsam mit dem neuen Freund ihr Leben einrichten könne. Wohnte der Mann in einer anderen Stadt, war sie gleich bereit, zu ihm zu ziehen und ihren bisherigen Freundeskreis aufzugeben.

Doch soweit kam es nie. Auf einmal nämlich begann sich eine abgrundtiefe Verachtung für den eben noch Vergötterten breitzumachen: der *zweite Akt* des Dramas. Diese plötzliche Verachtung machte ihr ganzes Lebensgefühl aus. Jetzt hatte sie Lust, mit ihm zu schlafen. In der Sexualität schikanierte und demütigte sie ihn. Zeigte er die geringsten Anzeichen von Ermüdung, machte sie sich in sarkastischer Weise über sein Alter lustig. Oder aber sie weigerte sich, mit ihm zu schlafen, wenn sie spürte, daß er große Lust darauf hatte. All dies geschah natürlich ohne bewußte Absicht.

Im *dritten Akt* erntete sie die Frucht ihrer Verachtung, nicht von seiten des Mannes, der in diesem raschen Wechsel noch gar nicht begriff, wie ihm geschah, sondern aus ihrem eigenen Inneren. Die Leidenschaft ließ nach und brannte aus. Nun wurde sie von Angst ergriffen, sich auch von diesem Freund trennen zu müssen, versuchte mit Willensanstrengung, nett zu sein, strengte sich an, mit dem Partner zu schlafen, schmeichelte ihm aus schlechtem Gewissen und machte Geschenke.

Doch die Abneigung wuchs, so daß der Übergang zum *vierten* und letzten *Akt* gegen ihren Willen geschah. Sie konnte nicht mehr anders: auch diesen Mann mußte sie fallenlassen. Nachdem sie dies getan hatte, zog sie sich zurück, wurde apathisch und stumpf, aß viel, schlief viel, versuchte zu vergessen und das Erlebte auszulöschen, bis sie endlich den Satz, der sie von aller Schuld, Schmach und Nachdenken erlöste, mit voller Überzeugung aussprechen konnte: »Es war halt nicht der Richtige. Wieder der Falsche!« – und dies schon zum sechsten Mal.

Es stimmte: Sie hatte seit jeher – seit ihrer Kindheit – »diesen Mann« gesucht, einen »Vater« nämlich, der sich nicht gefühlsarm und kalt von

ihr distanzierte, wie ihr wirklicher Vater es getan hatte, – einen Mann, der nicht so geschliffene, seelenlose Umgangsformen hatte wie dieser, – einen Mann, der stierhaft saftig auf dem Boden stand, rücksichtslos zu allen aber gut zu ihr, während ihr realer Vater gleichgültig zu ihr und rücksichtsvoll zu den anderen war. Nur dieser fleischige, fleischliche Brummbär konnte sie vom spannungslosen Gespenst, das ihr Vater war, erlösen. – Doch wie liebte sie trotzdem immer noch ihren wirklichen Vater, wie sehnte sie sich nach ihm! Wie nur kann sie ihm gefallen, ihm zu Gefallen sein? – In der zweiten Phase begann ihr Vater erneut aus ihr zu wirken und zog ihre Energie immer mehr an sich: die Wirklichkeit eines Komplexes (C. G. Jung), der Energie bindet und das Leben aushungert. Was sie brauchte, verachtete sie; den, dessen Kraft sie bedurfte, entmachtete sie. Doch dauerte die Lust der Nähe noch an; noch floß ihr Gefühl mit kräftigem Gefälle, auch wenn es ein Gefühl der Verachtung war. Diese zweite Phase war die kurze, vollendete Verbindung der beiden widersächlichen Strebungen in ihrem Herzen: hin zu diesem Mann, der sie vom Vater erlöste, und hin zum Vater, der den Rivalen strafte. In der Lust der Verachtung waren beide vereint. – In der dritten und vierten Phase jedoch schlug der Vater den Erlösermann aus dem Feld, wie in der ersten Phase dieser es mit dem Vater getan hatte. Der Regelkreis schloß sich: ein Spiel ohne Ende, Lebenslust gegen das Leben verpufft.
Die Frau und ich spielten die vier Akte durch, dehnten in der Phantasie jeden bis an die Grenze des Erträglichen aus: die Zeit der Geborgenheit bis zum Verlust von Willen und Selbstbestimmung, die Zeit der Verachtung bis zur Vernichtung dessen, was ihr am meisten not tat, die Zeit künstlichen Bemühens um das, was schon verloren war, bis zur grotesk verrenkten Höflichkeit, die sie von ihrem Vater übernommen hatte, und die Zeit der Antriebsarmut nach der Trennung bis zum Gefühl totaler Sinnleere, so daß sie im Schmerz des neuen Bewußtseins den oft wiederholten Ausruf: »Wieder der Falsche!« schließlich nicht mehr über die Lippen brachte. – Jetzt lag die Wunde der Ungeliebten offen da, und sie konnte Beziehung zu ihr aufnehmen.
Das *zweite Unliebesspiel* heißt: *»Damit du mich lieb hast.«* – Mit nichts können Eltern ihre Kinder besser dressieren als mit dosiertem Liebesentzug. Das Gängelband der Liebe ist wirksamer als die Peitsche des Dompteurs. Wer so als Kind um Liebe buhlen mußte, ist als Erwachse-

ner für das Spiel »Damit du mich lieb hast« prädestiniert. In Liebesbeziehungen geht es ihm wie dem Fischer in Goethes Ballade: »Halb zog sie ihn,/ Halb sank er hin / Und ward nicht mehr gesehn.« – Männer und Frauen, die zu sehr lieben, spielen dieses zweite Unliebesspiel: Passiv passen sie sich an, ordnen sich unter, tun alles um zu gefallen und leben in ständiger Angst, der andere verlasse sie. Ihre Abhängigkeit kann soweit gehen, wie bei jener Frau, die, wenn ihr Mann aufs Klo mußte, in helle Angst geriet, er haue ab. Die wahre Persönlichkeit geht bei diesem Spiel unter wie der Fischer in Goethes Ballade. Weil solche Menschen ihre Lebendigkeit, das »Seelenfünklein«, wie Meister Ekkehart sagt, nicht mehr spüren, werden sie unsicher bis zur Verzweiflung. Dieses Unliebesspiel hat viele Varianten. Ich erwähne zwei.

Die erste ist die *Leistungsvariante*. Deren Opfer wurden als Kinder nach dem sozialen Erfolg taxiert. Die Elternliebe war an die Bedingung guter Schulnoten geknüpft. Auch später als Erwachsene motivieren sie ihre Anstrengung nicht durch Lust an der Herausforderung, sondern durch Angst vor Liebesentzug. Dabei kommt die Spontaneität nie zum Zuge, weil diese nur im Spielraum einer absichtslos wohlwollenden Umgebung gedeihen kann. Menschen, die das Spiel »Damit du mich lieb hast« spielen, versuchen durch zwanghaftes Bemühen, durch Anpassung und Arbeit Liebe zu gewinnen, vertrocknen und verbittern dabei und werden schließlich beiseite geschoben. Denn wie kann man einen so verkrampften, unlebendigen, penetrant ängstlichen Menschen lieben? So wird die Befürchtung des Liebeshungrigen bestätigt. Dieser sucht, nach einer Überbrückungsfrist der Verzweiflung, einen neuen Partner, dessen Liebe er sich wiederum verdienen will, falls er sich nicht verhärmt zurückzieht. Immer mehr gibt er, immer weniger kann er nehmen, denn mit jedem neuen Liebeskummer sinkt seine Selbstachtung.

Die *Disziplinvariante* ist die zweite Spielart im Unliebesspiel »Damit du mich lieb hast«. Gerda *Boyesen* berichtet von ihren Eltern, die sie immer wieder ermahnten, nicht zu weinen. So preßte sie denn ihren Kiefer zusammen, »damit du mich lieb hast«. Konnte sie das Weinen trotzdem nicht unterdrücken, drohte der Vater ihr an, sie solange zu verdreschen, bis sie zu brüllen aufhöre. »Und die kleine Gerda hatte ihre Tränen zurückgepreßt und versprochen: ›Ich werde brav sein. Ich werde nicht mehr weinen, wenn du mich lieb hast.‹«[1]

Dieser Satz: »Ich werde brav sein, wenn du mich lieb hast« ist das Beziehungsmotiv vieler Ungeliebter. Es ist wichtig, daß diese ihre individuellen Beziehungsmotive in kurzen einprägsamen Sätzen selber formulieren, die sie sich in kritischen Situationen wiederholen können.

Früher wurde das zweite Unliebesspiel »Damit du mich lieb hast« bedeutend mehr von Frauen als von Männern gespielt. Heute wächst die Zahl der Männer, die es ebenfalls üben. – Ist das Spiel einmal gründlich durchschaut, geht es darum, der Sehnsucht nach der verpaßten Kindheit und Jugend im eigenen Leben Raum zu geben, damit das Verpaßte – Durchsetzungsvermögen und Selbstbehauptung – zu späterer Stunde doch noch eingeholt wird. Dabei tun Improvisation, Lust an spontanen Einfällen und Witz not. Im Zusammensein mit solchen Menschen merke ich manchmal, daß ich schlaff und müde werde: so also ist es diesen Menschen fast immer zumute. Doch wie wunderbar ist dann das Erwachen zu Leichtigkeit, Absichtslosigkeit und freiem Fluß!

Das Leitmotiv des *dritten Unliebesspiels* lautet: *»Ich liebe dich! – Lieb mich doch auch!«* Die Zuneigung des Protagonisten enthält eine versteckt aggressive Herausforderung an den anderen, ihn doch auch zu lieben, und zwar jetzt und unmißverständlich. Der Partner fühlt sich bedrängt und mag immer weniger. Nun beginnt die dramatische Phase in solchen Beziehungen. Zum intensiven Blick »Lieb mich doch, schließlich lieb ich dich!« gesellt sich der tragische Blick des Verschmähten. Die Vermischung beider Blicke ergibt Schmollen. Auch in diesem Unliebesspiel ist die zweite Phase die intensivste, denn auch sie vereinigt das Ersehnte: die Liebe des Partners mit dem traumatisch Gegebenen: der verinnerlichten Verweigerung der Liebe durch einen Elternteil. Der in diesem Spiel Gefangene will die Liebe des anderen wecken, in Wirklichkeit jedoch schlägt er ihn mit soviel Unfreiheit in die Flucht. In diesem Widerspruch werden die beiden widersächlichen Strebungen deutlich sichtbar. – Der kräftig signalisierte Liebesanspruch gibt dem Partner das Gefühl, ein unfähiges Kind zu sein, das dem Anspruch des anderen nicht gewachsen ist. Weil Kinder sich um so heftiger von ihren Eltern freistoßen, wenn diese ihre Liebe fordern, beginnt sich der Partner angesichts des drängenden Liebesbefehls vom anderen zu lösen. Falls er eine gute Erziehung genossen hat, läßt er dabei Rücksicht walten. Doch da seine Distanznahme überhaupt nicht zur Kenntnis genommen wird, sieht er sich selbst bei bester Erziehung zu immer größerer Rücksichtslosigkeit gezwungen, um sich vom anderen lösen zu können. Die Tragödie ist perfekt. Einmal mehr erfüllt sich das Schicksal einer vom Vater schlecht geliebten Tochter oder eines von der Mutter schlecht geliebten Sohnes. Die Umwelt des Verschmähten bekommt denn auch die Tragik des Geschehenen zu spüren. Die Verschmähten fühlen sich in einsamer Größe; der Umwelt kommen sie manchmal eher hausbacken vor.

Ganz anderer Art, und doch verwandt, ist das *vierte Unliebesspiel,* das letzte dieses Kapitels: *»Ich glaube nicht, daß du mich liebst.«* – Die Herausforderung ist versteckter. Schuldgefühle werden geweckt, Erlöserinstinkte aktiviert. Protagonisten des vierten Unliebesspiels wählen denn auch mit Vorliebe Partner, die selber ständig das Gefühl haben, irgendwie im Leben nie zu genügen.

Eine Frau mit dem verhaltenen Vorwurf in den Augen: »Ich glaube nicht, daß du mich liebst« entflammt das Herz eines Mannes, der ihren traurig ungestillten Blick von seiner nie zufriedenzustellenden Mutter her kennt. Diese warf ihr bedürftiges Auge nicht nur auf ihren Mann, sondern auch auf ihren Sohn. Ein solcher Sohn sagte mit zwölf Jahren zu seiner Mutter: »Ein anderer hätte dich besser genommen als mein Vater.« Die Mutter errötete beglückt und schaute ihren Sohn in trauriger Dankbarkeit an. Von soviel Intensität überrascht, wußte dieser auf einmal nicht mehr, was tun, und fühlte sich der für ihn noch unklaren Aufgabe nicht gewachsen. Und doch war dies sein erstes Glückserlebnis mit einer Frau, die er als Frau erkannte. Und eben diese verwirrende Liebesqual empfand er wieder, als seine spätere Frau ihn bei der ersten Begegnung mit dem traurig vorwurfsvollen Blick anschaute: »Ich glaube nicht, daß du mich liebst.« – Daß er dabei flugs in die Rolle seines Vaters rutschte, der seine Frau auch nicht davon überzeugen konnte, daß er sie liebte, war ihm damals nicht bewußt, ebensowenig, wie es der Frau bewußt war, daß sie ihren Freund und künftigen Mann auch nicht anders haben wollte als ihren Vater, der sie in ihrer Kindheit zu eigenen Zwecken benützt, aber nicht um ihrer selbst willen geliebt hatte. – In diesem letzten Unliebesspiel wird deutlich, was für alle anderen auch zutrifft: es sind Zweierspiele oder eigentlich Viererspiele, weil ein Elternteil bei beiden Partnern unsichtbar unter der Tarnkappe der Verdrängung mitspielt.

3 »Alle lieben mich« und weitere Unliebesspiele

Auch den Ungeliebten, denen wir uns jetzt zuwenden, mangelt es an »ausreichend guter Bemutterung« (Melanie Klein) oder »Bevaterung«. Ein erstes Unliebesspiel charakterisierte ich mit der Forderung: *»Der andere soll lieben«*. – Eine junge Frau, die bei mir in Analyse war, hatte innerhalb eines Beziehungszyklus jeweils drei Phasen in der Art, mir zu begegnen: zunächst sprühte sie vor Charme und Liebenswürdigkeit, überschüttete mich mit Komplimenten und heimlichen Verheißungen für die Zeit, »wenn die Analyse einmal zu Ende ist«. Dann zeigte sie sich durch jede noch so vorsichtige Deutung von mir bedrängt, in die Enge getrieben und ohnmächtig ausgeliefert. Schließlich suchte sie bei mir nach Schwächen und Fehlern, entwertete mich und versuchte, Macht über mich zu gewinnen.

Ihre Liebesbeziehungen hatten den gleichen Ablauf. Von Sehnsucht nach Liebe getrieben, lockte sie einen Mann, der ihr meistens unterlegen war, an, bewunderte ihn aus voller Seele, sendete unmißverständliche erotische Signale aus, bis es ihn »übermannte«, seine Sexualität in Fahrt geriet und er darauf drang, daß die Frau ihr Versprechen einlöste. Nun wechselte deren Stimmungslage abrupt: sie fühlte sich bedrängt und in einer ausweglosen Situation gefangen, wurde kalt und starr wie Eis. Erst also lockte, dann »blockte« sie. Um nicht an sich zu zweifeln, zu verzweifeln, drehte sie schließlich den Spieß um, verlor jedes Interesse am Mann, den zu entflammen ihr gelungen war, nach der Feststellung Watzlawicks: »Wer mich liebt, mit dem stimmt etwas nicht«[1], nannte ihn einen lächerlichen Zwerg, mit dem sich abzugeben sie überdrüssig war.

Da die zweite Phase der Bedrängnis und die dritte der Entwertung ihr selber keineswegs angenehm waren, lernte sie, die erste Phase der heimlich knisternden Erotik und verschleierten Verführung immer länger auszudehnen. Gerne hätte sie daraus einen Dauerzustand gemacht. Am liebsten hätte sie ein Leben lang auf der Grenzlinie zum zweifelhaften Paradies ausgeharrt, kurz vor dem Punkt, wo pralle Sehnsucht in banale Erfüllung hinein zerplatzt, mit angehaltenem Atem die Entspannung erwartend und verhindernd.

Die Analyse gab für ihr Unliebesspiel den idealen Rahmen ab. Die analytischen Spielregeln verboten das, was sie aufgrund schlechter Erfahrungen ohnehin nicht wollte, nämlich den Geschlechtsverkehr, und erlaubten das, was sie sich wünschte, nämlich die Spannung gebremst vibrierender Erotik. Nur eines geschah nicht, und dieses eine war für sie alles: »Der andere soll lieben«, ihr die Last des Liebens abnehmen, sie vergessen machen, daß sie selber nicht lieben konnte. Und weil dieses eine fehlte, d. h. weil ich in ihrem Unliebesspiel nicht mitagierte, war alles in Frage gestellt: ob ich der richtige Analytiker für sie war, ob sie mit ihrem Spiel nicht überhaupt recht hatte, und das menschliche Leben in seiner Grundbefindlichkeit nichts anderes als Reise, Auf-dem-Weg-Sein und Aufbruch sei, Ausgespanntsein zwischen Zeit und Ewigkeit, zwischen »schon« und »noch nicht«, bloße Verheißung und keine Erfüllung. – Erst später erfuhr sie, daß Liebe »Ruhe in der Bewegung« ist, Empfänglichkeit für die Liebe des anderen durch eigene Hingabe.

Zunächst jedoch galt es, den versteckten Partner ihres Unliebesspiels aus dem Keller ins Parterre zu begleiten: ihren Vater, der sie zuviel, und somit nicht liebte, sie sexuell bedrängte, gegen die Mutter ausspielte, in ihr die heillose Liebe des Inzests anreizte und gleichzeitig die Abwehr steigerte. Er war »der andere, der liebte«, und dessen »Liebe« ihre Ohnmachtsgefühle hervorriefen. Solange sie sein böses Spiel nicht aufdeckte, sondern mitspielte, ihn als einzigen auch über den Tod hinaus noch liebte, mußten andere Männer, ihre Partner, stellvertretend das erdulden, was sie ihm, dem Vater, nicht zumuten konnte: Entlarvung, Entwertung, Entidealisierung.

Sie sagte von sich wörtlich: »Ich lasse Männer lieben«, lange bevor das populäre Buch mit der gegenteiligen, verallgemeinernden Perspektive erschien: »Männer lassen lieben«[2]. Lieben lassen statt lieben und geliebt werden, kommt bei Frauen und Männern aus der Ohnmacht einer frühen Überwältigung. Da der Partner nun für beide lieben soll, liebt er nie genug. Ständig wird er auf die Probe gestellt, ob er auch alles am anderen liebe, sogar dessen Mangel an Liebe, ob er zu stets neuen Opfern und Entsagungen bereit sei, ob er hartnäckig bleibe, selbst wenn er zurückgestoßen, ausharre, selbst wenn er verjagt werde. Da der Partner gleichzeitig nicht genug und doch zuviel liebt, führt dieses Unliebesspiel beide in völlige Lähmung. Die Prinzessin bleibt auf den

Proben, die sie dem Möchtegernprinzen aufbürdet, schließlich selber sitzen.
Der letzte Abschnitt leitet zum nächsten Unliebesspiel über: *»Nie liebst du mich genug«*. Wie an allen Unliebesspielen ist auch an diesem ein Körnchen Wahrheit, doch liegt dieses an einem für den Spielenden noch unentdeckten Ort verborgen. Wenn wir Liebe gleichsam extensiv verstehen: Liebe zu allen Details, die den anderen in seiner Persönlichkeit ausmachen, von den Zehenspitzen bis zum Scheitel und allem, was dazwischen liegt, bleibt sie eine unlösbare Aufgabe, die uns zur Verzweiflung bringen kann. Quantitativ gesehen ist es unmöglich, einen Menschen vollständig zu lieben. Zuviel Eigenes, Unverständliches, Fremdes und Unattraktives ist an ihm, als daß die Liebe eines einzigen all dies verdauen könnte. Auch wenn Millionen mich umschlängen, könnten sie zusammen nicht alles an mir lieben, weil ich eine unverwechselbare Mischung des Menschlichen und somit in vielem unverstanden und ungeliebt bin.
Auch bei diesem Spiel ist die Perspektive verkehrt: Ein bestimmter Mann ist auf die, wie er sagt, ungenügende Attraktivität der Partnerin sowie auf die Frage fixiert, ob diese eine nun wirklich mehr als alle anderen für ihn die richtige sein solle, und nicht vielleicht eine andere ihm mehr geben könnte. Fixiert also auf das, was er von seiner Freundin bekommt und ohne Gefühl für das, was im Austausch zwischen ihnen beiden lebendig wird, muß er die Frage, ob er genug geliebt wird, immer und immer wieder stellen. Die Antwort lautet schließlich in jedem Falle nein. – Um die falsche Frage in seinem Inneren zum Verstummen zu bringen, änderte er schließlich die Perspektive, achtete mehr auf eigene Regungen und weniger auf seine Erwartungen an die Freundin, mehr auf die Frage, ob er selber liebe und weniger darauf, ob er geliebt werde. Nach und nach bekommt er sich selber im Zusammenhang mit der Partnerin besser ins Gespür. Er beginnt zu fühlen, ob und wie er sie in einer gegebenen Situation liebt. Er lernt dies unter anderem, indem er auf die Wärmestrahlung seines Körpers achtet: etwa im rechten Arm, wenn er mit diesem die Freundin umschlungen hält, oder einfach, wenn der rechte Arm ohne Berührung dieser am nächsten ist: ob der Arm warm oder kalt ist, ob er sich wohl oder unwohl fühlt. Dank dieser Körperwahrnehmung nimmt er weniger Distanz von sich selber als bisher, beginnt sich in seinem Körper zu erleben und die

Perspektive des Liebenden oder Nicht-Liebenden, jedenfalls des aktiv Beteiligten einzunehmen.
Die Erweiterung der eigenen Wahrnehmung durch Relativierung der bisher einzigen Perspektive ist Aufgabe jeder wirklichen Analyse. Dazu gehört auch die *Körperanalyse,* nämlich das innere Gewahrsein der Körperreaktionen in kritisch komplexhaften Lebenslagen. Sie ist nicht mit Körpertherapie zu verwechseln, in welcher der Körper durch Übungen zu neuen Erfahrungen geführt wird. – Analyse darf nicht auf Träume, Tagesphantasien, Komplexe oder Fehlleistungen beschränkt werden. Körperanalyse im Sinne einer bewußten Wahrnehmung dessen, was im Körper von alleine geschieht, ist unschätzbarer Bestandteil jeder Analyse, vor allem bei solchen Menschen, die, statt auf sich selber bezogen, auf andere fixiert sind. Die wohlwollende Aufmerksamkeit – nicht die distanzierte Selbstbeobachtung! – wird dabei in den eigenen Körper gelenkt. Dank ihrer kann sich zum Beispiel das ferne Bild einer idealisierten Freundin auflösen. Je direkter wir unsere Körperregungen wahrnehmen, desto weniger brauchen wir ferne Idealbilder. – Ein Analytiker soll sich also nicht nur nach den Träumen seiner Klienten erkundigen, sondern auch Fragen wie diese stellen: »Wie fühlte sich ihr rechter Oberschenkel an, als sie links neben ihrem Freund oder ihrer Freundin saßen, mit dem oder der sie gerade Streit hatten?« Eine solche Frage kommt nur Kopfmenschen komisch vor. – Diese Bemerkungen sind ein Vorgriff auf den dritten Teil.
Ein weiteres Unliebesspiel heißt: *»Immer ein bißchen zu spät«*. Daß Menschen, die oft zu spät kommen, entweder ihre Wichtigkeit demonstrieren, oder im Gefühl ihrer Unwichtigkeit anderen möglichst spät zur Last fallen »wollen«, was letztlich dasselbe ist, oder aber Gleichgültigkeit, gar Verachtung für den Wartenden ausdrücken »wollen«, ist allgemein bekannt. Ich habe das Verb »wollen« in Anführungszeichen gesetzt, weil Unliebesspiele immer unbewußte Spontanabläufe, also nie böswillig beabsichtigt sind. – Hier geht es mir um die Darstellung eines subtileren, folgenschwereren »Zuspätkommens«, das sich mehrere Male am gleichen Tag abspielen kann und den direkten Gefühlskontakt verunmöglicht. Alle Ungeliebten leiden darunter: dieses Unliebesspiel geschieht also immer mit einem oder mehreren anderen zusammen. Die Geschwindigkeit seines Ablaufs soll nicht über seine

Tragweite hinwegtäuschen. Ich meine das oft nur um Sekunden Zuspätkommen im Blickkontakt.

Nehmen wir also an, ein Mann sieht auf der Straße eine Frau, die ihm sofort sympathisch ist. Er schaut sie kurz an, die Frau schaut ihn ebenfalls an, sofort schaut er wieder weg, vielleicht schon, bevor ihre Blicke sich treffen. Er fühlt sich von soviel plötzlicher Nähe überwältigt. Gleich faßt er sich wieder, schaut in der Hoffnung hin, die Frau habe ihren Blick noch nicht abgewandt. Selbst wenn sie dies nicht getan hat, sitzt in seinem Blick noch der Schreck von vorhin: er ist starr und gläsern geworden. Der Mann möchte mit seinem Blick Kontakt aufnehmen, doch ist sein Auge zur Scheibe geworden, an der der Blick der Frau wie ein Vogel abprallt und tot zu Boden stürzt. Oder aber, im milderen Falle, ist sein Auge nicht nur bloßer Abwehrspiegel, sondern auch noch ein wenig Kontaktorgan, doch der innere Zweifel läßt nicht genug Licht ins Freie strahlen. Eine Zeitlang noch flackert sein Auge tapfer, dann erlischt es, und eine Begegnung ist vertan.

Diese leicht phasenverschobenen *Begegnungen*, die zu *»Vergegnungen«* (Martin Buber) werden, geschehen natürlich nicht nur mit Fremden. Sie sind mit solchen Menschen besonders quälend, an denen uns am meisten liegt. Das Gegenüber bemerkt unsere verzweifelt ins Freie drängende Liebe kaum, jedenfalls weniger als die Abwehr, deutet diese als Feindseligkeit und reagiert darauf unwirsch, aggressiv, abweisend oder verletzt. Da es sich dabei meist um flüchtige, beiläufige Prozesse handelt, überschreiten sie bei beiden nicht einmal die Schwelle zum Bewußtsein. Aber die Stimmung hat sich geändert, und der Betroffene weiß nicht warum. Viele Male am gleichen Tag wird er auf unerklärliche Weise unruhig, niedergeschlagen, bedrückt, als hätte er etwas verpaßt. Und er hat ja tatsächlich etwas verpaßt; er verpaßt immer das Gleiche, nämlich die erlösende Begegnung, in der seine Energie aufspringen und mit der Welt Verbindung aufnehmen könnte. – Es ist schon viel gewonnen, wenn dieser Kurzablauf überhaupt bewußt wird. Auch hier ist im Kleinen das Große enthalten. Auch eine Partnerschaft setzt sich aus nichts anderem als aus solchen *Kurzabläufen, Augenblicksbewegungen* zusammen. Diese also gilt es wahrzunehmen, zu verstehen, zu spüren und zu befreien. Entsprechende *»Kleinanalysen«* sind oft viel wichtiger als das Analysieren der großen Zusammenhänge[3]. Beides gehört natürlich zusammen, doch wenn wir uns auf das

letztere beschränken, versagen die großen Einsichten in der kleinen Praxis des Augenblicks. – Wer immer nur das Größte will, behindert das Kleinste und das Ganze.
Kommen wir zu einem weiteren Unliebesspiel zurück. Sein Leitmotiv heißt: *»Ich kauf dich«*. Ungeliebte, die dazu neigen, stammen aus Familien, in denen es mehr Geld als Liebe gab oder allgemeiner: in denen das Geld den Symbolwert von Liebe hatte. Geld vertrat die Liebe. Die Eltern versuchten, ihr Unvermögen, den Kindern Liebe zu schenken, mit Geld, das sie dosiert gaben oder verweigerten, auszugleichen, je nachdem, ob die Kinder ihren Vorstellungen entsprachen oder nicht. Auf diese Weise bekam das Geld für die Kinder die Bedeutung von Liebe. Nach dem Tod der Eltern, wenn es ums Erben geht, erweist sich einmal mehr das Geld als höchster Familienwert. So prozessierte ein mehrfacher Millionär mit seinem Bruder um knapp tausend Schweizerfranken. Nicht um diese ging es, sondern um die Feststellung: »Ich bekomme mehr Liebe von meinen Eltern als du.«
Hat das Geld diese Symbolbedeutung bekommen, wird jede Liebe käuflich. »Ich schenke dir ein Auto, also liebe ich dich«, lautet die Logik dieser wohlangesehenen Form von Prostitutionsbeziehung. Oder umgekehrt: »Ich gebe dir Geld, also mußt du mich lieben«, eine Erwartung, die oft auch dem Therapeuten entgegengebracht wird. Kinder von Familien, in denen die Liebe käuflich ist, reagieren auf die Bevorzugung eines Bruders oder einer Schwester durch die Eltern mit Klauen: sie holen sich, was man ihnen nicht freiwillig gibt, nämlich Liebe. Die gleichen Kinder beschenken ihre Klassenkameraden, deren Zuneigung sie gewinnen möchten: Geld ist ein Zahlungsmittel auch für Liebe.
Solche Irrbahnen der Liebe sind fatal, verhindern sie doch die Entwicklung von seelischen Bahnen, auf denen die Liebe sich bewegen und ins Leben hinein entfalten kann. Menschen mit dem Motto »Ich kauf dich« sind in allen anderen Liebesbezeugungen außer im Geldgeben unbeholfen. Daß sie leicht ausgenützt werden, liegt auf der Hand, und zwar von Menschen, die dem Typus »Nicht ich, du sollst lieben« angehören. So füllen sie denn Fässer ohne Boden und kommen nicht dazu, ihren eigenen Durst zu stillen. Geschäftsleute spielen oft auch in der Ehe das Spiel »Ich kauf dich« und halten sich als Ausgleich durch ihre Geschäftspraktiken schadlos: ein Spiel gegen die Liebe in jeder Hinsicht, Geld statt Liebe, Haben statt Sein.

Dabei sind es meist sensible, liebesbedürftige Menschen, die das Spiel »Ich kauf dich« spielen. Ein wohlhabender Mann z. B. verliebte sich mehrmals in bedürftige junge Frauen, die er mit Geld förderte, z. B. durch Finanzierung ihres Studiums, um ihre Liebe zu gewinnen, ohne sich über sein Motiv im klaren zu sein. Doch das Spiel war einseitig. Die jeweilige Partnerin teilte seine unbewußte Voraussetzung nicht, daß Geld ohne weiteres mit Liebe erwidert wird. Im Gegenteil: hatte sie das Geld, suchte sie die Liebe, jedoch bei einem anderen Mann. – Solange die Mésalliance von Geld und Liebe nicht aufgelöst wird, lebt ein Mensch an der Liebe vorbei.

Der Erfindungsreichtum der in Unliebesspielen fehlgeleiteten Liebe ist unendlich, ein Beweis dafür, daß die Liebe ein großer Dämon ist, wie Diotima zu Sokrates sagte: die unentbehrliche Kraft, die unser Leben zusammenhält und die wir auch auf Ab- und Umwegen unentwegt suchen. So will ich denn die Reihe, die wir noch lange fortsetzen könnten, mit einem letzten Unliebesspiel willkürlich abbrechen. Dieses gibt sich durch die lapidar erfreuliche Feststellung *»Alle lieben mich«* zu erkennen.

Dieser kleine Satz wird oft mit leicht angehobener Stimme, gleichsam mit einem Komma und nicht mit einem Punkt, beendet, als müßte er noch weitergehen, und das müßte er in der Tat. Es fehlen nur drei Worte. Durch diese würde sich das Unliebesspiel sogleich verraten. Der ganze Satz lautet: »Alle lieben mich, nur einer nicht.« Dieser eine, der den Sprechenden nicht liebt, war zunächst der Vater oder die Mutter, dann der Partner, oder der Geschäftsfreund, oder jemand, der es unterlassen hat, mich einzuladen, oder die Sekretärin, die eine Lohnaufbesserung verlangt, oder der Lehrling, der abends zehn Minuten zu früh nach Hause geht, oder der Chef, der heute nicht gegrüßt hat, oder die Tochter, die eine Taschengeldaufbesserung wünscht. Für den, den alle lieben, lauert der Liebesentzug auf Schritt und Tritt, und zwar oft gerade von dem Menschen, dessen Liebe jetzt scheinbar am nötigsten wäre. »Alle lieben mich«, doch der eine, auf den es jetzt ankäme, liebt mich nicht. Das Sätzchen ist der untaugliche Versuch, mit einer permanenten Kränkung fertig zu werden: wirklich, alle lieben mich, was kann mir da dieser eine schon anhaben, der mich zufälligerweise zu seinem eigenen Pech gerade nicht liebt. Meine Frau ist schließlich nicht die Welt, und mein Chef, mein Geschäftsfreund, einer, der mich nicht eingeladen hat, ein anderer, der mir einen Kinobesuch abgeschlagen hat, mein Sohn, der gestern abend später als vereinbart nach Hause gekommen ist, der Handwerker, der mir eine überzogene Rechnung gestellt, der Schulfreund, der meinen Geburtstag zum ersten Male vergessen hat, nur dieser eine liebt mich nicht. Aber alle anderen lieben mich, ist das nicht schön?

Die Vielgeliebten sind liebesbedürftig wie Kinder, und als Kinder mangelte es ihnen an Liebe, daher die ständige Bereitschaft zu gekränkter Liebe. Vielgeliebte sind Fehlgeliebte. Ihre Eltern haben sie verfehlt, z. B. weil sie die Liebe an die Bedingung des Wohlverhaltens knüpften. »Ich lieb dich doch,« hat vielleicht ein solcher Vater gesagt, »aber du darfst mich nicht stören, sonst liebe ich dich nicht mehr«. Und das Kind störte den Vater, und wurde nicht geliebt: eine starke Persönlichkeit, anders als das Kind, das in dieser Situation das Unliebesspiel »Damit du mich lieb hast« »wählt«. – Dafür sucht der Erwachsene die Liebe, die er als Kind verscherzt hat, ein Leben lang. Alle müssen ihn lieben: der Briefträger, die Putzfrau, die Frau von der Telefonauskunft, der Geschäftsleiter, dem er die Kündigung eingereicht hat, die Frau, von der er sich hat scheiden lassen. Der Vielgeliebte ist gefräßig. Schlagen alle Versuche fehl, mehr geliebt zu werden, muß schließlich der Partner herhalten. Liebt sie mich heute früh? Hat sie mir nicht kühl und kurz »Guten Tag« gesagt? Und war sie gestern abend nicht müde? Der Vielgeliebte muß viel geliebt werden, das ist für den Partner auf die Dauer anstrengend. Er sucht seine Ruhe, distanziert und verschließt sich, wird zum einzigen, der den Vielgeliebten nicht liebt. Und die alte Unliebesmelodie wird wieder da capo durchgespielt.

Dies ist der Leidensweg aller Ungeliebten, weil sie den einen Satz nicht mit Leib und Seele aussprechen, hinaussprechen, fortsprechen können: »Mein Vater hat mich nicht geliebt«, oder »Meine Mutter hat mich nicht geliebt«, oder »Mein Vater und meine Mutter haben mich nicht geliebt.«

4 Psychoenergetik

a) Erfahrung und Begriff der Lebensenergie

Wie kommt es, daß ich seit langem dem Anliegen der Psychoenergetik nachspüre, ohne sie anfänglich so zu nennen? Weshalb die Faszination für Fluß, Rhythmus, verbindende Bewegung, für das Fließgleichgewicht unmittelbar erfahrener Lebendigkeit? Ich deute die Antwort mit vier Geschichten aus meiner Kindheit und Jugend an.

Ich erinnere mich noch genau, wie ich im Alter von vielleicht sieben Jahren an einem heißen Sommertag zum Mittagessen barfuß von der Schule nach Hause ging. Über der frischgeteerten, schwarzen Straße, die weich unter meinen Füßen nachgab, flimmerte die Luft. Ich entsinne mich der großen Stille und der schwindlig schnellen Vibrationen der erhitzten Luft. Auf einmal überflutete mich ein Gefühl warmen Glücks. Es war mehr als Glück: der tiefstmögliche Realismus. Ich blieb stehen und kostete die süßen Schauer aus, die durch meinen Körper jagten. Es war, als würde ein feiner, elektrischer Regen durch mich rieseln. Mit der Sonne, die im Zenith stand, hielt ich inne. Mein beschränkter Alltag, meine Eltern, die Schule verblaßten und relativierten sich, zum ersten Mal in meinem Leben. Die vibrierende Verbindung zur Welt war hergestellt. Ich war nichts anderes als diese Verbindung, im großen Da und großen Mit angeschlossen ans Ganze. – Seither liebe ich den Geruch von heißem Teer und bleibe stehen, wenn irgendwo eine Straße geteert wird.

Einige Jahre später – ich muß wohl dreizehn Jahre alt gewesen sein – saß ich mit meiner älteren Schwester und deren Freundin im großen Stadthaussaal von Winterthur, meiner Geburtsstadt, zur Hauptprobe eines Abonnementkonzerts. Ich war ohne großes Interesse hingegangen, eigentlich nur, um mit den beiden zusammenzusein. Variationen von Reger zu Mozarts Sonate in G-Dur wurden gespielt. Und auf einmal war es da. Heute würde ich sagen, daß ich völlig zum Resonanzkörper der Musik wurde. Schauder von Lust und Schrecken durchjagten mich, mir wurde schwindelig, ich zitterte und zuckte am ganzen Leib und befürchtete, meine Nachbarinnen zur Rechten könnten es bemerken. Diese unwillkürliche Energieerfahrung war die intensivste in meinem Leben. Links vor mir war ein Pfeiler. Ich drückte mich fest gegen ihn, um mein Beben zu unterdrücken. Doch gleichzeitig fühlte ich mich unvorstellbar frei und fließend wie nie zuvor. Das Geheimnis der Welt schien sich mir zu erschließen. Erst fünfundzwanzig Jahre später habe ich diese Geschichte jemandem erzählt, nämlich Heike, meiner späteren Frau, zu einer Zeit, da diese Energieerfahrung in meinem Leben weniger ekstatisch punktuell auftrat, dafür mehr Dauer bekam und das Leben als Ganzes zu wärmen und wandeln begann. – Den Pfeiler, an den ich mich drückte, habe ich später noch mehrere Male bei Konzerten aufgesucht, doch die Energieerfahrung hat sich dort nie wieder eingestellt. Die Sucht nach »starken Plätzen« kann eine Flucht vor dem einzigen Ort sein, wo derlei sich ereignen kann, nämlich dem eigenen Leben.

Im Alter von achtzehn Jahren, anläßlich eines Aufenthaltes in Florenz, wo ich bei einem Schulkameraden als Nachhilfelehrer weilte, erlebte ich das Nämliche. Mit einem Mofa, das mir die Tochter des Nachbarn ausgeliehen hatte, fuhr ich nach Assisi, von wo aus ich nach Eremo dei Carceri wanderte. Abseits von der Kapelle setzte ich mich in einen Olivenhain, wo ich einen weiten Blick auf die Ebene hatte. Wiederum war es Mittag, die Stunde des bockshufigen Hirten Pan. Die Olivenblätter knisterten trocken in schwindlig schnellen, nicht einholbaren Rhythmen. Die Luft summte vor Hitze. Gespannte Stille hing in der Luft. Und auf einmal war all dies und ich selber ein einziges großes Ereignis, gewoben aus sich fortpflanzenden Intensitäten. Ich wußte nicht, wie mir geschah und weinte im Gefühl der Befreiung. In diesen Tagen entschloß ich mich, katholischer Priester zu werden. Doch indem ich mich in feste Strukturen einband, um der »großen Befreiung« habhaft zu werden, verlor ich diese.

Trotzdem gab es auch in den acht Jahren, in denen ich Priester war, Ereignisse, in denen ich mich mit großer Unmittelbarkeit im Zuge der Lebensenergie vorfand. Dies geschah ab und zu im kirchlichen Bereich, z. B. während des Rosenkranzgebetes mit seiner monotonen Abfolge der stets gleichen Formeln, die in fünf Stufen eine innere Erfahrung erschließen. Doch geschah es manchmal auch in Momenten der Freundschaft wie in der folgenden letzten Geschichte.

An einem warmen Sommerabend saß ich mit der Schweizer Künstlerin Heidi Widmer, mit der ich seit fünfundzwanzig Jahren in Freundschaft

verbunden bin, vor ihrem Atelier in Bremgarten. Dieses befand sich über einem steilen Abhang oberhalb eines Knies der Reuss, die damals an dieser Stelle noch nicht gestaut war. Heidi war soeben von einem zweijährigen Aufenthalt in Südamerika zurückgekehrt und wir feierten das Wiedersehen. Sie hatte ein improvisiertes sizilianisches Gericht gekocht. Nach dem Essen schwiegen wir. Unter uns rauschte die Reuss. Dunkel glitzerte das Wasser. Plötzlich war sie da, die Verzaubertung zum Selbstverständlichsten, die, solange wir in ihr drin sind, den Anschein erweckt, nie aufhören zu können, weil wir ganz und gar mit uns identisch sind. Unser Atem, die träge drängenden Bewegungen der Wellen, die glucksenden, plätschernden, murmelnden Geräusche, die schimmernden Lichtspiegelungen im ziehenden Fluß, der nachschwebende Duft der Speisereste vereinigten sich in einem sie alle und viel mehr umfassenden Rhythmus, in einer Grundwelle des Seins. Das Leben war fraglos, das Ich von sich selber erlöst.
Erst nach dunklen und schwierigen Ereignissen begriff ich, daß solche Erfahrungen der Lebensenergie im Dasein gar nichts verändern, es sei denn, sie wandeln sich in ein neues, fundamentales Lebensgefühl, das unsere kleinsten Handlungen und Gedanken durchdringt. Als ich dies begriff, tauchte in mir der Gedanke an eine *Psychoenergetik* als rote Spur der Psychotherapie auf. Und ich erinnerte mich an den Aufruf Teilhard de Chardins in einem Referat an französische Psychoanalytiker nach dem Zweiten Weltkrieg, sich an »die Ausarbeitung einer Energetik (einer Psychoenergetik)«[1] zu machen. Teilhard selber hat den Ausdruck Psychoenergetik meines Wissens nur dieses eine Mal verwendet, und ich habe ihn von ihm übernommen.
Was verstehe ich unter dem psychologischen Begriff *Lebensenergie?* Er unterscheidet sich vom physikalischen Energiebegriff, der Erscheinungsformen der Energie wie der Elektrizität oder Schwerkraft oder Wärmestrahlung erfaßt. Der Ausdruck Lebensenergie geht auf allgemein bekannte, verifizierbare und untereinander zusammenhängende Erfahrungen zurück. Ich erwähne deren acht: *erstens* die in *Antrieb, Auftrieb, Beschleunigung* erfahrbare Lebensenergie, also die Erfahrung des *»Schwungs«* im menschlichen Leben: des *»élan«* (Piaget), *»élan vital«* (Bergson), *Gefälles* (Jung); *zweitens* die Erfahrung pulsierender *Spannung und Entspannung, Ladung und Entladung,* also der *ordnenden Rhythmik; drittens* die Erfahrung *polarer Spannung* im

bewußten Aushalten von psychischen Gegensätzen: das *polare Bewußtsein; viertens* die Erfahrung der *Blockierung* oder *Stockung* der Lebensenergie in seelischen Komplexen und Körperverspannungen; *fünftens* die Erfahrung des *Wiedereinsetzens des Energieflusses,* also des Übergangs von Antriebsleere zu Antriebskraft; *sechstens* die Erfahrung der *Resonanz:* der *»Stimmigkeit«,* des *Anklangs, Widerhalls* und *Mitschwingens; siebtens* die Erfahrung des Energiezuwachses durch das bewußte Zulassen der *Selbstregulierung* im Einzelorganismus und in Beziehungen; und *achtens* die Erfahrung der *Verbindung mit dem Kosmos.* – Statt von acht Erfahrungen tun wir besser daran, von *acht Varianten der einen Energieerfahrung* zu sprechen. Allen gemeinsam ist die subjektiv erlebte *Intensität.* – Ich werde auf jede von ihnen an passender Stelle ausführlich zu sprechen kommen. – Die *Definition der Psychoenergetik* knüpft an die Energieerfahrung an:
Psychoenergetik ist der tiefenpsychologische Zugang zur Energieerfahrung als einer Grunderfahrung des Daseins, die Lebenshemmungen auflöst und die Voraussetzung für seelisches Wachstum schafft. Sie ordnet die inhaltliche Analyse der Kindheitserinnerungen, der aktuellen Lebenssituation und des sich in Symbolen aussprechenden Zukunftspotentials eines Menschen einem gemeinsamen Kriterium unter, nämlich, ob Leben bewegt oder verhindert wird. Sie fördert das *Gespür für die stärkste Emotion,* der zu folgen es in einem gegebenen Moment ankommt, *und für den körperlichen Ausdruck* der Psyche. Sie setzt Liebe frei, d. h. die in Gebärden der Hingabe empfundene und tätige Beziehung zum Du, zur Welt und zum Selbst. – Auch diese Definition wird sich in allen Teilen aus dem Folgenden erhellen.
Es fehlt überall da an Energie, wo sich jemand ungeliebt fühlt. Ist ein Schüler davon überzeugt, in Mathematik nichts zu taugen, weil sein Vater ein guter Mathematiker war, seine Mutter diesen jedoch verachtete und der Sohn alles mit ihr teilte, auch die Verachtung für den Vater, dann fühlt er sich in der unbeliebten Mathematikstunde wie gelähmt, abgeschlagen und überfordert: ohne Energie. Daß hinter seinem Verdruß für die Mathematik schließlich der Mangel an Liebe der Mutter für den Vater steckt, darauf kann der verdrossene Mathematikschüler noch nicht kommen.
Energie ist das, was im Tun, im Vollzug, *im Werk* erfahren wird. Davon leitet sich das altgriechische Wort *energeia* her, das wörtlich

»im Werk« bedeutet. Das Substantiv *»ergon«* ist mit unserem *»Werk«* sprachverwandt. Energeia ist eine sprachliche Neubildung des griechischen Philosophen Aristoteles. Sie bedeutet das, was *»werkt«* und *wirkt. Wirklichkeit* ist also auch von ihrem ethymologischen Ursprung her Energie, Vollzug einer Bewegung, im Gegensatz zur »dynamis«: dem Wort, das Aristoteles aufnahm, um die noch ruhende Potentialität zu bezeichnen.

Obschon Lebensenergie sich in ihren Wirkungen beschreiben läßt, kann sie selber, abgesehen von diesen, nicht definiert werden, ist sie doch nirgends als »im Werk«, im Tun, im Seins- und Lebensvollzug. Trotzdem wurde immer wieder versucht, sie zu definieren. Es fällt dem menschlichen Geiste schwer, eine unbeschränkt bewegliche Erfahrung nicht einzugrenzen. Sigmund Freud selber schwankte eine Zeitlang, ob er die bisher von ihm sexuell begriffene Libido als eine der vielen Erscheinungsformen der Energie auffassen solle. Sein Schwanken ist wohl durch den Einfluß Carl Gustav Jungs zu erklären, der diese Auffassung in seinem Werk »Symbole und Wandlungen der Libido« (1912) vertrat. »Es kann sein«, schreibt Freud 1914, »dringen wir weit und tief vor, daß wir entdecken, daß die sexuelle Energie, die Libido, nur verschiedenartiges Produkt einer im Gehirn *allgemein arbeitenden Energie* ist... etwas, das in der Lage ist, sich zu steigern, abzunehmen, zu verschieben, zu entladen und das sich selbst auf die Erinnerungsbahnen eines Gedankens ausdehnt, wie eine elektrische Ladung über die Oberfläche eines Körpers.«[2] – Wir wissen, daß Freud sich von dieser Mutmaßung einer allgemeinen Lebensenergie wieder distanzierte und seinen Begriff der Libido auf die Sexualität eingrenzte. Erst später fand eine neue Öffnung des Libidobegriffs bei ihm statt, auf die ich hier nicht eingehe.

Das passendste Symbol für Energie ist zugleich auch das älteste, nämlich das *Feuer,* das »ewig lebende Feuer«. Im westlichen Kulturbereich wurde es von *Heraklit* verbreitet. Die Versuche, Energie zu einer Art Substanz, zu etwas Greif- und Begreifbaren zu machen, scheinen sich ihres symbolischen Charakters nicht bewußt gewesen zu sein, etwa die Bezeichnung der Lebensenergie als universales Fluidum im Magnetismus, oder als Äther in den Naturwissenschaften bis zu Beginn des 20. Jahrhunderts. Das Experiment Michelsons und die Theorien Einsteins haben schließlich zum Verzicht auf die Annahme einer geheimnisvollen »Energiesubstanz«, eben des Äthers, geführt. Mir scheint, daß sich die Vergegenständlichung der Lebensenergie dadurch erübrigt, daß wir die Menschheit und über sie hinaus das Universum als Ganzheit sehen, gleichsam als großen Organismus, in dem alle Prozesse in einer inneren Verbindung und Zuordnung zueinander stehen. Anstelle einer mysteriösen, universalen, frei beweglichen Substanz tritt die natürliche Bezogenheit aller Prozesse.

Auch in bezug auf den menschlichen Organismus bedeutet Lebensenergie nicht etwas Zusätzliches zur Zirkulation des Blutes und der Hormone, zu sexueller und elektrischer Ladung und Entladung, zu Muskelkontraktionen und -dekontraktionen, zu Stoffwechsel, Gedankenfluß usw. Warum aber wird nicht nur in der Esoterik, sondern auch in der Umgangssprache ein eigenes allgemeines Wort dafür gebraucht, nämlich das Wort Energie, etwa wenn wir sagen: »Ich habe keine Energie«?

Das Wort Lebensenergie geht auf die *einheitliche* Wahrnehmung aller noch so verschiedener Lebensprozesse im Organismus als *Ganzes* zurück. Es spiegelt also den Zusammenhang und die Verbindung aller Lebensprozesse im Gesamtorganismus wider. Es offenbart, daß das Ganze unseres Lebens nicht identisch mit der Summe seiner Teile ist, daß Leben nicht addierbar, sondern funktionierende und selbstregulierende Einheitlichkeit ist. *Lebensenergie* ist dynamische *Erfahrung der Ganzheit* (vgl. die siebte Erfahrung der Lebensenergie).

Eine weitere Frage drängt sich auf: Weshalb wird von der Esoterik, die ja in den letzten Jahren eine neue Verbreitung erfuhr, Lebensenergie als etwas, das nicht auf den Einzelorganismus beschränkt ist, als ein kosmisches Phänomen bezeichnet? Die Antwort liegt in Erfahrungen wie der folgenden: Wenn ich zusammen mit einem anderen Menschen in entspannter Konzentration und Aufmerksamkeit, im Da- und Dabeisein sachte meine beiden Hände vertikal mit den Handflächen des anderen verbinde, habe ich das physische Gefühl, Energie fließe in mich ein, durch mich hindurch und aus mir heraus: durch die warmgewordenen Hände könne Energie ein- und ausfließen. Die intensive Erfahrung eines großen Energiekreislaufes kann nicht nur in sexuellen Begegnungen gemacht werden und hängt nicht von direkten Berührungen ab. Die dichterische und nicht reflektierende Sprache kennt sie seit jeher. Wir machen sie nicht bloß mit anderen Menschen, sondern auch in der Natur, etwa angesichts des Meeres oder unter dem Sternenhimmel. Alle Dinge der Welt sind lebendig in einem einzigen Energiefeld verbunden. Wie könnten wir daran zweifeln, da wir dies selber so lebendig erfahren!

Doch was erfahren wir wirklich? Wir erfahren, daß unsere Lebensprozesse in dem Maße aktiviert werden, als wir uns in intensiver Beziehung zur Umwelt befinden, und das ist in der Tat eine Grundwahrheit menschlichen Seins und menschlicher Entwicklung in allen Bereichen, vom Kleinkind bis zum Greis. Realisierte Beziehung ist der zentrale Entwicklungsfaktor. Insofern können wir tatsächlich von einem allgemeinen Energiekreislauf sprechen. Doch daraus zu schließen, daß die Lebensenergie eine geheimnisvolle, universale, frei bewegliche »Substanz« der Verlebendigung ist, zusätzlich zu den Faktoren, aus denen unser Organismus besteht, entspricht wie erwähnt nicht der wissenschaftlichen Realität, sondern einer Erfahrungssprache, die wie jede Erfahrungssprache nicht zwischen Wahrnehmung und Bedeutung, Ereignis und Einsicht unterscheidet. Diese metaphorische Auffassung der Lebensenergie ist sozusagen eine materialisierte Wahrnehmung. Sie stiftet heute viel Konfusion im Gebrauch des Wortes Lebensenergie. Die Beziehung zum Kosmos ist tatsächlich Voraussetzung für unsere Verlebendigung, doch in dem Sinne, daß mit wachsender Bewußtheit seines In-der-Welt-Seins der einzelne Mensch in dem ihm eigenen Lebenspotential geweckt wird. – Daß das Lebenspotential des einzelnen archetypischer Art, also in seiner Dynamik mit dem Lebenspotential anderer Menschen identisch ist, auch daran besteht kein Zweifel. Und doch ist die Lebensenergie kein kosmischer »Allfluß«, den wir bloß anzuzapfen brauchen, um lebendiger zu werden. Diese Auffassung wäre für den Psychotherapeuten bedenklich, würde sie doch Inflation, d. h. Aufblähung des Ich, Vernachlässigung alltäglich banaler Dinge wie Beziehungsfragen und Scheinlösungen von Problemen mit Geniestreichen fördern. Zwar ist es wichtig, die rezeptive Dimension des Bewußtseins, die mediale Erkenntnis hervorzuheben; ich selber habe dies oft getan. Doch geht es um aktive Empfangsbereitschaft und nicht um infantile Erwartungshaltung.

Es ist interessant, wie in der neuen Debatte um das Wesen der Lebensenergie die alten Extrempositionen der christlichen Theologie über das Verhältnis von Natur und Gnade im neuen Gewande wieder zum Zuge kommen. Der »Gnadenfluß« ist nichts Zu-sätzliches zur Natur, nichts Über-natürliches, sondern die Verlebendigung des Menschen infolge der Öffnung für äußere Impulse und Energieanstöße. Noch in den fünfziger Jahren wurde der französische Jesuit und heutige Kardinal Henri de Lubac, bei dem ich 1968 in Theologie promovierte, von Papst Pius XII. seiner Professur enthoben, weil er in seinem Buch »Le Surnaturel« mutatis mutandis diese Ansicht vertrat. In der heutigen esoterischen Literatur dagegen wird oft eine Position vertreten, wie eine katholisch konservative und pietistisch protestantische Theologie es heute noch tut.

Lebensenergie, die wir nur anzuzapfen brauchen, entspricht dem uralten Traum des Kindes von der nährenden Allmutter, vom Land, wo Milch und Honig fließen. Der Traum selber ist wichtig und fruchtbar, denn er belebt unser Fühlen, Denken und Tun. Doch die Materialisierung des Traumes in der Vorstellung eines überall gegenwärtigen Lebenselixiers, das wir nur entdecken müssen, um geheilt und erlöst zu werden, ist Magie. Auch die Zeit der Romantik kannte diese Versuchung. Magie verhindert das, was der Traum will, nämlich die Belebung des Entwicklungstriebs. Wir dürfen ob dem neuen Empfinden das Denken nicht vergessen, sonst denken wir gegen uns.

Der Begriff Lebensenergie hat eine systemsprengende Kraft, da er sich mit keinem Teilprozeß im Menschen, mit keiner bestimmten Triebkraft, etwa der Sexualität oder Aggression identifizieren läßt. Das einzige Kriterium für die Aktivierung der Lebensenergie ist, daß etwas »wirkt« und funktioniert (engl. »it works«), was immer dieses »etwas« ist. Eine Psychotherapie, die letztlich nur darauf hinzielt, daß im Klienten Leben lebendig wird, stellt permanent Konventionen und Denkschablonen in Frage. Das wachsende Gefühl für das, was in uns »am Werk« ist, gibt eine Freiheit, die kein noch so vollständiges psychologisches System, keine tiefenpsychologische Schule geben kann. – Im Tiefsten ist Energieerfahrung *Mystik*. Diese sprengt eingefrorene, systemgewordene Vorstellungen durch die Erfahrung von Bewegungen und Wirkungen, die über diese hinausgehen. Der »wirkliche Mensch«, wie Meister Eckehart ihn nennt, lebt aus einer Mystik, in der sich die Auffassungen vom Leben durch das Leben selber in jedem Augenblick aufheben:

»Frage einer das Leben tausend Jahre lang: warum lebst du? – es würde

antworten, wenn es sprechen könnte: ich lebe darum, daß ich lebe. Das kommt daher, daß das Leben aus seinem eigenen Grund lebt und aus sich selber quillt. Darum lebt es ohne Worumwillen eben darin, daß es sich selber lebt.
Wenn einer einen wirklichen Menschen, der aus seinem eigenen Grund wirkt, fragt: warum wirkst du deine Werke? – dann spräche dieser, sollte er genauso antworten: ich wirke darum, daß ich wirke.«[3]

b) Magnetismus und Psychoenergetik: Heilung durch Beziehung

Im Buch »Der Zauberbaum«, einem epischen Versuch zur Ursprungsgeschichte der Psychoanalyse im sogenannten *Magnetismus* oder Mesmerismus, läßt Peter *Sloterdijk* den jungen Wiener Arzt Jan van Leyden in einem Brief schreiben: »Statt seelenruhig über die Strukturen des menschlichen Inneren nachzudenken, bin ich in dieses Innere hineingerissen worden, wo von Ruhe keine Rede mehr sein kann, sondern nur von einem abenteuerlichen Fließen aller Zustände.«[4] Und er schreibt weiter von der Überwindung »der starren lokalen Identitäten« zugunsten eines universalen »Fließsubjekts«[5]. Unter der Ironie spürt der Leser die Leidenschaft des Autors für seines Helden van Leydens Suche nach der grenzensprengenden Lust in der energetischen Verbundenheit des Individuums mit der Welt. Und eben dies ist die Kernerfahrung des Magnetismus, dem Vorläufer der Tiefenpsychologie am Ende des 18. Jahrhunderts.
Um das Folgende verständlicher zu machen, gebe ich einige *Hinweise zum Magnetismus*[6]. Sein Begründer, der Arzt Franz Anton *Mesmer* (1734–1814), distanzierte sich von der mechanistischen Medizin, die nur Einzelteile des Menschen repariert. Er erkannte den psychischen Faktor in der Krankheit, und als wichtigstes Heilungsmoment den *Gesundheitswillen* des Patienten. Gegen den *Unwillen der Krankheit* wollte der Magnetismus das *vitale Prinzip* des Kranken in Gang setzen. Dieses gründet auf der *»Heilenden Kraft der Gemeinschaft«*. Letztere kann sich nur entfalten, wenn »das Ich, das wollen will« abdankt[7]. Mesmer machte bereits »Gruppentherapien«. Die Kranken bildeten eine *»magnetische Kette«*, um in der Berührung mit anderen, in der Gemeinschaft, den Energiefluß, das *»Fluidum«* zu verstärken. Letzteres bedeutet den *wechselseitigen »Ein-fluß«*, den, wie Mesmer

schreibt, »die Himmelskörper, die Erde und die thierischen Körper« aufeinander haben. Der »wechselseitige Einfluß« ist für Mesmer ein »thätiges Verhältnis« (Interaktion), das durch die *»magnetische Neigung* (inclinatio)« der entgegengesetzten Pole zueinander wirkt. Dasselbe gilt auch innerhalb des einzelnen Körpers. – Ich unterstreiche, daß das Wort *Neigung* (lat. inclinatio) auf *Zuneigung,* also *Liebe* hinzielt. Das Wesen des geheimnisvollen Fluidums ist also eigentlich Liebe. – Mesmer meinte zunächst, daß die Heilung von magnetisierenden Gegenständen herrührte; daher der Name Magnetismus. Bald jedoch stellte er fest, daß der heilende Ein-fluß von ihm selber kam. Er nannte seine Heilungsmethode von nun an »animalischen« oder *»thierischen Magnetismus«,* der auf der heilenden, lebendigen Anziehung beruht. Die Gefahr für den Magnetiseur bestand darin, die eigene Heilungskraft magisch zu überschätzen, statt die Heilung der Kraft der Gemeinschaft zuzuschreiben.

Nebst Fällen von Hysterie behandelte Mesmer Menschen, die körperlich schwer krank waren und stärkte ihren Gesundheitswillen, so daß auch bei diesen Heilungserfolge auftraten.

Der »thierische Magnetismus«, wie wiederum Mesmer schreibt, verursacht im menschlichen Körper »eine Art von Ebbe und Flut«, also Entspannung und Spannung, Entladung und Ladung, Expansion und Konzentration. Diese natürliche Bewegung gilt es zu steigern. Hier setzt die berühmte *»Crisentheorie«* Mesmers ein: die Heilung geschieht durch »Crisen und merkliche, der Natur ihrer Krankheiten gemäße Ausleerungen«[8]. – Durch die erwähnte Kettenbildung in der »Gruppentherapie«, sowie in »Einzeltherapie« – v. a. durch Streichungen von oben nach unten in leichtem Abstand vom Körper des Patienten oder durch Händeauflegen, oder Druck auf schmerzhafte Stellen[9] – erreicht der Magnetiseur auf körperlich »animalische« Weise die Öffnung von »Occlusionen«, also Blockierungen, und das, was Alfred *Adler Gemeinschaftssinn* nannte. Da dieser den Energiepegel des Individuums anhebt, setzt sich nun durch Übersteigerung der Krankheitssymptome der Lebensprozeß in Gang. Sonst kaum merkbare körperliche Rhythmen und Vibrationen steigern sich durch Resonanz bis zu spasmischen Zuckungen und Konvulsionen (Schüttelkrämpfen). Bereits wenn Mesmer seine weit offene Hand in passender Entfernung auf Stirn, Brust, Bauch legte, geschah ein »Transfer«, eine Übertragung, die sich in einem Bündel von Vibrationen äußerte. Das bedeutet, daß nicht nur das einzelne Organ, sondern der *Gesamtorganismus* reagierte: das *Subjekt der Heilung* war für Mesmer der *ganze Mensch;* nur als Teil des Ganzen wurde ein krankes Organ geheilt. – Das »Ameisenlaufen« der ersten Vibrationen konnte sich bis zu heftigen, unwillkürlichen Körperbewegungen steigern; das traurige Klagen wurde zu heftigem Schreien. Der Zustand des Kranken schien sich zu verschlimmern, schließlich bäumte er sich mehrmals auf und brach dann zusammen (»défaillance«): die Krankheitssymptome haben gesiegt und können deshalb verschwinden[10]: die Krise war die Heilung.

Mesmer selber wußte noch nicht, daß er Psychotherapie und nicht organische Medizin betrieb. Doch wissen wir dies so genau? Macht nicht der »animalisch« bezogene Psychotherapeut manchmal erstaunliche Erfahrungen mit Körperkrankheiten seiner Klienten, auch wenn diesbezügliche Heilungserfolge kaum beweiskräftig auf Psychotherapie zurückzuführen sind? Sogar dafür gibt es Ausnahmen. Auf einem amerikanischen Ärztekongreß wurde 1987 statistisch nachgewiesen, daß psychotherapeutisch behandelte HIV-Positive signifikant längere Zeit ohne Aids-Krankheitssymptome als andere Aids-Infizierte bleiben.

Es wurde bereits Carl Gustav *Carus* in der Mitte des letzten Jahrhunderts klar, daß Mesmer psychotherapeutisch arbeitete, und daß der *»Rapport«*, die Beziehung von Magnetiseur und Patient auf dessen *Unbewußtes* heilend wirkte[11]. Carus ist der erste, der psychologisch vom Unbewußten spricht. Er gibt ihm eine magnetische Bedeutung: die Wirkung des Therapeuten auf das Unbewußte des Patienten ist ein *Energieprozeß,* eine Auswirkung der Neigung, Zu-neigung zwischen beiden. Eben diese primäre Bedeutung der Psychotherapie als Psychoenergetik verlor durch wachsende Spezialisierung und Strukturierung nach und nach an Bedeutung.

Mesmer betrieb keine Körpertherapie im heutigen Sinne dieses Wortes, sondern heilte durch Beziehung. Er selber berührte den Patienten wenig. Die seltene Berührung war ein Signal seiner körperlichen Präsenz und nicht Manipulation. Sie war ein körperlicher An-stoß, der auch ohne Berührung gegeben werden kann, einfach durch warme *Anteilnahme* im ursprünglichen Sinne dieses Wortes: durch wirkliche *Teilnahme,* bewußte *Partizipation* am Leben des anderen. Zu dieser

Anteilnahme gehören die Resonanz und das Mitsein. Eben dies ist das Wesentliche an der Beziehung des auf energetische Prozesse achtenden Therapeuten zu seinen Klienten. Doch muß die Berührung nicht um jeden Preis vermieden werden. Ein stärkerer Händedruck oder eine Umarmung nach einer besonders intensiven Sitzung machen diesen nicht abhängiger, sondern eher freier.

Der Magnetiseur übte einen großen Einfluß auch auf die *Philosophie* des 19. Jahrhunderts aus. *Schelling* erwähnte nicht nur in der Natur, sondern auch im menschlichen Bewußtsein »magnetische und elektrische Erscheinungen«, nämlich »den dynamischen Prozeß durch das Sich-Abstoßen der gleichnamigen und das Sich-Anziehen der ungleichnamigen Pole«[12]. – Und *Schopenhauer* prophezeite 1850 gar: »Es wird eine Zeit kommen, wo Philosophie, animalischer Magnetismus und die in allen Zweigen beispiellos fortgeschrittene Naturwissenschaft gegenseitig ein helles Licht aufeinander werfen, daß Wahrheiten zu Tage kommen werden, welche zu erreichen man außerdem nicht hoffen durfte.«[13]

Der Leser denkt beim energetischen Prinzip vielleicht an Freuds *Lustprinzip*. Das Gemeinsame zwischen beiden ist die Bejahung der Emotionalität. Der Unterschied zeigt sich darin, daß dem energetischen Prinzip kein sogenanntes Realitätsprinzip entgegengesetzt ist. Die Bezogenheit zur *ganzen* Realität des Menschen, auch zu leidvollen Lebensumständen und Emotionen wie Angst, Wut und Trauer mobilisiert Lebensenergie.

Der Weg hinaus aus ungünstigen, gar zerstörerischen Situationen führt im therapeutischen Erleben durch sie hindurch (Perls). Nur so kann der Umschlagpunkt der »magnetischen« oder energetischen »Crise« erreicht werden. Das *energetische Prinzip* entspricht einem tiefen, umfassenden Realitätssinn. Der Mensch sucht nicht nur Lust unter Vermeidung des Leids, auch wenn es oft so scheint. Er sucht die Erfüllung seines Menschseins auch durch Aggression, Trauer und Schmerz. Auch »negative« Emotionen sind Leben und Ausdruck unseres Lebenstriebes. Ein Mensch zum Beispiel, der sich aggressiv von einem anderen absetzt, schafft dadurch vielleicht die Voraussetzung für neues Leben in einem neuen Bezugssystem. Und ist der Tod des Individuums nicht ein Hineinsterben in das Leben der anderen, das weitergeht, ein Hinweis auf die Relativität dessen, was wir Ich nennen? – Die Tren-

nung von Lust- und Realitätsprinzip, von Eros und Thanatos ist für das psychoenergetische Denken etwas Vorläufiges, Ausdruck eines Mangels an »animalischem«, lebendigem Bezug zur Wirklichkeit. Freud schrieb an Pfister, das »ozeanische Gefühl«, von dem Romain *Roland* spreche, nämlich das Gefühl der Einheit aller Dinge sei ihm nicht bekannt und gehöre wohl in die Pathologie. Wir sehen: der Psychoanalyse ging etwas verloren, nämlich das energetische Empfinden und Vorgehen. Die Strukturierungsbemühungen der tiefenpsychologischen Schulen schränkten die schöpferische Freiheit ein. Diese bleibt nur einer Psychotherapie erhalten, die bei aller Aufmerksamkeit für Kindheitserinnerungen und Entwicklungsbilder ihr Hauptaugenmerk auf die emotionale Beziehung richtet.
Der Magnetismus konnte sich in seiner Entstehungszeit therapeutisch nicht entwickeln, weil die auf das denkende Subjekt zentrierte Aufklärung eine starke Abwehr gegen das »leibliche Denken« (Sloterdijk) und alles, was durch den Verstand nicht einzufangen ist, hatte. Verbannt aus der Wissenschaft seiner Zeit, degenerierte er zu Scharlatanerie, Jahrmarktzauber und magischen Heilungsvorstellungen. Davon legt die Literatur auch des heutigen Magnetismus ein beredtes Zeugnis ab. – Erst hundert Jahre später wurde in der Tiefenpsychologie ein verdünnter Magnetismus gesellschaftsfähig. Den ursprünglichen Magnetismus von Magie zu befreien und ihm zu seiner therapeutischen Wirksamkeit zu verhelfen, ist ein Ziel der Psychoenergetik.
In der Philosophie hat Friedrich *Nietzsche* die Wende zum Leib und zu einem energetischen Wahrheitsbegriff vollzogen. Für ihn ist der Leib »Mittel der Erkenntnis«. Der Magnetismus und mit ihm die Psychoenergetik fördern die »Abstiegskur« zum Leib. »In jedem Fall geht es darum, eine unwirkliche Vollkommenheit einzutauschen gegen eine Unvollkommenheit, die den Vorzug hat, wirklich zu sein.«[14] Neben der Traum- und Übertragungsanalyse brauchen wir die Körperanalyse. Daß der Leib als »Mittel der Erkenntnis« bisher bei Tiefenpsychologen so wenig Gehör findet, hat einen einfachen Grund: die wenigsten haben nebst ihrer Lehranalyse auch einen Lehrgang in der körperlichen Bewußtwerdung mitgemacht. Ich kenne keinen Analytiker, der seine Arbeitsweise nicht erweitert hätte, nachdem er selber die »Abstiegskur« zum Leib gemacht hat. Analytiker müssen zwar nicht zu Körpertherapeuten werden. Diese arbeiten v. a. mit körperlichen Übungen,

die bei allem Nutzen die freie Dynamik dessen, was sich im Leben spontan ausdrücken will, unter Umständen wieder einschränken. Und doch sind eigene Erfahrungen mit einer oder mehreren bewährten Methoden, sich im Körper zu erleben, notwendig, um als Analytiker psychoenergetisch zu arbeiten.

Das Ziel jeglicher Psychotherapie ist es, die psychische Selbstgesundung des Menschen zu fördern. Ähnlich wie die homöopathische Medizin mit ihren stark verdünnten, »hochpotenzierten« Medikamenten nur kleine »Gesundungsanstöße« geben will, beschränken sich Mesmer und seine Schüler hauptsächlich auf kurze, rasche »Streichungen«, die den Patienten manchmal nicht einmal berührten. – Ein kleines »körperliches« Wort, das der Therapeut einfühlend ins Dasein des Klienten hineinspricht, hat ebenfalls diesen »Anstoßeffekt«. Manche Therapeuten führen die heilende Wirkung ihrer Worte auf die inhaltliche Richtigkeit ihrer Bemerkung oder Deutung zurück. Eben dies trifft in vielen Fällen nicht zu. Leute, die nacheinander zwei Therapien gemacht haben, können auf die unterschiedlichen Deutungen beider Therapeuten zu ihrem Kernproblem gleich stark durch Besserung der Symptome ansprechen. Stellen wir uns hypothetisch vor, daß ein dritter Therapeut dazukäme, der sowohl die eine als auch die andere Deutung seiner Vorgänger unmißverständlich als falsch entlarven würde, wäre es keineswegs sicher, daß seine »richtige« Deutung eine heilsamere Wirkung auf den Klienten hätte als die »verkehrten« seiner Kollegen. Es kommt weniger auf den Inhalt der Deutungen als auf die Energie an, die sich vom Therapeuten auf den Klienten überträgt. Letzteres geschieht v. a. dank der unvoreingenommenen, warmen Aufmerksamkeit des Therapeuten für seinen Klienten. Natürlich schafft seine »frei schwebende Aufmerksamkeit« (Freud) auch eher die Voraussetzung für eine passendere Deutung. Und doch: schon einige Male mußte ich mir eingestehen, daß etwas gewirkt hat, was gar nicht hätte wirken dürfen, weil es falsch war. Es wirkte, und der Klient fand später selber heraus, daß es falsch war, weil er den Energieanstoß, den er in der lebendigen Beziehung mit mir bekam, zu nutzen wußte. Auf diesen kommt es im wesentlichen an. Die Psychoenergetik ist die Leitschnur der Psychotherapie, die es durch alle Deutungsarbeit zu verfolgen gilt. Sie führt keineswegs zu einem Unernst im Analytischen. Sie fördert im Gegenteil die Intuition und folglich auch die Wahrscheinlichkeit richtiger Einsichten. An entscheidenden Knoten- und Umschlagpunkten der Entwicklung wird die psychoenergetische Arbeitsweise besonders spürbar.

Carl Gustav Jung hat in der Analyse des Unbewußten den finalen Aspekt eingeführt: Welcher noch ausstehende Lebensentwurf, welche Lebensmöglichkeit lassen sich aus einem Traum entschlüsseln? – Die gleiche Frage stellen wir auch in bezug auf den Körper: Welche Ausdrucksmöglichkeit ist in ihm gehemmt und will sich befreien? Welche Botschaft versteckt sich hinter einer gepreßten Stimme? Welches Licht glimmt hinter einem fast erloschenen Auge? Welche Emotion sitzt in einem wippenden Bein? Manchmal stelle ich solche Fragen ganz direkt und es ist erstaunlich, wie oft Antworten darauf kommen, die sonst nie gegeben würden. Therapeuten dürfen keine Standardantworten auf solche Fragen parat haben, wie mir dies in der Bioenergetik manchmal der Fall scheint. Doch gibt es dieses Risiko auch in der Traumanalyse. – Die körperliche Präsenz des Therapeuten hat ein tiefes Mitfühlen mit dem Klienten zur Folge: Ein Mensch kommt ihm leiblich nahe. Und eben dieses Mitfühlen – nicht nur Einfühlen – verbindet beide und weckt schlummernde Lebensenergie.

Ist mit dem psychoenergetischen Vorgehen nicht ähnlich wie bei der Hypnose die Gefahr verbunden, *suggestiv* zu wirken und deshalb nur kurzfristige Heilung zu erzielen? Dieses Risiko war doch der Grund, warum Freud sich von der Hypnose ab- und der Übertragungsanalyse zugewandt hatte. – Meine Antwort darauf lautet: Ist ein Therapeut auf seine eigene Suggestivkraft fixiert, mangelt es ihm an offener Aufmerksamkeit für den *anderen Menschen*. Wenn er jedoch auf diesen bezogen ist, geht er in seinem Einfluß nie über den erwähnten Energieanstoß hinaus. Ich bin oft recht kühl und zurückhaltend, wenn ich merke, daß ein Klient seelisch auf meine Kosten existiert, obschon er sehr wohl auf seine eigenen leben könnte. Wenn er mit mir beide Erfahrungen macht: die des Anstoßes und die der Versagung, lernt er im Zwischenfeld ein selbständiger Mensch zu werden, der immer weniger auf die Impulse einer Zweitperson angewiesen ist.

Dieses Vorgehen ist so alt wie die Psychoanalyse, doch richtig spontan und natürlich wird es nur, wenn der Therapeut, abgesehen von allen besprochenen Fragen, zunächst auf das Energetische in den Äußerungen eines Klienten achtet: z. B. ob dieser ihm gleichsam an den Lippen hängt und alles, was aus seinem Munde kommt, sofort gierig in sich hineinsaugt, oder ob er im Gegenteil die Anstöße abprallen läßt, oder ob er in sich zusammenfällt und seelisch kollabiert, wenn sein Gegenüber schweigt, oder ob er im günstigen Falle durch seine Haltung zu erkennen gibt, daß er nicht mehr als eben Anstöße wünscht, und auch diese immer weniger. Nimmt der Therapeut solche Signale wahr, wird er ohne weitere Überlegung entweder durch Zurückhaltung oder Zuwendung reagieren. Psychoenergetik schließt folglich Suggestion aus, soweit diese überhaupt ausgeschlossen werden kann. Sogar der Magnetismus ist nicht einfach mit Suggestion gleichzusetzen, obwohl er schließlich zur Technik der Hypnose führte. Da der Magnetiseur noch nichts von Übertragung im analytischen Sinne wußte, lief er allerdings Gefahr, seine Erfolge der eigenen magischen Heilungskraft zuzuschreiben.

Am Ausgangspunkt der Psychoanalyse stellte Freud fest, daß Hypnose keine dauerhafte Heilung erziele, und gegen Ende seines Lebens gestand er, daß bloße Analyse nicht heile. Es gilt, von beiden das Heilende zu übernehmen und das Nicht-Heilende wegzulassen. Von Hypnose und Suggestion können wir die körperliche Präsenz und Verbundenheit des Therapeuten übernehmen, müssen aber den Willensverlust und die Abhängigkeit beim Klienten ablehnen, weil Heilungserfolge, die auf diesen beruhen, von kurzer Dauer sind. – Von der Analyse behalten wir den bewußten Umgang mit Erinnerungen und Entwicklungsmustern und deren Übertragung auf den Analytiker, müssen jedoch den Mangel an »Mitfühlung« und Körperanalyse ablehnen.

Bei Jung sind viele Ansätze zur Psychoenergetik vorhanden, so das Gespür für die Ganzheit des Menschen, für dessen Eingebundensein in das, was die Alchemie den *»unus mundus«,* den Zusammenhang der *einen* Welt nannte, durch Beachtung spontan auftretender archetypischer Bilder. Daher befinde ich mich auf der Linie der Tiefenpsychologie Jungs, meine jedoch, daß diese zu ihrer größeren Wirksamkeit der ständigen Berücksichtigung des energetischen Prinzips bedarf.

Die zunehmende Vertrautheit mit der Praxis der Psychoenergetik führt mich dazu, daß ich Inhalte und Strukturen des Fühlens und Denkens immer mehr im erkenntnistheoretischen Rahmen dessen sehe, was Nietzsche die »polyperspektivische Welt« nannte: »Es gibt nur ein perspektivisches Sehen, nur ein perspektivisches Erkennen. Es kann gar nicht eine voraussetzungslose Wissenschaft geben, eine Interpretationsperspektive muß immer zuerst da sein.«[15] – Auch die Urbilder der Seele sind nur verschiedene Perspektiven in der Wahrnehmung der nicht definierbaren Lebensenergie, Perspektiven des letztlich nicht inhaltlich, sondern nur energetisch Begreifbaren, fließende Bilder, die mit Vorliebe bestimmte Muster annehmen, welche die Entwicklung des Menschen spiegeln und fördern.

Kürzlich sah ich Peter Brooks Film »Meeting with remarquable men«, der das Leben des russischen »Wahrheitssuchers« Gurdjieff nach dessen gleichnamiger Autobiographie schildert. Gurdjieff war, wie ein Freund mir sagte, mehrere Jahre lang Brooks Lehrmeister. Ein Satz, ausgesprochen von einem Sufi-Meister, fiel mir ungeschützt in Ohr und Herz: »Du mußt nichts ändern oder alles.« – Ich kannte das »Alles oder Nichts« bisher nur als narzißtische Reaktion von Menschen, denen es an Zwischentönen und Differenzierungsmöglichkeiten fehlt. War ich in meiner Ergriffenheit durch die lapidare Aufforderung vielleicht selber Opfer eines kindlichen Totalanspruchs? – Doch dann erinnerte ich mich an eigene Momente intensivsten Lebens, nämlich an meine Energieerfahrungen. Gab es nicht auch in diesen das »Nichts oder Alles«? – Darauf formulierte ich den Satz des Sufi-Meisters um: »Du mußt nichts oder das Ganze deines Lebens ändern.« Das ergab für mich einen Sinn. Die energetische oder mystische Erfahrung ist eine Erfahrung des Ganzen, nicht von Einzelheiten. Diese verschwimmen jedoch keineswegs, sondern erscheinen in gegenseitiger Zuordnung, also ihrer Beziehungswirklichkeit. Jetzt sehen wir alle Einzelheiten neu, nämlich wie durch ein inneres Licht zur Ganzheit verbunden: alle bilden sie das Ganze. So fand ich den Zugang zur ursprünglichen Formulierung: »Nichts oder Alles.« – Das Nichts kommt zuerst, nicht wie beim Kind, das zuerst alles hat, nämlich die Verschmelzung mit der Mutter.

Der energetische Ansatz in der Psychotherapie ändert alles, obwohl er inhaltlich nichts Neues bringt. Darin gleicht er dem Wasser, das sich im Fließen dem Gelände anpaßt, ohne diesem etwas hinzuzufügen. – Und doch: was wäre das Viele ohne Beziehung im Einen? Was wäre Analyse von Kindheitserinnerungen, Träumen, Komplexen, Entwicklungsbildern ohne die Liebe, die alles zu einer einzigen Bewegung verbindet?

ZWEITER TEIL

Verstehen

5 Liebe zu Ausgestoßenen

Im ersten Teil habe ich versucht, die Fähigkeit zur Wahrnehmung der seelischen Wunde, die der Mangel an Liebe geschlagen hat, zu wecken, die Unliebesspiele aufzudecken und die Psychoenergetik als roten Faden in der Therapie der Ungeliebten zu erläutern. Im zweiten Teil geht es nun darum, die seelische Verletzung, an der Ungeliebte leiden, geistig zu erfassen. Das Verstehen wird uns an eine Grenze führen: Wissen allein heilt nicht. Doch ist es notwendig, weil es das Leiden bewußter macht und die Krise suchen läßt, die schließlich von ihr befreien will. – Im 5. Kapitel gehen wir den Gefühlen nach, ausgestoßen zu sein, im 6. Kapitel dem kindlichen Bedürfnis des Erwachsenen nach verspäteter Elternliebe, im 7. Kapitel der Depression als Chance zur Befreiung von Abhängigkeiten und im 8. Kapitel, in der Auseinandersetzung mit der Identitätsfrage, begegnen wir der Sehnsucht als einer Grunderfahrung des Menschen, die das Gefühl, nicht geliebt zu sein, auch abgesehen von traurigen Lebensumständen, erklären kann.

Ungeliebte haben ein zwiespältiges Verhältnis zu den Ausgestoßenen der Gesellschaft, weil sie selber Ausgestoßene sind: es schaudert sie vor ihnen, und doch lieben sie sie insgeheim. Diese Liebe bewußter zu machen und in der Klärung zu verstärken, ist das Ziel in diesem Kapitel. Die Liebe zu den Ausgestoßenen ist die Bedingung zur Selbstliebe, an der es den Ungeliebten mangelt.

In meiner Volksschulklasse befand sich ein Waisenknabe. Er war unscheinbar und verschüchtert, trug lange Wollstrümpfe und dunkle Pullover, die nach Mottenkugeln stanken, und blinzelte mit den Augen. Manchmal konnte ich meinen Blick nicht von ihm abwenden, so unangenehm mir sein Bild auch war. Im Gegensatz zu ihm entstammte ich einer angesehenen Familie, worauf ich mir viel einbildete, und war vorteilhaft gekleidet. Etwas in mir brannte, wenn ich ihn betrachtete. Heute weiß ich, daß es die Wunde der Ungeliebten war. Wurde er bestraft, fühlte auch ich mich ertappt und schuldig. Tief in mir war einer, der ein Waisenknabe war und sein wollte. Ich sehnte mich, ihn zu offenbaren und hatte doch Angst davor.

Eines Tages bekam ich vom Lehrer eine Strafaufgabe auferlegt, die ich vom Vater hätte unterschreiben lassen sollen. Um ihm nicht zu mißfallen, fälschte ich die Unterschrift. Der Lehrer, der dies sofort bemerkte, sprach darauf einen Satz aus, der sich mir für mein ganzes Leben wie ein Schandmal einbrannte: »Jetzt bist du für mich nicht mehr wert als dieser da«, nämlich der Waisenknabe. – Nie in meinem Leben haben Worte in mir so viel Scham geweckt. Ich schämte mich, weil mein sozialer Dünkel in nichts zusammenfiel, doch v. a. schämte ich mich für den Waisenknaben. Diesem geschah großes Unrecht, das fühlte ich verwirrt. Gleichzeitig geschah auch mir ein Unrecht, das nichts mehr mit Ruf und Namen zu tun hatte. Der Waisenknabe war wenig wert, war ungeliebt: das war die fraglose Voraussetzung dieses schrecklichen Satzes. Doch da dies nun so offen ausgesprochen war, konnte ich es fast nicht ertragen. Ich spürte dunkel: »Wenn mich der Lehrer nur liebt, solange ich anders als der Waisenknabe, nämlich eingepaßt und angesehen bin, liebt er mich nicht.« Von diesem Tage an hatte ich nicht nur in der Schule, sondern auch im Elternhaus das aufwühlende Gefühl: ich bin ungeliebt, ein Waisenknabe, obschon aller Schein dagegen sprach.

Eine ähnliche Erfahrung machte ich kurz danach im Religionsunterricht, der jeden Samstagnachmittag um 13 Uhr stattfand und auf die erste Kommunion vorbereitete. Der Dekan stellte die Frage, ob wir Kinder Beispiele für unseren christlichen Bekennermut erzählen könnten. Ich streckte die Hand auf und erzählte begeistert, daß ich jeweils das Kirchengesangbuch offen in der Hand trage, wenn ich zur Kirche gehe, obschon ich den Spott meiner protestantischen Kameraden zu befürchten habe. Der Dekan lobte meinen Bekennermut über alle Maßen; ich war Ministrant und mein Großvater mütterlicherseits früherer Kirchenpräsident der Stadt. – Drei Wochen später stellte der Dekan noch einmal die gleiche Frage; er hatte wohl vergessen, daß er es bereits getan hatte. Ein Klassenkamerad, der immer etwas abseits stand, uneheliches Kind einer bedürftigen Mutter, meldete sich zu Wort und gab die gleiche Antwort wie ich. Er sehnte sich wohl nach der Anerkennung, die der Dekan mir gegeben hatte. Dieser begab sich zur hintersten Bank, wo der Knabe saß, und ohrfeigte ihn für diese dumme Antwort. – Wiederum brannte in mir die Wunde der Ungeliebten, und ich schämte mich aus den gleichen Gründen wie in der Schule.

Doch hier kam noch ein weiteres hinzu: ich begann mich wie unwirk-

lich zu erleben. Lobte man mich, hatte ich das Gefühl: »Das hat nichts mit dir zu tun. Das ist nur so, weil du der Sohn deiner Eltern, oder weil du katholisch bist, oder weil du ein sympathisches Äußeres hast.« Noch als ich über zwanzig Jahre später jeweils sonntags um 11 Uhr als Studentenpfarrer vorne in der Münchner Ludwigskirche stand und predigte, hatte ich manchmal das Gefühl: »Wenn du nicht Pfarrer wärest, würde dir kein Mensch zuhören. Die zustimmenden Reaktionen der Gottesdienstbesucher haben nichts mit dir, sondern nur mit deinem Amt zu tun. Ohne dieses wärst du niemand.« Oder: »Die Zuhörer sind im gleichen Wahn befangen wie du. Ihre positive Reaktion hat nichts zu bedeuten.« – Erst als ich das kirchliche Amt verließ, verlor sich dieses angsterregende Gefühl und stellte sich nie wieder ein. – Die Gewißheit, nicht dafür geliebt zu sein, was ich eigentlich bin, sondern aus zufälligen Gründen gemocht zu werden, sitzt in jedem Ungeliebten. – Darin verbirgt sich eine tiefe Wahrheit, der auf Dauer niemand ausweichen kann. Entwicklungshemmend wird diese erst, wenn wir tatsächlich nicht ausreichend geliebt wurden.
Es gab noch eine andere Art von Ausgestoßenen, die mich beschäftigten, nämlich die Ungezogenen, Frechen und Verwegenen. Diese nun zogen mich außerordentlich an: etwa ein hübscher, schwarzlockiger Gastarbeiterbub, der weder Tod noch Teufel und schon gar nicht den Lehrer fürchtete; oder der Sohn einer Bahnwärterfrau, mit dem ich jeweils nach dem abendlichen Rosenkranzgebet im Mai hinter Hausecken versteckt Boston-Zigaretten rauchte, – und auf dem Gymnasium ein kräftiger, unverfrorener, doch sensibler Junge, der mit zahllosen Mädchen der Schule anbändelte. In diesen Kameraden wurde das Ausgestoßen- und Anderssein zur Auszeichnung. Es bekam die Bedeutung von Freiheit und Selbstbestimmung: der Ausgestoßene war der Auserwählte, Herausgehobene, und nach nichts sehnte ich mich mehr, als den sozialen Bedingungen, in denen ich lebte, enthoben zu sein.
Dieses Enthobensein lebte ich in der Phantasie, solange ich mich zurückerinnern kann. Jede Nacht, so phantasierte ich in meiner Kindergartenzeit, holte mich eine Fee mit langem, blondem Haar und goldenen Funken in den hellblauen Augen in ihrer Kutsche ab, um mich in ihr Reich zu fahren. Ich war ihr liebstes Kind. – Eines Tages erzählte ich meine Phantasie als Tatsache dem Nachbarbub. Dieser fragte mich, ob er auch einmal mit zur Fee kommen dürfe. Ich antwortete, er solle abends bei

Einbruch der Dunkelheit vor meiner Haustüre warten. Er wartete so lange, bis seine Mutter ihn suchte und die Geschichte meiner Mutter erzählte. Von da an war ich ein Lügner, und ich schämte mich fürchterlich. Doch die Lüge war meine Wahrheit, weil sie wirkte: sie bewirkte, daß ich eine Mutter hatte, die mich ohne jede Einschränkung und Bedingung liebte. Die vermeintliche Lüge war mein Geheimnis der Liebe.

Letztere Geschichte aus meiner Kindheit erinnert an den in allen Kulturen verbreiteten Mythos der bedrohten, verfolgten und ausgesetzten Heldenkinder. Auch diese hatten Ziehmütter und fanden erst als Ausgestoßene und Verbannte zu ihrer Bestimmung. So wurde Oidipos in eine Truhe gesetzt und diese dem Wasser anvertraut, weil sein Vater Laios befürchtete, er würde ihn später umbringen. Die Vorgeschichte dieser Befürchtung ist wenig bekannt: Laios hatte nämlich den Sohn seines Gastfreundes Pelops geraubt, um sein Liebhaber zu werden. Pelops sprach darauf gegen Laios den Fluch aus, sein eigener Sohn werde ihn töten. Als nun Laios gegen seinen Willen durch eine List seiner Frau Iokaste – sie machte ihn betrunken – einen Sohn bekam, setzte er ihn aus. Dadurch war die Voraussetzung gegeben, daß Oidipos seinen ihm unbekannten Vater später umbringen konnte. – Der Sohn braucht oft viel Abstand vom Vater, um ihn »töten« zu können, das kann heißen, um mit den sozialen Konventionen und Normen, die dieser verkörpert, zu brechen. Ohne Liebeswunde kann dieser Abstand nicht erreicht werden. Die Aussetzung ermöglicht eine neue Geburt aus einem neuen Mutterleib, symbolisiert durch die Truhe, oder bei Moses, dem künftigen Kulturträger des Volkes Israel, durch ein Körbchen. Aus dem Fruchtwasser des Meeres steigt er auf neuen Boden, in eine vom Altüberlieferten unbelastete Realität.

Heldenkinder haben meist etwas Unerwartetes an sich, das nicht zur Vorstellung von gewöhnlichen Kindern paßt. Manchmal leiden sie an einer körperlichen Deformation, wie z. B. Oidipos, dessen Name Schwellfuß bedeutet, oder Pan, der ein Wunderkind mit Ziegenfüßen und Hörnern war, oder Priapos, dessen ganzer Körper ein einziges Phallussymbol war: mit der großen Zunge, dem mächtigen Bauch und dem riesigen Phallus, der anstelle des Schwanzes wuchs. – Mit Kindern, die so anders sind, wollen sich die Eltern nicht identifizieren. Die Anomalität des Oidipos erinnert zu sehr an die schiefen Seiten des eigenen Wesens. Die große Nähe Pans zu Tier, Instinkt und Ekstase stellt die Wohlanständigkeit und Abtötung des Leibes in der täglichen Arbeitsfron in Frage. Die überdimensionierte Zeugungskraft und Kreativität des Priapos bringt das seelische Gleichgewicht durcheinander.

So distanziert man sich denn von diesem Kinde, das anders als die anderen ist, entzieht ihm die Liebe aus Angst, es könnte einen in den Strudel einer unheimlichen Lebendigkeit hineinziehen und die träge Gangart eines geregelten Lebens stören. »Normale« Eltern tun zwar auch diesem Kinde gegenüber ihre Pflicht, aber das ist zu wenig. Ein mit größerer Lebenskraft begabtes Kind braucht größere Liebe. »Du sollst es nicht besser haben als wir«, scheinen Eltern einem besonderen Kinde zu sagen, heute meist ohne Worte. Deshalb hat es dieses Kind schlechter. Für seine größere Vitalität ist der Lebensrahmen der Eltern zu eng. Es braucht mehr, weil es mehr ist. Wenn es weniger bekommt, hat es nicht genug. – Wie auch sonst in menschlichen Beziehungen – denken wir an Oscar Wilde und Alfred Douglas – gibt es in der Beziehung der Eltern zu einem besonderen Kind die Tyrannei des Schwächeren über den Stärkeren. Statt am Stärkeren zu wachsen, versucht der Schwächere unbewußt den Stärkeren auf sein Maß zurückzustutzen. Gelingt ihm dies schließlich, verachtet er ihn als Spiegelbild der eigenen Schwäche. Eltern, denen es gelungen ist, ihre Kinder zu zerbrechen, behandeln diese wie arme Patienten.

Eltern haben in diesem Machtkampf mit ihrem Kind meist ein leichteres Spiel als ein Mann mit seiner Frau oder eine Frau mit ihrem Mann, die beide erwachsen sind. Und in der Tat: Ich kenne Erwachsene, die immer wieder von Wut und Bitterkeit überwältigt werden, wenn sie einmal mehr wie in der Kindheit vergeblich die Festung ihres eingemauerten Vaters oder ihrer abweisenden Mutter zu stürmen versucht haben. Längst wissen sie zwar, daß ihnen die früh versagte Liebe für immer verloren ist. Trotzdem kämpfen sie weiter darum. Manchmal sitzt ein Klient zu Beginn einer Sitzung wie ein ungeliebtes Kind vor mir, als wollte er mir sagen: »Mach du den ersten Schritt! Ich mußte immer den ersten Schritt tun und habe damit nichts erreicht.«

Schauen wir uns die Manöver der groß gewordenen ungeliebten Kinder näher an, dann stellen wir etwas Erstaunliches fest: Sie selber tun ihr Möglichstes, um abgewiesen zu werden. Z. B. bombardierte eine vierzigjährige Frau ihren achtzigjährigen Vater mit solchen Vorwürfen und Forderungen, daß dieser in seiner Schwäche gar nicht anders konnte, als sich zu schützen und seiner Tochter zu verbieten, ihn zu besuchen. Oder ein über fünfzigjähriger Mann sprach mit seiner im Laufe der Jahre kühl und knapp gewordenen alten Mutter immer in einem so weinerlichen Ton, daß er ihr auf die Nerven ging. – »Was willst du eigentlich?« bin ich versucht, einen solchen Menschen zu fragen, und manchmal tue ich es auch. Unbewußt wünscht er sich das, was Heldenkindern einfach widerfährt, nämlich verstoßen zu werden, oder eigentlich, sich selber freizustoßen. Und schauen wir uns die *Mythen*, die von den *ausgesetzten Kindern* handeln, jetzt näher an, verstehen wir auch warum. Die Verbannung bringt nicht nur Risiko und Gefahr, sondern auch neue Lebensimpulse.

Von Heldenkindern, die nach allen durchstandenen Gefahren schließlich neue Heimat und Umgebung gefunden haben, wird immer Erfreuliches berichet. *Pan* weckte in seiner Mutter Furcht, er war ihr zu unbändig und vital. Bei dieser Mutter wäre es ihm sicher nicht gut ergangen. Auf dem Olymp nun, wohin er von seinem Vater Hermes gebracht wurde, lachte und lärmte er zur Freude aller Unsterblichen, deren Liebling er wurde. Er war in der richtigen Umgebung und konnte sich austoben. Griechische Götter haben keine Angst vor Lebendigkeit, sie sind Gestaltungen der Lebensenergie durch die menschliche Phantasie. Pan ist wie alle Helden ein Bild der Lebendigkeit, ein Symbol der Lebensenergie. Im Gegensatz zu Narkissos, der die Nymphen flieht, stellt er, ebenfalls Sohn einer Nymphe, den Nymphen nach.

Auch *Perseus* konnte lachen. Nach seiner Aussetzung verschlug es ihn zu merkwürdigen Wesen, die halb Mensch und halb Tier waren. Er lachte sie schallend an und freute sich, hatte er doch das gefunden, was er brauchte: Kontakt mit den Instinkten. Eben dieses Lachen wurde von den Tiermenschen als Zeichen seiner göttlichen Abstammung gedeutet, d. h. als Lebendigkeit, die sich nicht durch die Bedingungen der Menschen einschränken läßt.

Das *Lachen*! Perseus lachte, Pan lachte und auch Krishna lachte: stoßweises Ausbrechen der Lebenslust, überschüssige Lebenskraft, die sich in Kaskaden frei über die Welt ergießt, unbekümmertes Durchschütteln von Strukturen, die ja laut Wilhelm Reich nichts anderes als gefrorene Bewegung sind, Ausdruck von Freiheit und Eigenleben. Hätte Pans Mutter dieses Lachen ihres Sohnes ertragen? Wohl kaum, fürchtete sie ihn doch. Wie gut, daß er an einem Ort ist, wo homerisches Lachen erwünscht ist.

Erwachsene »ungeliebte Kinder« sollten es sobald als möglich wie Dionysos in einer Version seiner Geschichte machen, der nicht darauf wartete, ausgesetzt zu werden, sondern fortlief, vor seinen Verfolgern ins Meer sprang und in einer Höhle auf Kreta den für seine Entwicklung nötigen Schutz fand. Damit meine ich, daß sie es nicht mehr den Eltern überlassen, sie einmal mehr abzuweisen, sondern aus eigener Initiative den Schritt in die Unabhängigkeit tun sollten.

Noch einen weiteren Hinweis gibt der griechische Mythos den ungeliebten »Heldenkindern«: sie sollen sich von anderen Menschen, sogar von solchen, die ihnen feindlich gesinnt sind, soviel nehmen, wie sie brauchen, – holen, was zu holen ist. – Der kleine Herakles wurde von seiner Mutter aus Furcht vor der eifersüchtigen Göttin Hera ausgesetzt. Als diese nun, schlau von Athena geleitet, zum Ort kam, wo das kleine Heldenkind lag, nahm sie es, wiederum von Athena verführt, an ihre Brust. Herakles war so kräftig, daß er immer noch größerer Kraft bedurfte, wie das bei vitalen Kindern der Fall ist. Er saugte so ungestüm an der Allmutter Brüsten, daß diese den Schmerz nicht ertrug, den gierigen Säugling von sich riß und zu Boden schmiß. Doch es hatte gereicht: Herakles war im Besitz dessen, was er brauchte: göttlicher, unsterblicher Lebendigkeit. – Statt alte, ausgebrannte Festungen zu stürmen, tun »Heldenkinder« besser daran, da Leben zu holen, wo es Leben gibt. Im Schmerz ihres Ungeliebtseins vergessen sie oft, daß der Grund für dieses ja gerade ihre größere Lebendigkeit ist, auch ihr größeres Potential an Liebe.

Um das Trauma mangelnder Liebe in der Kindheit zu »überwachsen« (Jung), gilt es, die Phantasie des Fehlenden zuzulassen. Das Leben ausgesetzter Heldenkinder im Mythos stellt solche Phantasien des Fehlenden, Notwendigen und Auszufüllenden dar. Die nach meinem Empfinden schönste und reichste mythologische Phantasie zur Kompensation früherer Liebeswunden ist die Geschichte vom fröhlichen Exil des göttlichen Knaben *Krishna*. Dieser verbrachte seine Kindheit in Sicherheit vor Rama, der seinem Leben nachstellte, bei Kuhhirten, also bei Menschen, die dem Kreatürlichen und Mütterlichen nahe sind. Mit anderen Knaben hängte sich Krishna an die Euter von Kühen und soff sich voll, wie Herakles an Heras Brüsten. Jahrelang tat er nichts anderes als zu spielen und die Flöte zu blasen.

Wenn die seelische Wunde nicht zu tief ist, findet das ungeliebte Kind im Spiel die Freiheit zu eigenem Leben. Mit tief verwundeten Menschen, die nicht spielen konnten, ist es wichtig, in der Therapie zunächst kleine, dann immer größere Freiräume für Spiele zu erschließen. Ich greife z. B. ein Wort des Klienten auf, spiele mit ihm und werfe es zurück, ohne Sinn und Ziel. Wenn er dann merkt, daß das Sinnlose Freude macht, wird es sinnvoll, sich auch mit den Problemen zu beschäftigen, deretwegen er in der Therapie ist. Die toten Vorstellungen von Besserung sind im Spiel durchbrochen worden. – In meiner Praxis hängt eine Holzskulptur des Flöte spielenden Krishna, um mich daran zu erinnern, daß Therapie ein Spiel ist.

Die Verbundenheit mit der Welt, so schrieb ich, aktiviert die eigene Lebensenergie. Krishna aß Lehm, wie um sich die Erde einzuverleiben, und als er dann den Mund öffnete, erschien darin die Fülle der ganzen Schöpfung. Der aus der etablierten Gesellschaft Ausgemusterte und von den »gemusterten« Menschen Ungeliebte findet, wenn er den gefahrvollen Weg des Exils durch das Wasser überstanden hat, die Verbindung mit der Welt und den Zugang zur Lebendigkeit.

Krishna ahmte im Spiel mit anderen Knaben das Summen der Hummeln und den Ruf des Kuckucks nach, imitierte vorbeifliegende Vögel und turnte wie ein Äfflein von Ast zu Ast, und wenn er wie ein Frosch im Wasser hüpfte und dabei sein Spiegelbild im Wasser sah, lachte er[1]. Indem er sich wahrnimmt, macht er auch die fröhliche Freiheit von seinem Schicksal wahr, die dem Ungeliebten und Zukurzgekommenen am meisten not tut. Er wechselt die Perspektive: von dem auf die Eltern angewiesenen, wandelt er sich in den zur Welt hin offenen Menschen, offen zu Vögeln, Hummeln, Fröschen, Affen, zu instinkthafter Bezogenheit und Lebendigkeit.

Wie anders ist doch unsere Welt als die von Krishnas Kindheitsidylle! Und doch muß die Haltung zu unserer verschmutzten und verseuchten Welt die gleiche sein: Spiel, Zuwendung und Zuneigung, um unseren »Gesundungswillen« nicht nur für unseren Organismus, sondern auch die kranke Umwelt zu stärken. Ohne intensive Phantasien über die Schönheit und Kraft des Lebendigen kennen wir die Richtung des heilenden Tuns nicht.

Der Mythos des Heldenkindes schlägt den umgekehrten Weg wie der *Erziehungs- und Schelmenroman* ein. Während der erste den Menschen zu Freiheit und Selbstbestimmung entläßt, setzt sich der zweite zum Ziel, das ungezähmte Kind, den wilden »Krishna«, in die Normen der bürgerlichen Gesellschaft einzuzwängen und durch mancherlei Tricks und Appelle an die Elternliebe zur »freiwilligen« Anpassung zu bewegen. *Pinocchio* ist ein typisches Beispiel dafür. Er entwickelt sich nicht wie das Heldenkind von der Anpassung zur Freiheit, sondern von der Freiheit zur Anpassung. Doch warum ist uns Pinocchio so sympathisch? Etwa wegen seiner gelungenen Anpassungsleistung? Ist diese erreicht, hört die Geschichte auf. Pinocchio ist nicht mehr interessant, nichts Eigenes und Besonderes mehr, ohne Lust und Pfiff. – Sicher: zur Entwicklung eines Menschen gehört auch die Einübung in Norm und Brauch. Erfolgt diese nicht, treten ähnliche Verlassenheitssymptome wie bei dem auf, der sich zu sehr anpaßt und im Eigenen zu wenig liebt. Und doch ist Überanpassung nach wie vor ein viel verbreiteteres Problem als das Ausscheren aus Bindung und Verantwortung. Die Geschichte der meisten Ungeliebten ist eine Geschichte der Überanpassung. Für sie geht es darum, eine neue Einstellung zu den Ausgestoßenen, den Parias, den Unberührbaren zu bekommen.

Den inneren Unberührbaren und Ausgesonderten zu berühren, Kontakt mit ihm aufzunehmen und den vor Welt und Lebensfreude überbordenden Krishna aus ihm zu befreien, dahin strebt die unbewußte Sehnsucht der aus Mangel an Liebe überangepaßten Menschen. Was heißt das? Der Paria ist zwar ausgestoßen, aber auch frei von den Pflichten derer, die ihn ausstoßen. Er hat Zugang zu einer Welt, die den Wohlstrukturierten und Versicherten verschlossen ist, zur Welt der unkanalisierten Lebensenergie und der halbdunklen, zwielichtigen Phantasien. Die Leidenschaft für den Paria drängt jeden Ungeliebten in die Freiheit. Könnte es nicht sein, daß er selber mitgewirkt und seine Eltern konditioniert hat, um ein Paria zu werden, nämlich einer, der von den Strukturierten nicht allzu geliebt wird und dank dieser Tatsache über mehr eigenen Freiraum verfügt? Wie dem auch sei: er hat mehr Begabung zur Freiheit als andere, mehr Begabung und auch mehr Drang.

Kein Film hat mich je wieder so bewegt wie François Truffauts »Les quattre cent coups« (»Sie küßten und sie schlugen ihn«). Ich sah ihn als Jugendlicher in Saint-Maurice, wo ich das französischsprachige Gymnasium besuchte. Er gibt die Geschichte eines Jungen wieder, der in eine Erziehungsanstalt gesteckt wird, dort davon träumt, das Meer zu sehen, ausreißt und schließlich zum Meer gelangt. Truffaut erzählt darin seine eigene Geschichte. Nur ein Ausgestoßener und Ungeliebter kann die Sehnsucht nach dem Meer in dieser Heftigkeit empfinden. Es gelang Truffaut, den Paria, der er selber in der Erziehungsanstalt, diesem Ort der Anpassung, war, in einen eigenwilligen Menschen und ein eigenwilliges Werk zu wandeln.

Léo Ferré dankt in einem Chanson dem Satan, daß er den Dieb deckt, und Georges Brassens, weniger radikal als Ferré, sieht in seinem Chanson »J'ai mauvaise réputation« den schlechten Ruf als eine Auszeichnung und Marke der Freiheit: am 14. Juli, dem französischen Nationalfeiertag, bleibt er im Bett und folgt damit einem andern Weg als »die Leute«. – Mit diesen Beispielen geht es mir nicht darum, gesellschaftliche Randfiguren romantisch zu idealisieren. Die Zeit dazu ist vorbei. Ich spreche nicht soziologisch, sondern psychologisch, nämlich vom Ausgestoßenen als innerer Figur für unsere Befreiungsdynamik und den Mut, die, welche uns nicht lieben, in Ruhe zu lassen, und uns statt dessen dem Ungeliebten in uns selber mit Liebe zuzuwenden. Dieser, weil ungebunden, ist Instinkt und Erde näher als das brave Kind. Was wäre Tom Sawyer ohne Huckleberry Finn?

Durch diese Liebe kann aus ihm, dem bedauernswerten Ausgestoßenen und Opfer mangelnder Liebe in der Kindheit, nach und nach der »höhere Ausgestoßene«, wie Alan Watts ihn nennt, nämlich der Unparteiische, der sich an niemandes Seite schlägt, werden.[2] Seit früher Kindheit weiß er, daß Liebe und Parteinahme sich ausschließen. Das Schicksal des Opfers wandelte sich so in Berufung. Alle auf einen unverwechselbar eigenen Weg Genötigten waren Ausgestoßene wie Jesus, oder Heimatlose wie Buddha.

Im Christentum, wo Berufung in Gegnerschaft zur Welt gesehen wird, nimmt sie notwendigerweise ein tragisches Ende: die Strukturierten sind zahlreicher. So läßt Jesaia den »Leidensknecht« Worte sagen, die Jesus auf sich hin deutet: »Ein Wurm bin ich, kein Mensch, der Menschen Spott, vom Volk verhöhnt.« Im Buddhismus dagegen heißt Berufung Freiheit von Abhängigkeit, also auch von Menschen, die uns lieben oder nicht lieben. Jenseits von Parteinahme und Angewiesensein kann eine Liebe wachsen, die uns und andere frei macht.

6 Verzicht auf zu späte Elternliebe

Elternliebe kann nicht erzwungen werden. Hat sie gefehlt, bemüht sich die Tochter oder der Sohn manchmal ein Leben lang, sie zu gewinnen, nicht nur von den leiblichen Eltern, die vielleicht längst tot sind, sondern von allen Bezugspersonen. So bleibt er (oder sie) abhängiges Kind und verhindert seine Entwicklung. Die Wunde der Ungeliebten kann nicht heilen. Ich greife diesen Punkt aus dem letzten Kapitel heraus und vertiefe ihn in diesem. Nur der Verzicht auf zu späte Elternliebe löst den Bann.

Das Wort »Verzicht« kann zur falschen Annahme führen, daß dieser notwendige Prozeß mit einem bloßen Willensakt zu bewältigen ist. Doch dem ist nicht so. Alle Ungeliebten wissen, daß bloße Absichtserklärungen in diesem Bereich nichts nützen, und eine Therapie der guten Ratschläge nur noch mutloser macht. Eine Bewußtseinspsychologie, die nur an den gesunden Menschenverstand appelliert, richtet hier nichts aus. Der Verzicht, von dem ich spreche, entspringt der Einsicht von bisher unbewußten Zusammenhängen. Um diese geht es im folgenden.

Zunächst komme ich auf den einfacheren Fall des eigenwilligen Kindes zu sprechen, das einen eigenen Weg geht, der sich immer deutlicher von dem der Eltern unterscheidet. – Dann wende ich mich dem schwierigeren Fall des schwachen und anlehnungsbedürftigen erwachsenen »Kindes« zu, das von seinen Eltern nicht für voll genommen wurde, was ein Ausdruck mangelnder Liebe ist. Schließlich erkläre ich, warum keinem Menschen der Abschied von kindlichen Erwartungen leicht fällt, obschon von diesem die menschliche Reifung abhängt. Der Verzicht auf Elternliebe wird von jedem Menschen gefordert. – Ich erinnere daran, daß ich das Wörtchen »ungeliebt« für alle Stufen nicht ausreichender Elternliebe verwende. Dieser allgemeine Gebrauch ist psychologisch gerechtfertigt, da der Mangel an Elternliebe bei allen Unterschieden eine gemeinsame Auswirkung im Kind hatte, nämlich den Mangel an Selbstliebe und Urvertrauen in vielen Schattierungen und graduellen Abstufungen. Es geht mir mehr um das Gemeinsame als um die Unterschiede, obschon ich auch diese hervorheben werde. – Der wichtigste Grund dafür liegt noch tiefer: die Heilung der seelischen

Verwundung geschieht schließlich durch den Zugang zu einer tiefen Ebene, auf der alle Menschen gleich sind. Das Übel mangelnder Elternliebe kann nicht beseitigt, wohl aber an die Erfahrung eines existentiellen Mangels, der mit dem Menschsein gegeben ist, angeschlossen werden. Ich meine den Mangel an Geborgenheit in der Welt. Mehr Heilung gibt es nicht. Von dieser Rückbindung des durch Lebensumstände bedingten Mangels an den Mangel, der zum Menschsein gehört, wird später die Rede sein. Der Vorgriff soll begründen, warum ich das Wörtchen »ungeliebt« undifferenziert für alle Arten eines Mangels an Liebe verwende: sie gründen auf einem Existential. Von diesem aus gesehen bezieht sich das Wörtchen »ungeliebt« nicht auf einen mit Tatsachen belegbaren Mangel, sondern ein Lebensgefühl.

Die Literatur ist voll von Beispielen für die Ächtung eines nicht konformen Menschen durch Eltern und Gesellschaft. Dieser Konflikt ist wohl eines der häufigsten Motive, das seit jeher einen Autor zur Feder greifen läßt. – Im Roman »Amerika« beschreibt Franz *Kafka,* wie Karl Rossmann aus Prag von seinen Eltern wegen eines Verhältnisses mit einem Dienstmädchen verstoßen wird. – »Anna Karenina« in *Tolstois* gleichnamigen Roman, und Melanie in *Fontanes* Roman »L'adultera« werden als Ehebrecherinnen angeprangert: die erste begeht Selbstmord, die zweite lernt Eigenverantwortung und Freiheit. Ähnlich wie die bürgerliche Gesellschaft auf Ehebruch reagiert hat, verhalten sich noch heute viele Eltern ihren rebellischen Kindern gegenüber.

Auch dem Motiv des Stärkeren, dem die Schwächeren ihre Liebe aus Mißgunst verweigern, wendet sich die Literatur zu. In Franz *Werfels* Erzählung »Der Abituriententag« wird der grüblerische Junge Franz Adler, von dem die Autorität »unbeirrbarer Wahrhaftigkeit« ausgeht, vom Icherzähler Sebastian gequält, erniedrigt und schließlich gebrochen. So werden oft auch in Familien diejenigen, die sich von den anderen abheben und leichter verwundbar sind, von der Liebe ausgeschlossen und zugrunde gerichtet. Ihr schließlicher Untergang dient dann als Bestätigung, daß der Liebesentzug von Anfang an angebracht war.

Solche Menschen kommen oft in Therapie. Sie fühlen, daß etwas in ihnen geknickt wurde, was sich wieder aufrichten und wachsen muß.

Sie wollen aus der sozialen Hypnose ihrer vermeintlichen Minderwertigkeit aufwachen und ihren realen Wert entdecken. Dazu müssen sie das Kräftespiel, dessen Opfer sie waren, begreifen. Sie wurden unterdrückt, weil sie gefährlich waren. Sie waren gefährlich, weil sie überlegen waren. Das Bewußtsein ihrer realen Überlegenheit bedeutet den ersten Schritt auf ihrem Weg zu Selbstachtung und Selbstliebe. Indem ich diesen Prozeß stütze, fördere ich nicht Allmachtsphantasien, sondern im Gegenteil den Sinn für Tatsachen, die bisher zugunsten von fremden Machtansprüchen vernebelt wurden. Die Feststellung einer realen Überlegenheit der Betroffenen beruht auf einer korrekten Analyse ihrer Familiensituation. Auch wenn sie nicht amoralisch sind, werden sie folgende Aussage Sloterdijks als Ermutigung empfinden: »Offen gesagt, gilt den Amoralischen meine uneingeschränkte Sympathie, denn sie machen . . . dem Leben Platz, während die tugendhaften Bürger mit ihren hundert Zwangsideen schon jetzt einen Geschmack davon geben, was sie anderen antun werden.«[1]
Eine jüngere Frau, die zu den aus Mißgunst Ungeliebten gehörte, erzählte folgenden Traum: Sie befand sich zusammen mit ihrer Mutter auf einer Straße in Zürich, doch irgendwie kamen die beiden nicht richtig vorwärts. Dann realisierte sie, daß sie der Mutter den Weg zum »Freudenberg«, einer Zürcher Parkanlage, in der sich eine Schule befindet, zeigen sollte. Die Mutter hetzte und überschüttete die Tochter mit Vorwürfen, weil diese den Weg nur ungenau kannte. Der mütterliche Tadel verwirrte die Träumerin vollends. Die beiden verirrten sich. Schließlich gab die Träumerin es auf, den »Freudenberg« zu suchen und fand nicht einmal ihr Auto wieder. Sie sagte der Mutter, sie müsse unbedingt zu ihrem Freund, der schon seit einer Stunde auf sie warte. Darauf verstärkte die Mutter ihre Vorwürfe, nannte sie eine undankbare Tochter und ein nutzloses Geschöpf. Die beiden gingen weiter, doch die Tochter wußte, daß sie sich immer mehr vom Ort, wo ihr Freund auf sie wartete, entfernte. Im Gefühl der Vernichtung erwachte sie.
Während die Frau ihren Traum erzählte, achtete ich nicht nur auf den Inhalt, sondern auch auf das *Energiemuster,* das in ihm sichtbar wurde. Unter Energiemuster verstehe ich die spezifische Abfolge von unterschiedlichen Bewegungen der Lebensenergie, die für einen bestimmten Menschen typisch ist. Mehrere Träume können bei verschiedenen Inhalten das gleiche Energiemuster aufweisen. Dieses erscheint nicht

nur in Träumen, sondern auch in anderen Äußerungen eines Menschen. Das gleiche Individuum hat mehrere Energiemuster, die je nach Situation belebt werden. – Ich stelle nun das Energiemuster des Traumes schematisch dar: 1. Zunächst findet eine *mühsame, harzige Bewegung* statt (es geht nicht richtig vorwärts). 2. In dieser erscheinen zwei Impulse: einer, der nach vorne *drängt* (die Mutter, welche die Tochter hetzt), und ein anderer, der *bremst* (die Tochter, die den Weg, den die Mutter gehen will, nicht findet). 3. Der hemmende Impuls wird stärker und führt zu *konfusen Bewegungen* (die beiden verirren sich). 4. Der Versuch zu einer *Progression der Energie schlägt fehl* (die Träumerin findet ihr Auto nicht, mit dem sie zu ihrem Freund fahren möchte). 5. Schließlich kommt es zur *Regression der Energie* (sie entfernt sich immer mehr vom Ort, wo ihr Freund wohnt). – Ich verwende die Begriffe Progression und Regression im Sinne C. G. Jungs.

Im Gespräch über den Traum versuche ich, das Bewußtsein des Energiemusters nicht zu verlieren, um das Verwirrspiel des Traumes nicht weiterzutreiben. Energiemuster bilden eine wichtige Orientierungshilfe für die Traumdeutung. Sie zeigen, worauf es letztlich ankommt. Das Bewußtsein des Energiemusters verhindert, daß sich das analytische Gespräch in der Traumsymbolik verirrt, bis man vor lauter Bäumen den Wald nicht mehr sieht. – Im Laufe unseres Gespräches sagte die Träumerin: »Ja, so mache ich es immer. Zuerst weiß ich nicht genau, was ich eigentlich will. Das eine spricht dafür, das andere dagegen. Ich tue das, was die anderen von mir wollen. Dann wachsen die Widerstände. Das führt zu Zuständen der Verwirrung, die Tage dauern können. Ich habe immer weniger Energie und versuche vergeblich, den Karren wieder in Fahrt zu setzen. Dann wachsen meine Schuldgefühle, ich resigniere und tue das, was die anderen erwarten, oder das, was meine Schuldgefühle sagen. Doch mache ich dabei ständig Fehler. Jetzt gelingt nichts mehr. Alles, was mir wichtig und wert wäre, ist vom Horizont verschwunden. Ich verpasse das Allerwichtigste.« – Die Frau erzählte mehrere Szenen aus ihrem Alltag, in denen dieses Energiemuster zum Ausdruck kam. Es wurde immer dann wirksam, wenn sie etwas unternehmen wollte, das sie im Gefühl bewegte.

Die psychoenergetische Analyse, d. h. in diesem Falle die Analyse eines Energiemusters, die gleichzeitig mit der inhaltlichen Analyse läuft, hat den Vorteil, daß sie den Zusammenhang zwischen den unterschiedlichsten Ereignissen spürbar macht. Sie ist der Strukturanalyse literarischer Texte vergleichbar. Auf den Leser wirkt sie wohl etwas nüchtern, doch mache ich die Erfahrung, daß Menschen sehr betroffen sind, wenn ihr hemmendes Energiemuster so offen daliegt. Sie reagieren oft mit Sätzen wie: »Jetzt habe ich es endlich verstanden!«, oder: »Darauf kommt es an!« – Das Bewußtsein eines Energiemusters mitten in kritischen Situationen ist ein inneres Feed-back, das manchmal sofort zu Verhaltensänderungen führt. Das Gefühl, den hinderlichen Lebensentwurf endlich im Kern begriffen zu haben, nimmt zu. Was bisher als unlösbar kompliziert erschien, ordnet sich.

Auch die Körperanalyse, d. h. die Analyse der Bewegungsdynamik im Körper ist ein Teil dieses Vorgehens. Beim Erzählen ihrer »typischen Geschichten« verdeutlichte der Körper der Frau die Phasen ihres Energiemusters: sie machte zunächst unbestimmte, aber noch koordinierte Bewegungen, geriet dann in einen kleinen »Sturm« von gebremsten, fahrigen, unzusammenhängenden Bewegungen, wurde immer starrer und steifer und fiel schließlich in sich zusammen. Ich kannte dieses Bewegungsmuster von vielen Situationen, in denen sie mir ein Problem erzählte.

Energiemuster sind keine statischen, sondern dynamische Muster, d. h. typische Bewegungsabläufe. Es geht um das Gespür für die drängende, oder gehemmte, oder konfus sich verpuffende, oder zurückfließende Energie. Die Körperanalyse ist ein unverzichtbarer Teil im Erfassen eines Energiemusters. Trotzdem soll sie mit Zurückhaltung und Fingerspitzengefühl eingesetzt werden, weil sie sonst auf den Klienten eher hemmend wirkt.

Ich mache nun noch einige inhaltliche Bemerkungen zum Traum und zur Träumerin. Diese war eine sympathische, beruflich erfolgreiche Frau und eine viel stärkere Persönlichkeit als ihre Mutter. Gegen deren Willen hatte sie studiert. Mit dreißig Jahren lernte sie einen Mann kennen, mit dem zusammen sie zum ersten Mal das Gefühl hatte: »Ich will diese Partnerschaft. Sie macht mich glücklich und bringt mich weiter.« Als sie drei Jahre alt war, ließ sich ihre Mutter scheiden. Seither fühlte sie sich von dieser mit Vorwürfen und Mißgunst verfolgt. Die Mutter jammerte oft über ihre schwierige Lage als geschiedene Frau und spannte die Tochter in ihre Dienste ein, wo immer sie nur konnte. Auch spannte sie ihr den ersten Freund aus. Sie unterstrich immer wieder, wie viel sie der Tochter gab und nahm doch ungebührend viel von ihr. Wenn meine Klientin mit ihrem jetzigen Freund zusammen war, plagten sie oft Schuldgefühle ihrer Mutter gegenüber.

Einmal mehr sucht sie im Traum nicht ihre eigene, sondern ihrer Mutter Freude (»Freudenberg«). Doch kann sie deren Weg zur Freude nicht kennen, weil sie und die Mutter zwei verschiedene Menschen sind. Außerdem spürt sie Widerstände gegen den Anspruch ihrer Mutter, den Weg an deren Stelle zu suchen und Verantwortung für sie zu übernehmen, daher die vielen Wenn und Aber. Dieser Widerstände wegen fühlt sie sich schuldig (die Vorwürfe der Mutter im Traum). Schuldgefühle vermindern den Antrieb und lassen nur eines noch mehr wachsen, nämlich die gleichen Widerstände, welche zu den Schuldgefühlen geführt haben. Jetzt ist sie ganz blockiert. Als Erinnerung an eigene Freude taucht der Gedanke an ihren Freund in ihr auf, doch nur, um ihr klar zu machen, daß sie, je mehr sie sich mit ihrer Mutter verstrickt, sich von der Liebe zu ihm und der Liebe zum eigenen Leben entfernt.

Durch die Beschäftigung mit ihrem Traum begriff die Frau, daß jedesmal, wenn sie zu Beginn einer Tätigkeit oder eines Unternehmens diese unbestimmten, fahrigen und gebremsten Bewegungen machte, sie eigentlich gar nicht wollte, was sie tat, sondern sich anpaßte, wie dies auch in ihrem Traum der Fall war: Der »Freudenberg« der Mutter war nicht der ihre. Anfangs- oder Ausgangssituationen, in denen sie sich verleugnete, wurden ihr bewußter. Unternehmungen, in die sie nur anderen zu Gefallen einwilligte, konnte sie nach und nach bleiben lassen. In ihren unwillkürlichen, fahrigen Bewegungen erkannte sie von nun an das *Signal:* »Jetzt fängst du wieder an, dich anzupassen. Willst du das eigentlich?« Das durch Körperanalyse erreichte neue Bewußtsein ermöglichte ihr also eine Entscheidung auch in Situationen, in denen früher Zwangsläufigkeit herrschte. Gleichzeitig wuchs ihr Selbstvertrauen. Sie begann zu merken, daß sie ihrer Mutter nicht unterlegen war und ihr somit keine Macht über ihr Leben einzuräumen brauchte. Der Verzicht auf zu späte Mutterliebe war im Gange.

Auch erkannte sie die Gefahr des *Mitleids,* das ihr diesen Verzicht erschwerte. Wird die Mutter nicht ärmer, wenn sie, die Tochter, nicht mehr um sie wirbt? Kann die Mutter überhaupt noch weiterleben, wenn

sie sich ihr verweigert? Sollte sie ihr nicht die Freude am Neinsagen lassen? – Die Gefahr des Mitleids war für sie am schwierigsten zu bestehen. Doch mußte sie sich auch davon befreien, um ihren Freund und sich selber wirklich lieben zu können. Die Warnung Nietzsches in bezug auf die Nächstenliebe galt auch für sie: »Wehe allen Liebenden, die nicht noch eine Höhe haben, welche über ihrem Mitleiden ist!«[2]
Wer so tiefen Einblick in seine Verstrickungen mit den Eltern hat, ist nicht mehr versucht, in diesen die alleinige Ursache der eigenen Schwierigkeiten zu sehen. Er spürt, daß *Ursache und Wirkung* bloß »konventionelle Fiktionen zum Zweck der Bezeichnung und der Verständigung, nicht der Erklärung«[3] sind. In allen Beziehungen gibt es eine Mittäterschaft, sogar in den Beziehungen der Kinder zu ihren Eltern. Unter Mittäterschaft verstehe ich hier nicht Mitverantwortung, sondern Mitbeteiligung. Wer diese Einsicht zuläßt, fühlt sich im Jetzt zu Aktivität und Eigenverantwortung angestachelt. Aus der *»Widerfahrnis«* wird dann eine *Erfahrung,* aus dem Ausgestoßensein ein Sichfreistoßen. Sich nicht als Erleidender, sondern als Tuender zu erfahren, ist Zeichen von Lebendigkeit. – Mit dieser Überlegung will ich natürlich nicht die Tragik unzähliger kindlicher Verletzungen bagatellisieren, sondern vielmehr zu eigenem Tun in der Gegenwart motivieren.
Gibt es nicht Menschen, die zu schwach sind, um auf Elternliebe, Fürsorge und Betreuung, wie das Kind sie benötigt, verzichten zu können? Auch der schwächste Ungeliebte hat in sich einen Funken des starken Heldenkindes, d. h. eine kleine Möglichkeit, das frühe Nein der anderen in ein Ja zu sich selber zu wandeln. Das Gespür für seinen Mangel ist der Hinweis auf ein ungenutztes Potential an Eigenaktivität. Sogar bei vielen psychotischen Menschen läßt sich, wenn auch nur mit geduldiger Einfühlung, ein solcher Funke erkennen, wie der amerikanische Psychiater *Laing* unterstreicht.
Ein etwa vierzigjähriger Mann träumte zu Beginn der Analyse von seinem Vater, in dessen Schatten er sein ganzes bisheriges Leben verbracht hatte. Er war ein intelligenter, beruflich tüchtiger, doch ängstlicher und vor sich hin kränkelnder Mensch. Der verstorbene Vater erschien ihm im Traum und sagte vorwurfsvoll, wie traurig es ihn stimme, daß er, sein Sohn, immer noch einen Buckel machte. Im Gespräch mit mir bemerkte der Träumer dazu: »Wie kann ich aufhören,

einen Buckel zu machen, solange sein Einfluß auf mich so groß ist?« – Die doppelte Botschaft des Vaters an seinen Sohn: »Mach keinen Buckel mehr« und »Bleib in meinem Schatten« zeigt, warum der Sohn meint, ein zu schwacher Mann zu sein, um auf »Elternliebe«, d. h. Liebe von Bezugspersonen, die er als Eltern in Anspruch nimmt, verzichten zu können.

Zwischen den widersprüchlichen Botschaften seines Vaters: »Sei ein Mann« und »Ich bin der einzige Mann« bleibt sein Mannsein eingekeilt. Doch wieviel Energie hat er benötigt, um so lange zu buckeln, bis sich ein Buckel bildete! Die gefrorene Energie zu schmelzen und zu verflüssigen ist nur möglich, wenn der Sohn die zweite Botschaft des Vaters als Lüge entlarven kann: »Ich bin der einzige Mann; du bist auf das Schattendasein neben mir angewiesen.« Gerade der Ungeliebte, der sich schwach fühlt, braucht den Verzicht auf Elternliebe am dringendsten. Zuviel Energie ist in seiner verzweifelten Sehnsucht gebunden. – Gibt es überhaupt den Schwachen, für den er sich hält? Hat es nicht viel Stärke gebraucht, um sich so schwach zu machen? Hat seine Stärke sich nicht mit Schwäche getarnt? Ist er nicht Mitspieler im väterlichen Spiel? Verbirgt sich hinter seiner Auffassung von Ursache und Wirkung, d. h. vom mächtigen Vater, der den Sohn entmachtet, nicht ein Trick, um seine Stärke in Reserve zu halten? – Zeit wird es für ihn, ans Licht zu treten!

Dieser Mann hatte eine Sonnenphobie. Er scheute das Licht der Sonne, verband mit ihm nicht nur Sonnenbrand, Sonnenstich, Hautkrebs und Augenschäden, sondern auch die überwältigende Angst, gesehen zu werden. Wurde er doch einmal von der Sonne überrascht, verschlimmerte sich der Juckreiz, an dem er fast immer litt. Er war ein unfreier Mensch, der Geborgenheit im Dunkeln, im Schatten anderer Menschen suchte, im Gegensatz zu Diogenes, der Alexander bat, ihm aus der Sonne zu gehen.

Einmal bemerkte er zu mir, mit Sonne verbinde er die unerträgliche Qual römischer Sklaven. Das war der entscheidende Hinweis. Wer war der unsichtbare Sklavenhalter? Doch niemand anderer als sein Vater: das innere Bild seines Vaters, der ihm verbot, das Leben anders denn als Plackerei unter dem unbarmherzigen Licht, dem unbarmherzigen Blick des Schinders zu sehen. Die wärmende Sonne im Blick des Vaters hat er nie gespürt. »Vielleicht hat er mich doch geliebt«, bemerkte er einmal, »aber ich habe es nie gespürt«.

Nach und nach bekam das Sonnenlicht für ihn eine neue Qualität. Vorsichtig blinzelnd wagte er sich kurz und verstohlen ins Freie, begann zu mutmaßen, daß Licht eigentlich auch Wachstum bedeuten könnte, nicht nur Gesehenwerden, sondern auch selber sehen, nicht Ausgezogenwerden, sondern sich selber ausziehen. Nach und nach ging der Juckreiz zurück: er hatte immer weniger Lust, aus seiner Haut zu schlüpfen und sich für andere zu schinden. Der Buckel »schmolz«, d. h. er richtete sich auf und begann, erhobenen Hauptes um sich zu schauen. Es war ein langsames Vorwärtstasten mit vielen Rückschlägen. Gerade bei tief verwundeten Menschen ist es wichtig zu wissen, daß das Ende einer Analyse nicht das Ende aller Symptome und selbstverständliche Normalität bedeutet, sondern das Gespür für die Spur, der Instinkt für die Richtung des Lichts.

Einmal gegen Ende unserer langen gemeinsamen Arbeit brachte er mir das in die Schreibmaschine getippte Höhlengleichnis Platos. »Das war meine Geschichte«, sagte er. »Wenn einer aber gar die Höhle verlassen würde, dann wäre er geblendet von der Sonne und würde gar nichts sehen«, zitierte er und fügte hinzu: »Ich habe lange nur mit den Schatten gelebt, den die Gegenstände auf die Wand warfen, aus Angst davor, die Wirklichkeit sei wie mein Vater: unerbittlich.« – Als wir die Arbeit beendeten, befand er sich unter dem Höhleneingang auf der Schwelle zwischen Schattendasein und offenem Blick. Er behielt sich die Möglichkeit vor, sich ab und zu in die bergende Finsternis zurückzuziehen, wenn der Blick des Sklavenhalters ihn wieder traf. Nicht nur das Gespür für die Spur, der Instinkt für die Richtung des Lichtes sind Voraussetzungen für die Beendigung einer Analyse, sondern auch das Wissen um die Strategien, mit denen wir den alten Gespenstern ein Schnippchen schlagen können. Für meinen Klienten war es nicht wünschenswert, es Zarathustra gleichzutun, von dem es am Schluß heißt: Er »verließ seine Höhle, glühend und stark, wie eine Morgensonne, die aus dunklen Bergen kommt.«[4] – Tat Nietzsches Zarathustra gut daran, die Höhle ganz zu verlassen?

Nicht nur der früh Verwundete muß den Verzicht auf Elternliebe leisten. Dieser ergibt sich aus dem Drang jedes Menschen nach Entwicklung und Autonomie. Das soll zum Schluß angedeutet werden. Es ist notwendig, »die in den familiären Banden gebundene Libido aus dem engen Kreis in die Weite« zu bringen[5], schrieb Jung in seinem

Werk »Symbole der Wandlung«. Das *Opfer* der Elternliebe ist Hingabe an das Leben. Viele haben das Gefühl, nicht geliebt zu werden, weil sie es nicht fertigbringen, selber zu lieben. Würden sie aufhören, an der Wunde der Ungeliebten herumzukratzen, könnte diese eher heilen. Doch solange ein Mensch seine Hände nicht für andere öffnet, ist er embryonal in sich verkrümmt, ein »homo in se incorvatus«: Luthers unerlöster Mensch. – Der »Verzicht auf das Bild der von allen Seiten fassenden Mutter führt zur Schöpfung der Welt«[6], fügt Jung hinzu, zur Schöpfung nämlich des eigenen Lebens in der Verbindung zur Welt. Die Mutterhöhle selber preßt den Fötus des Lichtscheuen ans Licht. Ist diese Unliebe nicht größere Liebe? Jammern wir nicht gerne über Dinge, die uns not tun?

Im selben Zusammenhang erklärt Jung das universal verbreitete *Inzesttabu*. Es soll verhindern, daß wir, statt neu geboren zu werden, wieder eingehen ins Alte, daß wir sexualisieren, was uns in die Welt entlassen muß, uns in die Eltern hinein verkrümmen, statt für die Welt frei zu werden. – »Es kann gar nicht das Inzesttabu gewesen sein, was die Menschen aus dem psychischen Urzustand der Nichtunterscheidung herausgetrieben hat, sondern es war der dem Menschen eigentümliche Entwicklungstrieb, der ihm zahllose Tabus, darunter das Inzesttabu, aufgenötigt hat.«[7] Der Entwicklungstrieb treibt zum Verzicht auf eine zu späte Elternliebe, deren Erwartung den Erwachsenen nicht nährt, sondern lähmt.

7 Die offene Wunde der Depression

Die Unfähigkeit zum notwendigen Verzicht auf Elternliebe kann in die Depression führen. Nicht daß jeder depressive Erwachsene an seine leiblichen Eltern den Anspruch auf unbedingte Liebe stellt. Doch da er diesen Anspruch nie aufgelöst hat, verschiebt er ihn auf die nächste Bezugsperson, meist den Lebenspartner. Vermißt er bei diesem die fraglose Liebe, die nur ein Kleinkind braucht und erleben kann, wird er vielleicht depressiv. So oder so vermißt er sie, denn die hingebungsvollste Liebe des Partners ist im Erleben dessen, der Mutter- und Vaterliebe erwartet, nie genug. Offensichtlichste Zuwendung und Liebe sind ihm zu wenig. Alle Beweise von Solidarität, Treue, Zuverlässigkeit, Hingabe werden unbewußt am eigenen, uneingelösten Anspruch an den Vater oder die Mutter gemessen – und verworfen. So kommt er zum irrigen Gefühl, den anderen verloren zu haben, selbst wenn dieser ihm ganz nahe ist.

Ich kenne keinen depressiven Menschen, bei dem nicht frühe Erfahrungen mit fehlender oder fehlgeleiteter Liebe und in der Folge die Unfähigkeit zum Verzicht auf das Versagte am Ursprung seines Leidens waren. Daher ist die Kindheitsbewältigung ein wichtiger, wenn auch nicht der einzige Weg, auf dem depressive Menschen den Weg nach außen in die Welt finden. – Anders ist biographisch nicht zu erklären, warum die einen auf den Verlust eines geliebten Menschen mit *Trauer,* die anderen aber mit *Depression* reagieren. In seiner Schrift »Trauer und Melancholie« erklärt Freud den Unterschied zwischen diesen beiden, ohne den Ursachen nachzugehen, warum es auf Verlust im einen Falle zu Trauer, im anderen Falle zu Depression kommt. Der biographische Grund ist ausreichende oder nicht ausreichende Liebe in der Kindheit. Je schwerer ein Verlust im Erwachsenenleben ist, je tiefer eine Trennung in der Gegenwart schmerzt, desto größer muß die Elternliebe in der Kindheit gewesen sein, damit ein Mensch nicht in die Depression fällt. Was wir Anlage nennen, ist oft frühe Prägung, bei der natürlich auch die persönliche Gleichung des Geprägten eine mehr oder weniger wichtige Rolle spielt. Vom ersten Moment an ergibt sich das menschliche Leben aus dem Zusammenspiel eigener und fremder Wirkfaktoren: wir sind Beziehungswesen.

Freud braucht 1917 noch das Wort »Melancholie« für das, was wir »Depression« nennen. Heute unterscheiden wir Melancholie, bzw. Schwermut, und Depression. *Melancholie* ist eine Wesensstimmung, die den Menschen dann überkommt, wenn er mit der Vergänglichkeit aller Dinge in Berührung kommt und »Tränen über die Dinge weint« (»sunt lacrimae rerum«), wie *Vergil* schreibt. *Depression* dagegen bedeutet eben das, was Freud 1917 noch als Melancholie bezeichnet. Ihr wenden wir uns jetzt zu.

Freud schreibt: »Die Melancholie (d. h. die Depression) ist seelisch ausgezeichnet durch eine tief schmerzliche Verstimmung, eine Aufhebung des Interesses für die Außenwelt, durch den Verlust an Liebesfähigkeit, durch die Hemmung jeder Leistung und die Herabsetzung des Selbstgefühls, die sich in Selbstvorwürfen und Selbstbeschimpfungen äußert und bis zur wahnhaften Erwartung von Strafe steigert.«[1]

Die *Trauerarbeit* befreit die Lebensenergie aus der Verbindung mit dem geliebten Menschen, dessen Verlust erlitten wurde. Sie versucht, mit der Wirklichkeit des Verlustes fertig zu werden. »Wo Verlust erlitten wurde, ist Trauer die natürliche Konsequenz« (A. und M. Mitscherlich). Eben dies gelingt in der Depression, im Gegensatz zur Trauer, gerade nicht. Der depressive Mensch identifiziert sich mit dem verlorenen Menschen und bleibt mit ihm verschmolzen. Er »erfaßt nicht bewußt, was er verloren hat, auch wenn er weiß, wen er verloren hat«[2]. Er weiß z. B. nicht, daß er mit dem Partner das Gespür für sich selber verloren hat, weil er sich in der Verschmelzung mit dem Verlorenen selbst verleugnet.

Wie kommt es bei ihm zu den bitteren Selbstvorwürfen, den Schuldgefühlen und der Neigung zur Selbstbestrafung, die bis zum Selbstmord gehen kann? Der Depressive nimmt »auf dem Umwege über die Selbstbestrafung Rache an den ursprünglichen Objekten«, schreibt dazu Freud. So ist auch die »aufdringliche Mitteilsamkeit, die an der eigenen Bloßstellung eine Befriedigung findet« zu erklären. Eigene Bloßstellung bedeutet also Entblößung des anderen, Selbstaggression, Feindseligkeit gegen den anderen. Auf diese Weise erklärt Freud auch »das Rätsel der Selbstmordneigung«[3].

Freud erwähnt einen weiteren Punkt zum Verständnis der Depression, den ich für zentral halte und im Sinne der Psychoenergetik vertiefen und erweitern möchte. Er schreibt nämlich: »Bei der Trauer ist die Welt arm geworden, bei der Melancholie (d. h. der Depression) ist es das Ich selbst.«[4] – Der Trauernde setzt sich realistisch mit dem erlittenen Verlust auseinander. Dabei kann seine Persönlichkeit reifer und reicher werden, auch wenn die Welt ärmer geworden ist. Der depressive Mensch dagegen verliert sich an das Verlorene. »Der melancholische Komplex verhält sich wie eine offene Wunde, zieht von allen Seiten Besetzungsenergien an sich und entleert das Ich bis zur völligen Verarmung.«[5] *Die offene Wunde der Depression* zieht Fremdes an und stößt Eigenes ab.

Weil der depressive Mensch mit dem verlorenen »Liebesobjekt« verschmolzen ist, wird er identisch mit dessen Verlust und büßt seine eigene Liebesfähigkeit ein. Seine Beziehung ist zum Nichts geworden; so fühlt er sich selber als Nichts. Die Abkehr des anderen, sei sie real oder phantasiert, macht er zur Abkehr von sich selbst. Die Leere, welche die Beziehungslücke hinterläßt, wird zur eigenen Leere. Er tut das, was in seiner Empfindung das verlorene »Liebesobjekt« mit ihm gemacht hat: *er verläßt sich selber,* hebt seine Existenz auf, bestätigt durch sein Leben die Tatsache, daß der andere ihn verlassen hat.

Im Gegensatz zu Freud meine ich nicht, daß die Selbstvorwürfe und Selbstmordneigung des depressiven Menschen ausschließlich eine Umkehrung der Aggression, die eigentlich an das verlorene »Liebesobjekt« gerichtet ist, bedeuten. Ich sehe den wichtigsten Grund für den selbstzerstörerischen Impuls tiefer: die Verschmelzung mit dem anderen ist so total, daß sie auch die Abkehr des anderen mit einbezieht. Diese ist also identisch mit der Abkehr von sich selbst. Die unbewußte Logik der Depression ist der letzte Akt in der Verschmelzungsliebe: »Du hast mich verlassen, wie recht du hast! Auch ich verlasse mich und bin auch darin mit dir verbunden. Weiter kann Liebe nicht gehen. Ich behalte dich für immer, indem ich mich verliere. Je weiter du weggehst, desto näher bin ich dir, weil ich mit dir gehe, weg von mir selbst.« – Die wichtigste Ursache der Depression ist also fehlgeleitete Liebe. Liebe bewegt alles: sowohl vor- als auch rückwärts.

Depression tritt nicht nur infolge eines aktuellen Verlustes auf. Oft ist sie von einem solchen unabhängig. Auch wenn kein realer Verlust eines nahen Menschen die Depression auslöst, entspringt diese immer der Wiederbelebung eines frühen »Liebesobjekts«, von dem keine genügende Loslösung stattgefunden hat. In jedem Fall gilt die unbewußte

Logik, daß Abkehr von sich selber Treue zum verlorenen anderen bedeutet.

Wenden wir uns jetzt der Dynamik des depressiven Selbstverlustes aus der Sicht der Psychoenergetik zu. Statt sich wie von außen »ziehen«, an-ziehen, ins eigene Leben hineinziehen zu lassen und dabei Energie freizusetzen, läßt sich der depressive Mensch, wie von außen »drükken« und fühlt sich in der Folge »bedrückt« und »heruntergedrückt«, was ja auch die Wortbedeutung von Depression ist. So bindet er Energie. Er fühlt nur Forderung und keinen Eigenantrieb, nur Schuldgefühle und keine Verantwortung. Gegen den vermeintlichen äußeren Druck gibt er Gegendruck und läßt sich nicht gehen und fallen. Wenn er fällt, dann ist es unfreiwillig.

Ich werde nun *vier Träume* von Menschen mit mehr oder weniger starken Depressionen auf ihre *Energiemuster*, d. h. psychischen Bewegungsmuster hin untersuchen, um das Gespür für die depressive Befindlichkeit zu vermitteln. – *Eine leicht depressive Frau träumte,* sie stehe im Badeanzug auf einem Sprungbrett am Ufer eines Sees und wage nicht hineinzuspringen. – Statt aktiv dem Gesetz der Schwerkraft nachzugeben, sträubt sich die Träumerin. Immerhin: sie hat den Wunsch zu springen; es zieht sie also hinunter. Diesen Wunsch zu erleben und auszuhalten, ist ein bemerkenswerter Schritt. Doch bleibt es beim bloßen Wunsch. Sie denkt zu früh. Nach dem Sprung wäre es früh genug, über das Getane nachzudenken. Wer zu früh denkt, denkt zu wenig. Denn nun distanziert sie sich von ihrem ursprünglichen Wunsch. Die Energie fließt von ihm ins Distanz schaffende Denken ab. Auf diese Weise verbrachte sie ihr bisheriges Leben auf dem Sprungbrett, angezogen vom natürlichen Lauf der Dinge und beängstigt vom Unbekannten. Sie läßt es nicht zu, gezogen zu werden. Sie ist immer auf dem Sprung, immer vor dem Sprung. Weil sie der eigenen Schwere nicht nachgibt, drückt sie fremde Schwere.

Im kurzen Traum dieser Frau kommt ein klares Energiemuster zum Ausdruck. Wer seinen Energiemustern Beachtung schenkt, wird ihnen auf Schritt und Tritt begegnen. Die Bewußtwerdung, die dabei geschieht, ist keine Deutung, sondern bloße Spiegelung dessen, was ich tue. In den Lehrreden Buddhas wird sie wiederholt geschildert, etwa so: »Ein gehender Mönch erkennt: ›Ich gehe‹; ein stehender erkennt: ›Ich stehe‹; ein sitzender erkennt: ›Ich habe mich gesetzt‹«[6] usw. Wir

richten das spiegelnde Bewußtsein auf die einzelnen Schritte im Ablauf eines Energiemusters. Weil wir dabei willentlich nichts ändern wollen, ändert sich das zu Ändernde nach und nach von alleine.
Welches Energiemuster bildet die dynamische Struktur im Traum der Frau, die nicht ins Wasser springt, abgesehen von den unterschiedlichen Situationen, in denen es belebt wird? Die Träumerin könnte es so wiedergeben: »1. Das Leben lockt mich. 2. Ich habe den Wunsch, etwas zu riskieren. 3. Ich denke gleich darüber nach. 4. Ich distanziere mich von meinem Wunsch. 5. In meinem Wunsch ist weniger Energie als in meinem Widerstand. 6. Ich warte ab.«
Jede Phase im Ablauf eines psychischen Bewegungsmusters gilt es, sich ohne Nachdenken, durch bloße Wahrnehmung der Energiebewegungen, bewußt zu machen. Wichtig dabei ist die volle, ungeteilte Aufmerksamkeit, damit keine Energie für Selbstvorwürfe übrig bleibt. Treten diese trotzdem auf, sprechen wir es in der gleichen Weise aus: »Ich mache mir Selbstvorwürfe.« – Diese Übung hat v. a. in kritischen Phasen auf die Dauer erstaunliche Auswirkungen. Sie fördert den Bewußtseinsfluß und steigert die anhaltende Aufmerksamkeit. Sie wird im Zen gelehrt. – Ich kenne eine Frau, bei der ohne jede Psychotherapie dank dieser Übung die periodisch auftretenden Angstzustände verschwanden.
Aus dem folgenden *Traum eines fünfunddreißigjährigen Mannes* lesen wir ein weiteres, für depressive Menschen typisches Energiemuster ab. »Ich sitze am Steuer unseres Familienautos, das einen steilen Hang hinauffährt. Meine Frau und die drei Kinder sind mit mir. Mitten in der Steigung halte ich an. Jetzt funktioniert die Bremse nicht mehr. Fast fährt der Wagen zurück in die Tiefe.«
Immerhin: die Bremse funktioniert soweit, daß der Wagen nicht in die Tiefe saust. Das war nicht immer so. Früher fiel der Träumer regelmäßig in depressive Antriebsschwäche und Abhängigkeit von seiner Umgebung. Im Vergleich dazu hat er bereits mehr Energie mobilisiert, aber noch nicht genug, um den steilen Hang zu schaffen. Im Gegensatz zur letzten Träumerin hat dieser Mann keine Mühe, sich ab und zu fallen zu lassen und in besonderen Situationen das Leben zu genießen. Schwer dagegen fällt es ihm, alltägliche Lasten auf sich zu nehmen. Diese rauben ihm regelmäßig den Lebensschwung. – Ich beschränke mich auf die Darstellung des Energiemusters in seinem Traum. Der

Mann könnte es in folgenden Schritten ausdrücken: »1. Es geht aufwärts und ich habe Energie. 2. Last drückt mich (im konkreten Falle war es die Last seiner Familie, doch fand er immer eine Last). 3. Ich gehe nicht weiter und halte an. 4. Ich verliere Energie. 5. Ich kann mich an Ort und Stelle halten.«

Das sind die fünf Schritte, die sich in der damaligen Lebensphase des Träumers wieder und wieder in unterschiedlichen Situationen abspielten. Die im Anhalten am steilen Hang, d. h. im Kampf *gegen* die Depression, gebundene Energie, geht ihm *für* das Leben verloren. Wird er sich der fünf Phasen seines Energiemusters nicht im Nachhinein, sondern in der Situation selber bewußt, erlebt er sich dabei als Tuender. Deshalb wird sich nach und nach am letzten Schritt etwas ändern, wie dieser ja bereits eine Änderung zum Besseren bedeutet: früher fiel der Mann zum Schluß eines neurotischen Zyklus in ein Loch. In Zukunft wird er wohl nicht mehr im Hang, sondern in der Ebene zum Ausruhen anhalten und die Steigung schwieriger Lebenssituationen in einem Zuge nehmen.

Ungeliebten mangelt es an Gespür für kritische Zyklen im eigenen Leben, weil sie alles Unvollkommene an sich ablehnen. Eigene hinderliche Energiemuster zu erkennen, schärft dieses Gespür. In der Aufmerksamkeit auf diese sind sie nun ganz bei sich selber, ohne in den Sog der in der Kindheit erlittenen Frustrationen gerissen zu werden. Sie gewinnen Abstand von diesen, indem sie sich ganz den heutigen Energiemustern zuwenden. Dadurch bekommen sie Kraft, um sich belastenden Situationen aktiver zu stellen. Ihre Zuwendung zu den eigenen Energiemustern konkretisiert die Liebe zu sich selber.

Mit *zwei Träumen einer vierzigjährigen Frau* schließe ich meine Überlegungen zur offenen Wunde der Depression. In ihrer Besprechung sollen die inhaltliche und energetische Analyse im Zusammenspiel gezeigt werden. Der erste Traum verschlimmerte die Depression, in der sich die Frau bereits befand: »Ich bin mit meinem Mann zusammen. Dieser erzählt mir, ein Arbeitskollege habe ihn auf mein unvorteilhaftes Aussehen aufmerksam gemacht. Von allen Frauen würde ich am schlechtesten aussehen. Frau X. dagegen sei die Schönste von allen. Er (der Mann der Träumerin) habe darauf andere Arbeitskollegen gefragt. Diese seien ebenfalls der Meinung gewesen, daß ich nicht schön sei. – Ich frage meinen Mann: ›Wie denkst denn du darüber?‹ – Er weicht aus: ›Es geht so, schon recht.‹ Ich dringe in ihn, damit er mich endlich erlöst und mir sagt: ›Du bist schön‹, aber er tut es nicht. Schließlich fragt er mich, ob wir etwas zusammen unternehmen. Aber ich bin zu müde dazu und sage es ihm.«

Dieser Traum ist um so aufschlußreicher, als die Träumerin in Wirklichkeit eine ausgesprochen schöne Frau ist, und ihr Mann sie aus voller Überzeugung oft dafür lobt. In ihrer Ursprungsfamilie jedoch war das ganz anders. Die Mutter kritisierte ständig am Aussehen ihrer vier Kinder herum. Die Geschwister führten untereinander dieses böse Spiel fort. Innerhalb des familiären Austausches hatte jedes Kind mindestens einen Körperteil, der lächerlich und häßlich »war«: der eine hatte einen langen Hals und einen kleinen Kopf, die andere plumpe Fesseln, ein dritter stank und war überhaupt ekelerregend, und sie, die vierte, hatte zu breite Hüften. Ein Konkurrenzkampf entspann sich zwischen den vieren. Jeder verglich sich mit den anderen, beobachtete, ob er das größte Stück Fleisch bekam, rächte sich an dem, der in seinen Augen bevorzugt wurde. Der Zwang zum Vergleich im lieblosen Konkurrenzkampf kommt auch im Traum zum Zug. »Spieglein, Spieglein an der Wand, wer ist die Schönste im ganzen Land?« fragt im Märchen »Schneewittchen« die böse Königin, die nicht lieben kann, weil sie sich selber ungeliebt fühlt. Der Anerkennung heischende Blick in den Spiegel soll den Blick einer liebenden Bezugsperson ersetzen. Doch das gelingt nicht. Deshalb schaut sie wieder und wieder in den Spiegel und findet regelmäßig eine, die schöner ist, was sie schon seit jeher »wußte«. Diese nun gilt es zu eliminieren, d. h. zu entwerten, um die Qual der eigenen Minderwertigkeit loszuwerden. Im Wüten gegen die Konkurrentin wird sie zur bösen Mutter. Die bedauernswerte Schöne gerät nun ihrerseits in einen Minderwertigkeitskomplex: die fatale Verkettung geht weiter. So entstehen Familienschicksale.

Wenn der Spiegel einen Muttersatz bedeutet, sind wir vom Urteil anderer furchtbar abhängig. Außerdem bleiben wir in Äußerlichkeiten stecken: wir suchen zu gefallen. Ein angenehmes Urteil kann zwar für kurze Zeit die Gefühlsleere vergessen machen. Doch gleich meldet sich wieder der Zweifel: Hat er es wirklich ernst gemeint? Hat er mir nicht geschmeichelt? Oder: Was bedeutet schon das Urteil dieses einen? Wie denken wohl andere über mich? Gefalle ich ihnen? – Auf diese Weise war die Träumerin als Kind von der Mutter abhängig. Sie lechzte danach, von ihr das klare Wort zu bekommen, das sie im Traum von ihrem Mann erhoffte: »Ich mag dich. Und du gefällst mir genauso, wie du bist.« – Doch die Mutter wich immer aus: »Ja, deine Aufgaben hast du gut gemacht.« Und: »Heute gefällst du mir besser als gestern. Aber mach, daß du morgen deine Zöpfe schöner bindest.« Die Kindheit dieser Frau war vergebenes Buhlen um die Anerkennung ihrer Person als Ganzes. Nie spürte sie, daß ihre Mutter sie ohne Wenn und Aber liebte. In der Tat: ihre Mutter liebte sie nicht. Liebe bezieht sich auf das Ganze eines Menschen, nicht auf einzelne Züge in Aussehen und Charakter oder einzelne Handlungen. Also setzte sie sich unter Leistungsdruck: »Das muß ich verändern, jetzt das, nein, jenes, oder vielleicht etwas ganz anderes?« Und ihre Mutter gab ihr zu verstehen, daß das, was zu ändern sie gerade im Begriffe war, nicht das war, worauf es ankam. Bemühte sich die Tochter, heute eine Kritik von gestern aus der Welt zu schaffen, kam eine neue Kritik. Diese zeigte ihr, daß die Mutter die Anstrengung, ihr zu gefallen, nicht einmal zur Kenntnis nahm, sondern ihr Bemühen um das eine mit einem Tadel für das andere auslöschte.

In ihrer Ehe verlor die Vierzigjährige phasenweise die innere Beziehung zu ihrem Mann, hielt seine Zuneigung für Lug und Trug und identifizierte sich mit seiner vermeintlichen Ablehnung: »Ja, du hast recht, auch ich gehe mir aus dem Weg. Ich verschmelze ganz und gar mit deinem Nein, wie ich es mit dem Nein meiner Mutter getan habe.« – Sie überschüttete sich mit bitteren Vorwürfen und trug sich mit Selbstmordgedanken. Ab und zu ließ sie sich zwar mit dem Verstand überzeugen, daß ihr Mann sie liebte, doch spürte sie es nicht. Verstrickt in zerstörerische Abhängigkeit war sie oft müde und gelähmt. Der einzige Abschnitt im Traum, der der Tageswirklichkeit entsprach, war der letzte: Ihr Mann hatte sie tatsächlich am Abend zuvor gefragt, ob sie etwas mit ihm unternehmen wolle, doch war sie zu müde dazu. Der Traum deckte den Hintergrund ihrer Mattigkeit auf.

Ein geläufiges Wort sagt, daß Liebe schön macht. Das stimmt. Ebenso stimmt es, daß wir jemanden, den wir lieben, schön finden. Augustinus bezeichnete die Schönheit als Glanz der Wahrheit. Glanz ist Strahlung, Ausstrahlung, Lebensenergie, Liebe. Und Wahrheit ist jedes Wort, jeder Blick, jede Gebärde, die unverfälscht aus uns wirken. Also ist Schönheit als Glanz der Wahrheit eine Wirkung der Liebe und Liebe, die wirkt. – In der Tat: Ein Mensch, der liebt, verbreitet solchen Glanz, daß es abwegig wäre, seine Schönheit, die offen zutage tritt, aufgrund ästhetischer Kriterien in Frage zu stellen. – »Schönheiten« aus Katalogen sind einsam, ohne Glanz und Wahrheit. – Die Sehnsucht der Träumerin nach Schönheit meint also ihre Sehnsucht nach Liebe.

An diesem Traum fällt besonders die Fremdbestimmung der Träumerin auf. Sie spürt keine Energie, die lebendig aus ihr selber käme. Daher meint sie, auf Energiezufuhr von außen angewiesen zu sein. Auch wenn Leben von außen in sie eindringt, empfindet sie bloß Anforderung und Druck, ist überfordert und bedrückt.

In der Analyse achteten sie und ich auf alle noch so kleinen Energieregungen, die aus ihr kamen, also auf Eigenes, das nicht fremdbestimmt war, und wir ergründeten ihr familienbestimmtes Energiemuster: »Du hast alles, und ich habe nichts«, also: »Du hast alle Energie und ich keine.« Dann brachte sie folgenden Traum: »Von einem langen Krieg kehre ich nach Hause zurück. Alles ist verwüstet: unser Haus, die anderen Häuser, alle Straßen, ein weites, ödes Land. Mitten in dieser Verwüstung steht ein großer Baum. Er hat vier kräftige Wurzeln, zwischen denen der Stamm emporwächst. – Nachher sehe ich die vier Wurzeln des Baumes wie in einem geometrischen Schema von oben als vier Kreise, die sich um einen mittleren, gleich großen Kreis gruppieren.«

Auf ihre Kindheit kann die Träumerin ihr Leben als Erwachsene wirklich nicht bauen. Die notwendige Verwüstungsarbeit ist geleistet, und die hohlen Fassaden liegen zerbröckelt am Boden. Nun, da sie mit der Kindheit aufgeräumt hat, nimmt sie den Baum, ihren Lebensbaum wahr. Solange sie noch abhängig von dem war, was jetzt zertrümmert am Boden lag, nämlich von der Welt, in der sie aufgewachsen war, wußte sie noch nichts von diesem Baum. Sie spürte ihr Potential an Wachstum nicht. Nun stand er in großer Schönheit da: ein Bild dynamischer Ganzheit. – In meiner Praxis hängt ein nepalesisches Mandala, welches das Ordnungsschema der fünf Kreise zeigt. Die Träumerin hat es in sich hineingenommen und im Traum als Wachstumsordnung ihres Lebens auferstehen lassen: kein Krankheits-, sondern ein Gesundungsmuster.

Menschen mit frühen Verwüstungen können nicht auf die Welt ihrer Kindheit und Jugend bauen. Sie brauchen klare, innere Bilder ihres

Wachsens: Zielbilder der Lebendigkeit. Der Lebensbaum der Träumerin wächst aus den Trümmern ihrer alten Welt. Er braucht eine neue Welt, in der er gedeihen kann. Die Frau begann, ihren Blick auf ihre Umwelt zu richten: bestand diese wirklich nur aus zerbombten Abhängigkeiten? Im Öffnen der Augen gewann sie Kraft. Sie begann, Menschen wahrzunehmen, die sie liebten. Dabei merkte sie, daß auch sie liebte.

Der Sinn einer Depression liegt in der Lösung von alten, hemmenden Lebensentwürfen. Wenn der Drang nach Wandlung laut wird, und gleichzeitig alte Lasten lähmen, können wir depressiv werden. Depression will Neuschöpfung. Trifft es nicht zu, daß gerade kreative Menschen von depressiven Phasen in ihrem Leben berichten, von Zeiten, in denen die Lebensenergie stockt und sie sich antriebsarm, gequält, voll müder Unruhe und Schuld fühlen? Auf einmal dann, zunächst fast unmerklich, drängt der innere Strom mit neuen Worten, Bildern und Gebärden wieder ins Leben. Schaffenskraft bedeutet nicht Arbeitseifer, sondern Schöpfung, die zur Arbeit nötigt. – Ist nicht jeder Mensch schöpferisch in seinem Wachstum? Ist er nicht viele Male zum Tode verurteilt, zur Zerstörung nämlich von Abhängigkeiten, die gestern noch von süßer Dauer schienen? Aus Paradiesen, die keine mehr sind, treibt der Mensch sich selber aus.

8 Identität in der Sehnsucht

Teilen sich die Menschen in Geliebte und Ungeliebte auf: in die einen, die in der Kindheit ausreichende Liebe bekamen, und in die anderen, denen diese fehlte? Allein die Frage läßt den Kopf schütteln. Doch will ich weiter fragen: Ist es bloß die Tatsache, daß die Skala vom best- bis zum schlechtestmöglichen Ausmaß an Liebe, die Kinder bekommen, gleitend ist, welche meine erste Fragestellung so absurd macht? Sind die in diesem Buche angesprochenen Probleme zur Empfindung, nicht geliebt zu werden, nur für solche Leute interessant, die tatsächlich wenig geliebt wurden und werden? Könnte es nicht sein, daß das Interesse nicht nur einem persönlichen Problem, sondern darüber hinaus einem Problem des Menschseins überhaupt, abgesehen von biographischen Daten, gilt, daß also in einem existentiellen Sinne alle Menschen an der Wunde der Ungeliebten leiden? Ich kann diesen zweiten Teil, der den Titel »Verstehen« trägt, nicht abschließen, bevor ich das Verständnis für letztere Frage geweckt habe. – Im 15. Kapitel werde ich aus einer anderen Perspektive zur gleichen Frage zurückkehren.

Sehnsucht ist ein seltsames Gefühl: ein drängendes »Lust-Leid-Gefühl«. Das Herz schlägt dabei glücklich und traurig zugleich. Erotik schwingt mit. Wir situieren Liebe und Sehnsucht an der gleichen Körperstelle, nämlich mitten in der Brust auf der Höhe des Herzens, da, wo die an Liebe und Sehnsucht Leidenden ihre Hände hinpressen. Gewisse Epochen erwähnen die Sehnsucht mehr als andere, z. B. die Romantik mehr als der Realismus. Einige Völker sind Experten der Sehnsucht: in Brasilien wird kein Wort mit soviel Gemütsbewegung ausgesprochen wie das Wort »saudade«, nicht einmal das Wort Liebe. Ist nicht gerade die Sehnsuchtsspannung in der Liebe so köstlich: diese aufwühlende Mischung von Stillung und schmerzlichem Mangel? Ist der Jubel der Sehnsucht nicht so hell, weil er so umschattet ist? Kann uns nicht im größten Liebesglück unsägliches Sehnsuchtsleid ergreifen?

Liebe ist Spannung zueinander drängender Gefühle in zwei Menschen. Selbst wenn Liebende ruhen, zittert feine Spannung zwischen ihnen. Im Aufbruch einer Liebesbegegnung zeigt sich die Spannung in Drängen und Stoßen, Saugen und Ziehen: in der Liebe greift Sehnsucht nach vorne ins Noch-Nicht. Gleichzeitig weist Liebe nach hinten ins Nicht-Mehr – ist Sehnsucht, die zurückblickt. Ein einziger Augenblick der Liebe dehnt sich in fernste Vergangenheit und Zukunft aus. Je aufmerksamer wir mit ihm gehen, desto weiter rücken seine Horizonte. Daher sind Momente der Liebe immer auch Momente der Sehnsucht, nie sind unsere Flügel zwischen Vergangenheit und Zukunft weiter gespannt als jetzt.

Bei vielen ist Sehnsucht in Mißkredit geraten, weil sie nur ihre Gefahren sehen. Ein so umfassendes Empfinden kann in der Tat nicht gefahrlos sein: Blickt Sehnsucht mehr zurück als nach vorne, führt sie zu einer traurig schönen Lähmung, wie sie sich in Zeiten der Dekadenz, etwa des Hellenismus, verführerisch und abstoßend zugleich in der Kunst ausdrückt. – Richtet sie ihr Auge mehr nach vorne als zurück, bringt sie unstete Bewegtheit, wie sie einer wissenschaftsgläubigen Zeit, in der alles los ist, eigen ist. Belebende Sehnsucht dagegen ist im genauen Zentrum der Spannung zwischen dem Nicht-mehr und Noch-nicht. Sie bedeutet Kraft aus allen Zeiten im Energiefokus des Gegenwärtigen. – Auch Liebe ist Nicht-mehr-Liebe und Noch-nicht-Liebe. Im Spannungspunkt zwischen beiden heben sich Vergangenheit und Zukunft auf.

Daß rückblickende Sehnsucht, die im Geliebten vergeblich die Mutter und den Vater sucht, Gefühle des Ungeliebtseins nährt, leuchtet ein. Daß vorwärtsblickende Sehnsucht, die den Partner an einem Idealbild des Zukünftigen mißt und verwirft, dies ebenfalls tut, ist auch verständlich. Doch wie kann existentielle Sehnsucht, d. h. die Lebensspannung im intensiv erlebten Augenblick, dieselben Gefühle in uns wecken?

Vielleicht vermag das, was in Literatur und bildender Kunst *»Fragment«* heißt, Antwort zu geben. Das Fragment, der Torso, die Ruine, das Unvollendete wurden seit Ende des 19. Jahrhunderts zu einem neuen Wert, als Ausdruck dafür, daß es kein absolut letztes Wort, kein unbedingtes Ja oder Nein gibt. Das Ja wirft den Schatten des Nein, die Liebe den Schatten der Unliebe. In dieser Einsicht ist die Romantik Wegbereiterin der Tiefenpsychologie.

Woran liegt das? Liebe bedeutet, wie erwähnt, auch Sehnsucht, die sich zu Vergangenem und Zukünftigem ausspannt. In der Liebe schwingt die Zeittiefe unserer eigenen Lebensgeschichte mit: Vergangenheit und

Zukunft, Ursprung und Zielentwurf. – Mit welchem Tun nähern wir uns diesen beiden? Mit *Ahnen und Erinnern,* wie sich die Romantiker ausdrücken. Beide können sie keine klaren Wahrheiten vermitteln. Sehnsucht weiß um die Illusion, Verflossenes und Zuströmendes eindeutig zu definieren: erinnerte Vergangenheit ist Illusion, und geahnte Zukunft ist Illusion. Mit Ahnen und Erinnern können wir deshalb nur Fragmente schaffen. – *Kindheitserinnerungen,* sagte später *Freud,* sind Verfälschungen von etwas Gewesenem, das nur in der Verfälschung greifbar wird. *Symbolische Bilder,* fügte *Jung* hinzu, sind begrifflich ebenfalls nicht faßbare Zielbilder. – Ich meine, daß wir noch weiter gehen müssen. Freud und Jung betrachteten die Gegenwart noch als realen Bezugspunkt. Doch ist sie bloßer Schnittpunkt von Vergangenem und Zukünftigem, also von Illusionen. Sie ist keine eigene Zeitkategorie.
Das Stückwerk aus Erinnern und Ahnen ist das, was wir *jetzt* schaffen. Ruine, Torso, Fragment, das Unvollendete beziehen sich also nicht auf Vergangenheit und Zukunft, sondern auf die Gegenwart. Das Fragment ist ein *Schwung,* der zu seinem Ausgangspunkt zurückfällt, wie *Novalis* in seiner »Fragmenttheorie« ausführt. Zwischen illusorischer Vergangenheit und illusorischer Zukunft kann der gegenwärtige Augenblick nur illusorisch, nur *zauberhaft* sein. – »Ich halte dich«, sagt der Liebende in seiner Verzauberung, »doch halte ich *dich?* Und halte *ich* dich? Und *halte* ich dich?« – Gerade im intensivsten Erleben der Liebe werden radikale Fragen, die wir im Alltag flach trampeln, aus der Tiefe unseres Seins vernehmbar: »Ich liebe dich. Liebe ich dich? – Du liebst mich. Liebst du mich? *Bin ich geliebt?*« Solches Fragen meint nicht das Problem der Projektion, sondern etwas viel Fundamentaleres, nämlich das unvermeidbare Ungenügen aller Worte, um eine fließende Wirklichkeit mit ihrem ständigen Perspektivenwechsel zu erfassen. Denn jedes Wort ist magisch: es will das Fließende festhalten. Die Erfahrung der Liebe jedoch löst die Wortmagie auf und entläßt ins Ungewisse. – Auf diese Weise entsteht zusammen mit der Liebe Sehnsucht, und mit der Sehnsucht die Ungewißheit der Liebe. Gleichzeitig mit der Liebe bricht die Wunde der Ungeliebten auf.
Wir haben keinen festen Boden unter den Füßen, solange wir stehen bleiben. Es gibt keine unwandelbaren Voraussetzungen, auf die wir unser Denken und Tun gründen könnten, keine »Bedingung der Mög-

lichkeit«, wie Kant sagt. Unsere Identität ist in der Sehnsucht, in der unentwirrbaren Mischung des Gefühls von Wirklichkeit und Illusion, im Lebensschwung, der nicht weiter definiert werden kann. – Die Tiefenpsychologie muß aus dem, was die Philosophie seit über hundert Jahren mit wachsender Deutlichkeit herausarbeitet, die Konsequenzen ziehen. Nur wenn sie ihre eigenen Anschauungen relativiert und als bloße Perspektiven erfaßt, fühlt sich der heutige Mensch von ihr verstanden. Sonst deckt die Heilung, die sie vermittelt, seine Ungeborgenheit zu. Dazu muß sie zu einer Tiefenpsychologie der radikalen Bewegung, also einer Psychoenergetik werden.

»Der Intellekt will Herr über das widersprüchliche Werden und Vergehen werden.«[1] Dies ist eine wichtige psychologische Aussage. Unser ganzes Begriffsinstrumentarium wird, sobald es sich von der Beweglichkeit des Wirklichen entfernt, zur Bemächtigung des Lebendigen und zur Abwehr der Liebe. Doch Wissen darf nicht von der Liebe absehen. Liebe weiß das Wichtigste über das Wissen, nämlich, daß es nichts Festes erfaßt. Für Liebende verschieben sich alle Perspektiven. Sie wissen nicht, »was oben und unten ist«. Die von alters her sanktionierte Familienfehde der Sippen von Romeo und Julia wird für die beiden Liebenden zur bloßen Perspektivenfrage; wie könnten sie sich sonst lieben? Eine vermeintlich unwandelbare Wirklichkeit bedeutet nur eine mögliche Art, die Dinge anzuschauen. Um es ironisch zu sagen: die Liebe hat erkenntnistheoretischen Wert.

Der Titel dieses Kapitels lautet »*Identität* in der Sehnsucht«. Beinhalten nach dem Gesagten die Worte »Identität« und »Sehnsucht« nicht einen Widerspruch? Strebt Identität nicht nach einer *festen* Persönlichkeit, während Sehnsucht die *bewegliche* Persönlichkeit fördert? Wir wollen diesem scheinbaren Widerspruch nachgehen. Dadurch werden wir schließlich zu einer weiteren Erklärung für unsere Gefühle des Ungeliebtseins vorstoßen.

Die *Entwicklungspsychologie* sieht in der ursprünglichen Anlage des Individuums, die es zu entwickeln gilt, noch keine Widersprüche; solche entstehen erst in der Konfrontation mit der Gesellschaft. Aus dieser ergibt sich die Identität des Individuums. Die Sehnsucht als Ausdruck einer wesentlichen Ungewißheit und Unerfülltheit im Individuum, abgesehen vom Kompromiß, den es mit der Gesellschaft eingeht, hat in diesem Modell der Identität keinen Platz.

Der *Identitätsbegriff* wurde von Erik *Erikson,* der die kindliche Entwicklung innerhalb sozialer Strukturen studierte, eingeführt. Er hat zwei Aspekte: »einen Innenaspekt, der auf Strukturierung und Festigkeit des Selbst abzielt ... und einen Außenaspekt, unter dem das Individuum in die soziale Gruppe eingebettet und zugleich gegen diese abgegrenzt wird.« Das strukturierte Selbst, d. h. die Identität, bildet sich aus einem anlagemäßigen Potential, wie dies auch Heinz *Kohut* in seiner Narzißmustheorie ausführt. *»Die Identität wird zum Bewahrer des Selbst«*[2], weil sie möglichst viel Eigenes des Individuums innerhalb einer gegebenen sozialen Struktur durchzubringen versucht. Für *Lichtenstein* ist Identität »primäres Organisationsprinzip, ohne welches der Prozeß der entwicklungsmäßigen Differenzierung nicht beginnen könnte«[3]. Sie steht also im Dienste der Kontinuität eigener Selbsterfahrung. Ihr gegenüber steht beim schizophrenen Patienten die Angst vor der Fragmentierung des Selbst in der Veränderung (Kohut). Die primäre Identität ist eine *»basale Struktur,* die allen weiteren Umgestaltungen als *gleichbleibender, die Einheit der Person garantierender Kern zugrunde liegt«*[4].

Ich habe letzteres Zitat, das von Rolf *Fetscher* stammt, kursiv gesetzt. Das Identitätsmodell der Entwicklungspsychologie, das in ihm zusammengefaßt wird, setzt einen Kern des Individuums voraus, dessen Entfaltung nur durch äußere Faktoren behindert werden kann. Die Ichstärke ist in diesem Denkzusammenhang Grundlage für alle weiteren Entwicklungsschritte.

Wie weit entfernt ist diese Sprache, die von Bewahrung, Festigkeit, Garantie des Selbst und von dessen basaler Struktur redet, von der perspektivischen Bewegungssprache, welche Literatur und Philosophie heute weitgehend kennzeichnet! Bedeuten die geistigen Strömungen unserer Zeit, die sich in einer Bewegungssprache ausdrücken, nur Auflösung und Dekadenz, vor der die praktische Psychotherapie, die das Leiden des konkreten Individuums im Auge hat, bewahren muß, oder sprechen sie einfach eine andere Sprache? Das zweite ist der Fall. In ihrer Sprache treffen sie sich mit Buddha, wenn er von sich sagt, daß er sich an nichts festhält und nichts sein eigen nennt. Psychologisch heißt dies, daß er Persönlichkeitsstrukturen für Hilfskonstrukte unseres Geistes mit dem Ziel einer fiktiven Identität hält. Trotzdem war Buddha das, was wir einen ichstarken Menschen nennen. Wie ist dieser

Widerspruch zu erklären? Etwa so, daß er auf der Basis eines festgegründeten Ich schließlich zur einseitigen Auffassung einer fließenden Wirklichkeit gekommen ist? Das wäre eine zu einfache, ja verkehrte Antwort, weil sie innerhalb unserer Perspektive bliebe. Versuchen wir also die Perspektive zu ändern. Eine Sprache, die ständig von Struktur, gleichbleibendem Kern, Garantie der Einheit redet, ist eine objektivierende, statische Sprache, die von der Bewegungserfahrung des Subjekts abstrahiert.

Abstraktion von der Bewegung selbst in bezug auf den »Kern« unserer Persönlichkeit ist unpsychologisch, d. h. sie klammert einen wichtigen, psychischen Faktor aus. Dazu ein einfaches Beispiel: Festigkeit im Körper, verstanden als Bewegungslosigkeit, ist Starrheit; die Muskeln sind in ängstlicher Abwehr verkrampft. Bei Angriffen ist ein unbeweglich fester Körper unflexibel, also schwach. Ein gesunder Körper dagegen ist in ständiger Bewegung. Seine »Festigkeit« ist kraftvolle Bewegung. – Bezieht sich also das Wort »fest« auf Tätigkeiten, z. B. fest zupacken, fest dranbleiben, bedeutet es Stärke. Bezieht es sich dagegen auf Zustände, z. B. im Satz »ich bin der festen Überzeugung«, verrät es Schwäche. Fest im Leben verwurzelt zu sein, ist nur dann ein Wert, wenn es bedeutet, mit Kraft und Umsicht den Lebensweg zu gehen, sonst wird es zur Sturheit. – Das Vokabular der Entwicklungspsychologie trägt der Bewegungserfahrung in den Sachverhalten, die sie beschreibt, nicht ausreichend Rechung. Es ist von einem vergangenen, einseitig objektivierenden Wissenschaftsideal her geprägt. Es reicht nicht aus, von »Entfaltung der Strukturen aus einem gegebenen Potential« und von »flexiblen Strukturen« zu reden. Solange wir feste Bezugspunkte schaffen, abstrahieren wir von der Wirklichkeit.

Die Einsichten der Entwicklungspsychologie können durchaus in eine Bewegungssprache umgeschrieben werden. Achten wir darauf, welche Worte ein Kind braucht, wenn »erwachsene« Psychologen von einer »festen Persönlichkeitsstruktur« sprechen. Es sagt vielleicht, nachdem es im Spiel verloren hat und seine Ichstärke strapaziert wird: »Ich will *weitermachen*«, ungeachtet der erlittenen Kränkung. Es drückt sich häufiger mit Wörtern des Tuns aus, während Erwachsene sich oft auch da Haupt- und Eigenschaftswörtern bedienen, wo ein Tätigkeitswort am Platz wäre.

Aus der Perspektive einer Bewegungspsychologie ist es nicht widersprüchlich, von einer *Identität in der Sehnsucht,* also in einem fließenden psychischen Zustand zu sprechen, weil die Liebessehnsucht das Gespür dafür vermittelt, was die Struktursprache der Entwicklungspsychologie als gleichbleibenden Kern der Persönlichkeit und basale Identität bezeichnet. Der Ausdruck »Persönlichkeitskern« entspringt keiner Erfahrung, sondern ist das Konstrukt einer Abstraktion. Das Feste eines »Kerns« ist vielmehr das Feste eines Bewegungskontinuums, eines Lebens im bewußten Vollzug. Ruhe kommt aus dieser dynamischen Festigkeit der Psyche.

In Frankreich hat Jacques *Lacan* einiges zu einer Neuformulierung der Psychoanalyse beigetragen. Er kam dabei zu einer Beschreibung menschlicher Identität, in der die Ungewißheit, Unvertrautheit, Ungeborgenheit und Sehnsuchtsspannung nicht auflösbar sind, sondern den Menschen zu sich selber machen. Lacans erste psychoanalytische Schrift war »Das Spiegelstadium als Bildner der Ichfunktion«. »Das Kind zeigt vom 6. bis zum 18. Monat seines Lebens vor seinem Spiegelbild eine Reaktion, die sich von der anderer Lebewesen – etwa der Schimpansen – kraß unterscheidet. Der Schimpanse verliert das Interesse an seinem Spiegelbild, sobald er es *als Bild* erkannt hat; das Kind im Gegenteil zeigt eine Jubelreaktion, sofern es das Bild als seine eigene Widerspiegelung erkannt hat.«[5] Aus dieser Tatsache leitet Lacan die Entstehung des Ich ab. Zu dieser Zeit ist das Kind motorisch noch völlig abhängig und hilflos, ist es doch eine biologische Frühgeburt. Seine visuelle Wahrnehmung ist weitaus entwickelter als die motorische Funktion. Es kann also viel früher die Einheit eines Bildes wahrnehmen, als die Einheit an seinem eigenen Körper motorisch herstellen. Daher ist es auch für einen erwachsenen Menschen einfacher, die Einheit des eigenen Bildes optisch und geistig zu erkennen, als sich in der natürlichen Bewegung seines Organismus einheitlich wahrzunehmen. Ich habe beobachtet, daß Menschen, die plötzlich schwer erkrankt sind, sich öfters als sonst im Spiegel betrachten, um ihre körperliche Ganzheit, für die sie das Gespür verloren haben, wenigstens visuell zu erfassen. Für Lacan wiederholt sich der Vorgang des Spiegelstadiums immer wieder im Leben des Erwachsenen, und ich meine, daß dies v. a. in Krisenzeiten geschieht. Die Scheu vor dem Einbeziehen des Körpers in die analytische Arbeit ist vielleicht damit zu erklären, daß die visuelle Wahrnehmung der eigenen Einheit ursprüng-

licher als das innere Gespür für die Einheitlichkeit der Lebensprozesse im Organismus ist. Deshalb kommt in der Themenabfolge dieses Buches das Verstehen vor dem Spüren.
Lacan unterstreicht, daß die *Jubelreaktion* des Kindes vor seinem Spiegelbild nicht eine bereits vorhandene Identität bestätigt, sondern diese erst konstituiert. In der Wahrnehmung seines Bildes wird das Kind identisch mit sich selbst. – Wie aber ist dieses Spiegelbild? Sieht es dem Kinde gleich? Ist also folglich die erste Identitätserfahrung des Kindes etwas Widerspruchsloses, eine fraglose Gewißheit? In seiner Antwort unterscheidet sich Lacan von der Entwicklungspsychologie, die von einem gleichbleibenden Kern des Kindes ausgeht und die Konflikte in der Sozialisation situiert. – *»Das Bild ist anders, dem Kind heterogen«*, nicht nur wegen der umgekehrten Symmetrie, sondern vor allem, weil die entscheidenden Attribute des Bildes: Einheit, Festigkeit, Dauerhaftigkeit, vom Kind am eigenen Körper als Mangel erlebt werden.[6] Das Bild wirkt auf das Ich fiktiv, illusionär, entfremdend, weil es zur Identität mit etwas Fremdem führt.
Der gleiche Vorgang wiederholt sich im Erwachsenenleben immer wieder: Durch die Selbstwahrnehmung, geschehe diese im eigenen Spiegelbild oder, was auch beim Kind häufiger ist, im Bild eines anderen Menschen, der unbewußt als eigenes Spiegelbild gesehen wird, werden wir uns zunächst fremd. Wir erleben uns als *unzulänglich*. *»Ich ist ein Anderer«*, sagt Lacan, und dieses Ich wird sich auch immer ein Anderer bleiben. Das Bild ist nicht Repräsentation einer Wirklichkeit, von der wir anderweitig Kenntnis haben. Das, was das Bild abbildet, *ist* erst durch dieses Abgebildetsein. Wir sind Spiegel ohne Ende.
Welches Gefühl nun ist das zentrale und ursprüngliche, das zum Spiegel ohne Ende paßt? Die *Sehnsucht!* Wir sehnen uns nach dem Anderen, der wir sind. Lacan spricht vom »désir de l'autre«, von der *»Sehnsucht nach dem Anderen«*. Das französische Wort »désir« heißt sowohl Begehren und Wunsch als auch Sehnsucht. – Unsere Identität ist primär in der Sehnsucht nach dem Anderen, der wir sind, nicht im Kompromiß zwischen Anlage und Gesellschaft. Wir selber sind diese Spannung zum Anderen. Alles Wissen über uns und die Welt wird uns durch die Spannung zum Anderen, mit der wir identisch sind, vermittelt.

Ich meine, daß wir auf dem Hintergrund von Lacans Auffassung des Spiegelstadiums auch das, was Jung *»Schatten«* nennt, neu begreifen. Für Lacan ist der Andere nicht *in* uns, als Unbekannter in einem Bekannten. Er ist kein dunkler Persönlichkeitsanteil nebst einem hellen, den wir kennen. Wir nehmen den »Schatten«, den »Doppelgänger« in der nie erfüllbaren Sehnsucht nach uns selber wahr. Er ist immer anders, und wir sind anders. Aus dieser Perspektive gibt es also keine »Schattenintegration«, die Jung als ein Ziel menschlichen Reifens betrachtet. Weil wir keinen festen Bezugspunkt in uns haben, ist radikal gesehen »Schattenintegration«, »Annahme der inneren dunklen Persönlichkeit« und allgemein seelischer Fortschritt eine Illusion. Die fundamentale Sehnsucht nach dem Anderen bleibt, auch wenn wir vieles von dem, was vorher unbewußt war, bewußt gemacht und in unser Leben »integriert« haben. Sie brennt nicht weniger als zu einer Zeit, da wir als »Anfänger« noch weniger »fortgeschritten« waren. Die Rückseite dieser Sehnsucht ist die *Fremdheit* (Albert Camus) und *Unvertrautheit:* das nicht weiter zu begründende Gefühl, nicht »geliebt« zu sein. Insofern wir uns im Anderen wiedererkennen, fühlen wir uns geborgen und geliebt. Doch insofern der Andere uns befremdet, fühlen wir uns unvertraut und ungeliebt. Besonders beim Aufbruch in eine neue Lebensphase brennt die Wunde der Ungeliebten: den Anderen, der wir sind, bemühen wir uns dann neu zu erkennen, weil seine Fremdheit uns so schmerzt. – Daß der Andere uns nicht nur schmerzt, sondern auch Liebe in uns weckt, werde ich im 15. Kapitel zeigen.
Die Selbstwahrnehmung im Spiegelbild des Anderen beschäftigt mich seit Jahren in verschiedenen Zusammenhängen. Ich nannte sie zuerst »Spiegelkommunikation«[7], dann »Leitbildspiegelung«[8].
Ähnlich wie sich das Kind im realen Spiegel und übertragen im Spiegel einer zugewandten Bezugsperson jubelnd in seiner Ganzheit und Einheitlichkeit erkennt, nehmen sich auch Erwachsene im Anderen wahr. Die Beziehung zu einem Anderen im Empfinden von Liebe weckt zunächst das befriedigende Gefühl der Stimmigkeit und Geborgenheit. Wir atmen auf, endlich vom Fremden ins Eigene zu kommen. Die Bilder, die sich zwei Menschen zuwerfen, wecken in jedem die Erfahrung, »zu sich« zu kommen. Es geht hier nicht um Projektionen, sondern um Spiegelbilder, in denen sich nicht nur der Spiegelnde, sondern auch der Gespiegelte wiedererkennt. Liebe ist in dieser Hin-

sicht jubelnde Begegnung zwischen dem, was der Andere in mir wahrnimmt und für sein Leben braucht, und dem, was ich in ihm wahrnehme und für mein Leben brauche. Auf dieser Ebene betrachtet, kommt es zur beglückenden Aufnahme des Anderen ins eigene Leben. Der Andere ist »ein Bild meines heimlichen Lebens«. War ich z. B. früher ein eher verschlossener Mensch, bin ich in der inneren Wahrnehmung des Anderen offener geworden. Die Wahrnehmung selber hat mich gewandelt. Im Anderen nehme ich eben das als faszinierend wahr, was in mir selber jetzt gerade zur Entwicklung bereit ist. Im richtigen Moment weckt die Leitbildspiegelung mit dem geliebten Menschen eigenes Lebenspotential. – Nur Liebe kann den Widerstand gegen einen angezeigten Entwicklungsschritt auflösen. Liebe ist die Energie in der Leitbildspiegelung.

Die Leitbildspiegelung läßt sich in *drei Schritten* zusammenfassen:

1. Die Liebesenergie wird vom Du als Spiegelbild meines verborgenen Selbst angezogen. Sie besetzt in ihm Persönlichkeitsanteile, die für meine Entwicklung jetzt wichtig sind. Diese Besetzung erlebe ich als Interesse und Faszination, die oft mit Ablehnung durchmischt sind, manchmal sogar als völlige Aversion. In diesem Falle geht es darum, die Aversion durch Versöhnung mit dem Abstoßenden in Anziehung umzuwandeln.

2. Die Liebesenergie kehrt vom Du als Spiegelbild zu mir als Gespiegeltem zurück und belebt in meinem Lebenspotential entsprechende eigene, bisher unbewußte Persönlichkeitsanteile.

3. Deren Belebung ist der Anstoß zu einer neuen Lebensgestaltung, in die das Gespiegelte einfließt.

Die ersten beiden Schritte ereignen sich von alleine, wenn sich zwei Menschen lieben. Der dritte und entscheidende dagegen kommt aus der Bewußtwerdung der ersten beiden Schritte und aus der bewußten Entscheidung. Die Leitbildspiegelung erzeugt einen *Kreislauf der Liebesenergie* zwischen zwei Menschen. – Ich habe sie ausführlich in meinem Buch »Das Nein in der Liebe« geschildert.
In welchem Stadium einer Liebesbeziehung wir uns auch befinden

mögen, die Sehnsucht bleibt. Warum? Die erste Antwort ist leicht zu verstehen: Der Andere hat mir noch viel von sich zu sagen; ich sehne mich danach, sein Wesen mehr in mir auszukosten, und ich sehne mich nach einer Neuschöpfung meines Lebens. – Die zweite Antwort geht tiefer: Bei aller Liebesnähe bleibe ich mir und dir doch fremd, weil ich der Andere *bin* und insofern weder mich noch dich je erreiche. Besonders in Umbruchzeiten des Lebens merken wir, daß sich nicht nur einige Einzelheiten verändern, sondern das Ganze anders ist. Nach der Illusion einer friedlichen Kontinuität wache ich eines Tages auf und realisiere: alles Vertraute ist mir weggenommen, *alles ist anders,* die Partnerschaft ist anders, das Licht und die Welt sind anders, ich bin der Andere. Aus der Perspektive dieser Wurzelerfahrung gibt es keine Entwicklung. Jedes lineare Vorwärtsschreiten in einer Kette von Ursachen und Wirkungen ist Selbsttäuschung. Im Gehen ist das Gehen alleine wirklich. – »Du bist sehr weit«, sagen manchmal Menschen zu einem, der weiter gegangen ist als sie. Doch im Moment, da sie es aussprechen, gibt es für ihn vielleicht kein »sehr weit« oder »weniger weit« mehr.
Solange zwei Menschen, die sich lieben, aus dem Bewußtsein leben, wie weit oder wenig weit jeder von beiden durch die Beziehung schon gekommen ist, ist Lüge da. Noch fehlt es an Kontakt zum Anderen, der einfach anders ist. Sie wollen einander »integrieren« und unterdrücken die wesentliche Sehnsucht. Sie zählen sich die getanen Schritte vor, als ginge es darum, Hausarbeiten zu kontrollieren. Sie haben Angst vor dem Anderen, Unvertrauten und Ungewissen. Sie meiden die Spannung der Sehnsucht, die ans Nicht-mehr und Noch-nicht erinnert, und betäuben die Wunde der Ungeliebten. Doch eines Tages, vielleicht in einer plötzlichen Krise, kehren all die vielen erledigten Schritte in Windeseile zum Nullpunkt zurück, vergleichbar einer kilometerlangen Reihe von Dominosteinen: ein einziger Stoß mäht alle zu Boden.
Dann ist Erwachen. Jetzt geht es nicht mehr um Ziele und die Realisierung von Lebensplänen. Jetzt können wir beide uns in schweigsamer Tiefe begegnen, wo jeder anders und fremd ist. Leitbildspiegelung geschieht jetzt nicht mehr in einer überschaubaren Bilderfolge, sondern in der unstillbaren Sehnsucht zwischen den gespiegelten Bildern.

DRITTER TEIL

Spüren

9 Druck und Drang

Wir sind auf der Schwelle zu einem neuen Spüren. Das defensive Empfinden im Zeitschmerz der sechziger und siebziger Jahre gegen Kälte, Brutalität, wirtschaftliche, technologische und politische Machtmechanismen weicht nach und nach dem aktiven Sich-Spüren in der Entdeckung des lebendigen Körpers und der lebendigen Umwelt. Die »sensible« Theorie der Frankfurter Schule, deren Hauptexponent *Adorno* war, zeichnete sich durch höchste seelische Reizbarkeit knapp an der Schwelle des Ekels aus[1]. Glücksempfinden war utopisch im Leben derer, die am allgegenwärtigen Prinzip Herrschaft leiden mußten. »Politisch und nervlich gründete die ästhetische, die ›empfindliche‹ Theorie in einer aus Leid, Verachtung und Wut gemischten Vorwurfshaltung gegen alles, was Macht hatte.«[2] Psychoenergetisch gesehen war sie Reaktion auf eine äußere Bedrängnis, einen äußeren *Druck*. Sie war eine Theorie des Spürens in Fixierung auf äußere Machtfaktoren.

Die Zukurzgekommenen und Ungeliebten der Nachkriegsgeneration litten am Ressentiment gegen das, was ihnen angetan wurde, also am Narzißmus einer ständig blutenden Wunde. Heute wächst in einer wachsenden Zahl »gespüriger« Zeitgenossen das Empfinden, daß die Wunde der Ungeliebten fruchtbar sein kann: sie stachelt den inneren *Drang* zu lustvollem Spüren an.

Dabei stellt sich die Aufgabe, *äußeren Druck in inneren Drang zu wandeln,* und die in der Abwehrpose gefrorene Energie in Lebendigkeit zu verflüssigen. Die Ungeliebten in der therapeutischen Praxis haben exemplarische Bedeutung. Ihre bewußte Wende von der Be-drückung in die Befreiung hat auch gesellschaftliche Relevanz. Sie gehören zu den Protagonisten auf dem keineswegs selbstverständlichen Weg zu einer ursprünglichen Lebendigkeit. Um welche Wende es dabei geht, wurde 1969, nicht lange bevor Adorno starb, zeichenhaft vorgedeutet, als eine Gruppe von Demonstranten den Philosophen am Betreten des Podiums hinderte, und Studentinnen vor ihm ihre Brüste entblößten. Das nackte Fleisch forderte seine Rechte. »Nicht nackte Gewalt war es, was den Philosophen stumm machte, sondern die Gewalt des Nackten.«[3] – Die damals demonstrativ vorgezeigte Nacktheit beginnt heute ihren Sinn in der Selbstentblößung des Lebendigen, das den Ausdruck sucht zu offenbaren. Der Körper erwacht, und mit ihm auch die Sensibilität für die verwundete Umwelt. Nichts benötigen wir heute dringender als einen Körper, der *Weltfühler* ist.

Ohne die Fähigkeit zu leiblichem Spüren gibt es keine Liebe. Ungeliebte brauchen die Entwicklung ihrer Spürfähigkeit, um selber lieben zu können. Die in sich erspürte Lebendigkeit, die den Ausdruck sucht, bezeichne ich als *inneren Drang*. Um dessen Befreiung, und somit um die Befreiung der Liebesenergie, geht es im folgenden.

Da Menschen, die sich ungeliebt fühlen, immer Be-drückte sind, traurige, bekümmerte Menschen, ist bei ihnen jede Art von »Drucktherapie« verfehlt. Als »Verwundete der Zivilisation« bilden sie geschlossene Energiesysteme. Daher empfinden sie jede äußere Einflußnahme als Druck. Sie haben eine begründete Abneigung gegen feste Weltanschauungen, die mit dem Anspruch, heilen zu können, auftreten. Diese erleben sie als Einengung und Mangel an Liebe, als Verrat am Erfühlen und Erspüren der Wirklichkeit. Wer von außen auf andere Druck ausübt, distanziert sich von deren Innerem, und eben diese abkühlende Distanznahme ist es, die an die früh geschlagene Wunde der Ungeliebten erinnert. Das *apollinische Prinzip* der ordnungsgemäßen Entwicklung, das von Nietzsche »principium individuationis« genannt wird, fällt unter den Verdacht der Unter-drückung unter ein Schema, – der maßvoll begrenzte, abgegrenzte, distanzierte Apollo wirkt in seinem lichtvollen Schein als der bloß Schein-bare, seine leuchtende Schönheit als Ausblenden des Wilden, Innigen, unmittelbar Erlebten und Gespürten, also des *dionysischen Prinzips*. Harmonieansprüche werden der heimtückischen Vergewaltigung verdächtigt.

Mißtrauische Reaktionen gegen Apollo haben seit Nietzsche Kulturgeschichte gemacht. Durch die Trennung vom dionysischen Prinzip ist das apollinische Prinzip seinem Ursprung entfremdet und destruktiv geworden. Zur Korrektur reicht es nicht aus, theoretisch auf die Verbindung von *Apollo* und *Dionysos,* Ordnung und Chaos, impulsiver Wildheit und maßvoller Strukturierung hinzuweisen. Diese Verbindung ist nur von der Dynamik beider Pole her zu verstehen. Dionysos ist das ursprüngliche, umfassende Prinzip. Apollo steht nicht gleichberechtigt neben ihm. Der Gott Dionysos ist der Gott der Vollständigkeit, Thrakier und Grieche, Mann und Frau, wild und zivilisiert zugleich.

Sein Wesen ist die integrierende Ganzheit. Im Moment, da Dionysos sich selber entzweit, weil er sich in einem Spiegel anschaut, löst er sich auf: er wird durch die Titanen zerstückelt.
Apollo verkörpert die eine Hälfte des Dionysos, die Helligkeit, Ordnung und Harmonie will. Seine Gabe der Weissagung geht ebenfalls auf Dionysos zurück. Ohne ihn verliert Apollo sein tiefes Wissen, wie der dem leiblichen Spüren entfremdete Mensch jede Fähigkeit zu tieferer Einsicht und umfassender Weisheit verliert. Normen bekommen nur ihren Sinn in Verbindung mit unnormierter Lebendigkeit, Ordnung nur in Verbindung mit schöpferischem Chaos, Geistigkeit nur in Verbindung mit dem Leib. Wer den Drang nach Geburt verlernt hat, ist dem Tode verfallen. Menschen, die vom Körper wegdenken, denken gegen das Leben. Zusammen mit der Mobilität des Körpers verlieren sie auch die geistige Spontaneität. Sie verwechseln Lebendigkeit mit zwanghaft verfolgten Ideenketten und überwertigen Vorstellungen, deren Ersatzcharakter sie nicht erkennen. Sie verbreiten um sich herum Unlust, weil nur der wahrhaftige Selbstausdruck Lust erzeugt: die Lust des Lebensdranges und einer neuen Geburt. Das apollinische Prinzip der Geistigkeit braucht das ständige Bewußtsein seines Ursprungs im dionysischen Prinzip der ins Leben drängenden Intensität, damit seine souveräne Klarheit, wie sie z. B. aus der Apolloplastik im Zeustempel von Olympia aufscheint, nicht zur spröden Engstirnigkeit wird. – Im folgenden Kapitel werde ich Apollo und Dionysos weiter nachgehen.
Die Psychoenergetik gibt dem dionysischen Prinzip in der Psychotherapie seine ursprüngliche Bedeutung zurück. Ohne dieses empfinden wir vieles, was wir tun, als äußere Forderung und äußeren Druck, der unsere Energie erschöpft. Es gilt, ganz und gar identisch mit der Intensität des in den Ausdruck drängenden Lebens zu werden. Alles, was in uns existiert, will darin einbezogen werden. Dionysos ist vollständige Bejahung, auch von nicht änderbaren Verneinungen: etwa von einer unglücklichen Kindheit, von Trennung, Verlust, Krankheit, Sterben, von allen Schmerzen des Wachstums. In der Haltung umfänglicher Bejahung laufen wir nicht Gefahr, daß der Lebensdrang in Belastungssituationen zum äußeren Druck wird, und die Gebärde der Schöpfung zur Gebärde der Abwehr. Wieviel Gewicht fällt von uns ab, wenn wir nicht mehr Opfer fremder Kräfte, sondern Täter aus eigener

Kraft sind. Wie leicht und beweglich werden wir auf einmal! Das Leben rollt aus uns heraus. Wir haben unsere Energie von der Frontverteidigung abgezogen und uns aus der Bedrückung befreit. Eine neue Heiterkeit breitet sich aus. Kein fremdes Unglück wird uns mehr überfallen. Geraten wir in Unglück, ist es unser eigenes, Ausdruck unseres Lebensdranges auch im Dunkeln.

Die meisten Menschen erreichen ab und zu einen Punkt, wo es »einfach zuviel« wird, Lebensdrang sich in Bedrängnis, Lebenslust in die Unlust eines seelischen Drucks wandelt. Irgendwann bricht der Krug, der zum Brunnen geht, kommt das Faß zum Überlaufen, ist Matthäi am Letzten. Wie die geflügelten Worte zeigen, erleben wir den Umschlag vom Noch-Erträglichen ins Unerträgliche, des Dranges in Druck als etwas schicksalhaft Vorgegebenes. »Lange habe ich alles annehmen können, jetzt aber überwältigt es mich«, mag jemand in einer schwierigen Lebenslage sagen. Läßt er seinem Leid mit weinendem Klagen endlich freien Lauf? Dann findet sein Lebensdrang den zur dunklen Zeit passenden Ausdruck. Er sperrt sich nicht mehr gegen Schmerz und Qual, aus denen sein Leben nun besteht. – Oder bedeutet der Ausruf: »Es überwältigt micht!«: »Etwas Fremdes kommt über mich, das nichts mit mir zu tun hat, und mit dem ich nichts zu tun haben will«? – In diesem Falle sucht er Schuldige: die Eltern, den Partner, Gott, sich selber. Je länger er klagt – anklagt, desto bedrückter wird er, desto mehr drückt er sich mit fremder oder eigener Schuld.

Ist es nicht natürlich, daß es uns von einem bestimmten Moment an einfach zuviel wird, der Drang stockt und das Übermächtige zum Druck wird, und zwar nicht nur in schmerzlichen, sondern ebenso in lustvollen Situationen? Darauf gibt es nur eine indirekte Antwort: Wir können den Punkt, an dem Drang in Druck, Bejahung in Angst umschlägt, immer weiter nach vorne verschieben. Wir können *weitergehen,* auch da, wo wir jedesmal angehalten haben, und *weiter gehen,* als wir früher je gegangen sind. Dionysos ist stärker, als wir es für möglich halten.

Im Drang bleiben: das ist der springende Punkt in jedem Moment. Wir brauchen die »Kraft- und Sinnflüsse« nicht mehr zu unterbrechen, weder in lebendigen Gesprächen, noch in leidenschaftlichen Umarmungen und selbstvergessenem Tanz, nicht einmal in Qual und Schmerz[4]. Die Intensität des Drucks, unter dem wir gerade stehen, ist der Gradmesser für die Intensität des Dranges, der sich aus uns befreien will. Mit allen Klienten mache ich dieselbe Erfahrung, wenn auch nicht im gleichen Ausmaß: Der Moment, da Drang zu Druck wird, kann verzögert werden, manchmal so weit, daß er eines Tages sogar völlig ausbleibt. Die ausdauernde Aufmerksamkeit des Therapeuten schafft die Voraussetzung, daß der Klient immer etwas weiter geht, als er sonst gehen würde. Sie ermöglicht ihm Schritte, die im Vakuum der Isolierung nicht möglich waren. Der Therapeut ist anteilnehmender Zeuge dessen, was geschehen muß, besonders in Situationen, in denen frühere Bezugspersonen sich wegwandten und nicht mehr Zeugen sein wollten.

Dieser Prozeß bedeutet nicht im Sinne der Psychoanalyse die Stärkung der *Frustrationstoleranz*. Diese besteht in der Verbesserung unserer Fähigkeit, einem Druck zu widerstehen. Die Erfahrung des Drucks jedoch wird als vollendete Tatsache genommen. Unter dem Anprall von Schwierigkeiten lernen wir, auf die Zähne zu beißen und *trotzdem* weiterzugehen. Im Gegensatz dazu geht es der Psychoenergetik darum, Druck in Drang zu wandeln. Sogar wenn wir einer Krankheit erliegen, brauchen wir ihr nicht zu unterliegen. Jetzt geht es darum, im Leben, das uns bleibt, zu bleiben, und nicht den Tod vorwegzunehmen. In dieser dionysischen Grundeinstellung der *emotionalen Fließidentität* empfinden wir in einer rätselhaften, tiefen Weise selbst Schmach und Schmerz als Lust, und zwar im wesentlichen nicht anders als Jubel, Umarmung und Hingabe. Hier ist nichts mehr von Freuds stoischer Einstellung zu spüren, wenn er schreibt: »Das Leben zu ertragen, bleibt jedoch die erste Pflicht der Lebenden.«[5] Leben als Pflicht ist Leben als Druck, dem der Mensch sich zu beugen hat. Das Lustprinzip muß dem Realitätsprinzip weichen. Das energetische Prinzip jedoch, das unter dem Zeichen des Dionysos steht, vereinigt beide im Ja zu einem Leben, das wir nicht mehr mit Wertungen spalten. So wichtig es ist, Schmerz zu vermeiden, so notwendig ist es, mit ihm identisch zu werden, wenn er unumgänglich ist und jetzt unser Leben bestimmt.

Seit einer Krankheit, die mich anfangs 1985 an den Rand des Todes brachte, halte ich in Belastungssituationen, in denen ich Druck spüre, manchmal mit der intensiven Empfindung inne: »ich lebe«. Sie meint nicht: »Ich lebe *trotz* meiner Belastung«, sondern: »Ich lebe *in* ihr, bin identisch mit ihr. In ihr drängt mein Leben und ich werte es nicht mehr.« – Diese Empfindung ist in einer tiefen, unvergleichlichen Weise lustvoll. Muß ich hinzufügen, daß sie nichts mit Fatalismus oder gar Masochismus zu tun hat, sondern das Leben in die bestmögliche Richtung lenkt? Solange Lust sich von Unlust unterscheidet, ist sie nicht die Lust des Dionysos.

Ungeliebte fühlen sich schnell unter Druck. Deshalb setzen sie sich ihre Grenzen zu nahe. Davon handelt ein kurzer Dialog des Konfuzius. Ein Schüler – Ran Qin – beteuert: »Nicht, daß ich den Weg des Meisters nicht ausgezeichnet fände, aber die Kräfte fehlen mir.« Darauf antwortet Konfuzius: »Die, denen die Kräfte fehlen, sinken erschöpft auf halbem Weg zu Boden. Du setzt dir die Grenzen im voraus.«[6] – Ran Qin setzt sich unter Leistungsdruck und hält entmutigt inne. Der Meister erspürt die dem Schüler selber verborgene Vitalität. Seine Antwort ist dazu angetan, des Schülers Druck in lustvollen Drang zu wandeln. Das ist Heilung durch Beziehung.

Ein jüngerer Mann schilderte mir sein kritisches Verhaltensmuster: »Wenn ich einer Frau begegne, die mir gefällt, bleibe ich nur so lange am Ball, bis ich merke: ›Es klappt. Die Frau hat Interesse an mir.‹ – Das reicht mir. An diesem Punkt breche ich immer ab. – Dasselbe tue ich im Studium: Sobald ich anfange, ein Problem zu begreifen, interessiert es mich nicht mehr. Das hat zur Folge, daß ich es bis jetzt noch nie zu einer Beziehung, nie zu einer Prüfung geschafft habe.« – Der Sprecher gönnte sich die Lust einer bis zu ihrem natürlichen Abschluß ausgeführten Bewegung nicht. Wer war der Mißgünstige, der heimliche Bedrükker? Sein Mutterbild, das ihm sagte: »Ich habe es im Leben auch nicht geschafft. Sei du mein guter Sohn und gehe den gleichen Weg wie ich!« – So begnügte er sich mit bloßen Signalen, daß er es an und für sich könnte und prellte sich um die Lust, es zu tun. – Das Leben mancher Menschen ist nicht mehr als ein Hinweis auf das Mögliche. Der Drang bleibt symbolisch, der Druck real. – Druck erzeugt Angst, und Angst macht das Leben eng. Das indogermanische Wort »angh« bedeutet eng. Angst ist Enge, mit der wir uns bedrücken.

Ungeliebte, die in ihrer Kindheitsgeschichte befangen sind, werfen ihrem Partner leicht vor, was die Eltern ihnen angetan haben, z. B.: »Du setzt mich unter Druck, damit ich mich dir anpasse. Passe ich mich dir nicht an, läufst du mir weg.« – Doch die Gefahr, daß der Partner wegläuft, ist kleiner, als Ungeliebte befürchten. Und tut er es doch, ist der Verlassene nicht mehr das Kind, das auf die Eltern angewiesen war. Niemand muß zum Sklaven durch Anpassung werden.

Auch das Umgekehrte kommt vor: Ungeliebte werden manchmal zu Tyrannen durch Nichtanpassung, weil sie Einfühlung mit Unterordnung und Aufgabe eines einseitigen Standpunktes mit Unterwerfung verwechseln. – In beiden Fällen, in der Versklavung durch Anpassung und der Tyrannei durch Nichtanpassung – fehlt die Unbefangenheit einer Liebe, welche die Fesseln der Kindheitserfahrungen zu sprengen vermag. – Eine häufige Partnerschafts*kollusion*[7] geschieht zwischen einem *Sklaven der Anpassung* und einem *Tyrannen der Nichtanpassung*. Dann ist es heilsam, den machtfreien Bereich einer gemeinsamen Schwingung zu entdecken und bewußt zu erweitern. – Eine Frau, die seit ihrer Kindheit eine Sklavin der Anpassung war, begann mit ihrem Mann, einem Tyrannen der Nichtanpassung, jeden Tag eine Stunde lang zu musizieren. In der Musik erlebten sich beide im Zusammenspiel. Sie waren nicht aufeinander fixiert, sondern auf die von ihnen erzeugte Musik gemeinsam bezogen. Die Erfahrung von Resonanz war für beide der Ausgangspunkt einer Verständigung. Welch wunderbare Entdeckung, daß der eigene Lebensdrang beim anderen nicht Gegendruck hervorruft, sondern dessen eigenen Lebensdrang weckt, bis sich beide in einem gemeinsamen Drängen verbinden!
Ich kenne in der Literatur keine treffendere Stelle über das »Weitergehen«, das verhindert, daß eine Bedrängung sich in lähmenden Druck wandelt, als in Sloterdijks Buch »Der Zauberbaum« das Selbstgespräch van Leydens im Fieberdelirium. Daraus ein ausführliches Zitat:
»Dieses grauenvoll entschlossene Leben, das sich so leicht nicht aufgibt . . . frißt sich in die Wand, wie eine geduldige, mauerbrechende Pflanze . . . Es saugt aus den Quadern, was es braucht, um den nächsten Augenblick zu überstehen – danach wird man weitersehen. Man wird etwas anderes versuchen, um zu probieren, ob es nicht noch für einen weiteren Augenblick reicht . . . und noch einen, vielleicht den letzten . . . Aber nicht aufgeben, hörst du . . . Das Lebendige fängt an, leise zu singen und zu krähen. Es benutzt die kleine absterbende Stimme wie einen Meißel, um sich in die Wand zu bohren . . . Du mußt weitersingen, du mußt mit deiner Stimme die Höhlung weitertreiben – bohren und bohren, nur das bringt dein Leben noch ein Stück voran. Die Stimme muß bleiben, denn die Stimme, das bist du.«[8]
Weiter-gehen ist *weiter-singen:* die tönende, vibrierende Beharrlichkeit des Lebendigen. Dies ist keine Metapher. Der Gestreßte und

Bedrückte erleidet tatsächlich einen Vibrationsverlust: seine Stimme verliert an Fülle und Tiefe, seine Affekte und Gefühle werden flach[9]. Wenn wir auf Streßsituationen mit beharrlichem Singen und Summen reagieren, gewinnen wir vielleicht das Gespür für uns selber wieder. »Singen ist für Genesende.«[10] – Es ist bekannt, daß Menschen, die in der Dunkelheit Angst haben, spontan pfeifen oder singen. Das stärkt ihren Mut. Die Tonfolge gibt das Gespür für den Lebensfluß. – Ein Mann erzählte mir, er sei früher regelmäßig bei längeren Autofahrten unter Druck und Streß geraten. Einmal, als er gerade guter Laune war, habe er während einer ganzen Fahrt von sechs Stunden ständig vor sich hin geträllert, mal leise, mal lauter. Am Ankunftsort habe er sich frisch und entspannt gefühlt. Wer singt, atmet tief ein und langsam aus. Sicher hatte der Autofahrer früher flach und nervös geatmet und dabei das Gespür für das Strömen seiner Lebensenergie verloren.

Auch im intensiven *Augenkontakt* geraten Ungeliebte, also Menschen, die in der Kindheit das Vertrauen in Beziehungen nicht gelernt haben, oft unter Druck. Sie verlieren den Kontakt mit sich selber. Ihre Lebendigkeit erstarrt. Ich erwähnte dies im Zusammenhang mit dem Unliebesspiel »Immer ein wenig zu spät«. – Ein Kleinkind blickt beim Stillen regelmäßig auf, um den Augenkontakt mit der Mutter herzustellen[11]. Verliert ein Kind später sein Vertrauen in die Eltern, wendet es den Blick rasch ab: es befürchtet, in seinem Eigenleben von ihnen gestört zu werden. Von nun an mangelt es ihm an Ermunterung im eigenen Lebensdrang. Den fordernden oder abwesenden Blick der Eltern empfindet es als Beeinträchtigung seines Wohlbefindens und es vermeidet ihn. Erwachsene, die sich als Kinder auf diese Weise isolieren mußten, verbinden jede Beziehung zunächst mit Druck. Deshalb sind Ungeliebte so beziehungsscheu. In ihren Augen bricht die Energiespannung regelmäßig zusammen. Der Blick verliert seine lokkende Lebendigkeit, wird gläsern und hart, damit der Blick des anderen nicht eindringt, sondern an ihm zerschellt.

Ein Mann berichtete, er habe im Alter von elf Jahren am Kiosk einen Kriminalroman gekauft, weil dessen Titel ihn faszinierte: »Die Frau im gläsernen Sarg«. – Seine Lebendigkeit war seit seiner Kindheit wie in einem gläsernen Sarg eingesperrt. Wenn ihn jemand ins Auge faßte, fühlte er sich festgehalten, und konnte den Blick trotz größter Willensanstrengung nicht mehr von ihm abwenden. Sein Auge wurde zu Glas, hinter dem er abstarb. Lust und Leben verschwanden, wenn er unter der Hypnose eines fremden Blickes stand. Sein *Blickzwang* zeigte gleichzeitig den Verlust von Autonomie und Lebendigkeit und das Bedürfnis nach Beziehung. – Spontaneität ist gewöhnlich nur bei kürzeren Augenkontakten möglich. Nur in intensiven gemeinsamen Erlebnissen von Einverständnis und Liebe bleiben zwei Menschen in längeren Blickkontakten lebendig. Eine lustvolle Erregung erfaßt Liebende, die sich unverwandt und lange anschauen.

In jedem Augenblick gibt es eine *optimale Lebensspannung*, die wir weder unter- noch überschreiten dürfen. Auch letzteres ist möglich. Wir können auch zu weit gehen. Manchmal ergreift der Ungeliebte in heroischer Selbstüberschätzung die Flucht nach vorne und überspannt den Bogen. »Spanne (den Bogen) bis aufs äußerste, und du wirst wünschen, rechtzeitig eingehalten zu haben« (Laotse). Druck wird nicht in Drang, in Lebensschwung und Lebensfreude gewandelt, sondern mit Aufbietung aller Kräfte gewaltsam durchbrochen. Das ist Tragik. Solche Menschen zerbrechen am Eis, das sie in ihrem Herzen nicht schmelzen können. Sie zerstören, was sie liebkosen wollten. – Folgender Ausspruch Nietzsches gilt auch für ihn selber: »Die Menschen der tiefen Traurigkeit verraten sich, wenn sie glücklich sind: Sie haben eine Art, das Glück zu fassen, als ob sie es erdrücken und ersticken möchten.«[12] – Auch in heroischen Ungeliebten sind die Hemmungen stärker als die Impulse, Druck stärker als Drang.

In diesem Kapitel ging es um eine Erklärung der dionysischen Lusthaltung, die das, was uns bedrückt, in eigenes drängendes Leben wandelt. Durch sie bekommen wir eine bejahende Einstellung auch zu Tätigkeiten, die wir bisher negativ bewertet haben. – In Mark Twains Roman »Tom Sawyers Abenteuer« motiviert der Titelheld seinen Freund Huckleberry Finn zu einer solchen Einstellungsänderung. Er bringt ihm nämlich bei, daß es äußerst lustvoll sei, Tante Pollys Zaun zu streichen. Während sich Tom selber vor dieser Tätigkeit als einer unangenehmen Pflichtübung ge-drückt hatte, verrichtete nun sein Freund Huck die gleiche Arbeit mit größtem Vergnügen. Toms Druck wurde zu Hucks Drang. – Was in diesem Roman als nützliche Suggestion erscheint, ist in der dionysischen Haltung umfassender Bejahung des Wirklichen, Zeichen eines uneingeschränkten Realismus.

10 Das Fleisch wird Wort: Körpergeistigkeit

Im Januar 1987 besuchte ich zu Fuß den vom Dorf Alagartovil (Südindien) eine Wegstunde entfernten Tempel des Affengottes Hanuman, einer Vitalität und Weisheit ausstrahlenden Erscheinungsform des Gottes Schiwa. Ähnlich wie Dionysos im alten Griechenland ist Schiwa in Indien der Gott des Tanzes und der Ekstase, der alle festen Gestaltungen und Anschauungen in einem einzigen Tanz der Schöpfung und Zerstörung aufhebt. Das ihm zugeordnete Element ist das Feuer als Energiesymbol. Die Besucher bekommen am Eingang zum Hanuman-Schrein die Feuertaufe: sie streichen mit ihren Händen durch eine Flamme, die in einem vom Priester gehaltenen Becken brennt. Dann fahren sie sich mit den angerußten Händen über die Gesichter. Zum Schluß zeichnet sie der Priester auf die Stirn mit rotem und fahlweißem Puder, den Farben der Schöpfung und Zerstörung. Im Anschluß an die Feuertaufe steigen sie in eine Grotte hinab, in der eine Wasserquelle sprudelt. Hier werden sie von einem Gehilfen des Priesters reichlich mit Wasser besprengt: Durch den Energiekreislauf von Schöpfung und Zerstörung verflüssigt sich das Leben und kann ungehindert strömen.

Als ich den Tempel durch den Wald verließ, kam mir aus der Gegenrichtung im Laufschritt tanzend, springend, Kultlieder singend und die Schellentrommel schlagend eine ekstatisch wilde, verwegene Schar von jungen Schiwapriestern entgegen. Hatte ich vorher mit großer Anteilnahme und Interesse, aber eben doch mehr oder weniger als Zuschauer im Tempel den Feuer- und Wasserriten beigewohnt, wurde ich jetzt auf einmal verzaubert, in einen Strudel von Leben und Bewegung hineingerissen. Mein Nachsinnen über die Symbolbedeutung des am Kultort Gesehenen schwand dahin und löste sich in die rhythmische Tanzgebärde der Schiwapriester hinein auf. Sobald die *Symbole* als Anschauungsbilder in mir verschwanden, begannen sie zu leben. Im Kraftpunkt der Bewegung, mit der sie identisch wurden, wandelten sie sich zu ganzheitlichen *Gebärden*. Tanzschritte, extreme Verrenkungen, selbstvergessener, durchdringender Gesang und vibrierende Rhythmen entfalteten sich mit der Folgerichtigkeit ungehinderten Wachstums in die Welt hinein. Noch nie sah ich eine solche Übereinstimmung von frei pulsierendem Leben und rituellem Ablauf, von Natur und Kultur. Im Ritus wurde Eigenstes und Innerstes geweckt und angefeuert. Aus der Ferne wirkten die Männer wie eine lärmige, ausgelassene und total »ausgeflippte« Schar, die einem Außensteheden, nicht Mitgehenden, unter Umständen gefährlich werden könnte. Aus der Nähe betrachtet trat ein uralter, im Menschlichen wurzelnder archetypischer Ritus in Erscheinung. Ich spürte, wie sehr dieser uns abendländischen Menschen fehlt. Die Riten sind im Christentum entweder verschwunden oder zum großen Teil in buchstabentreu befolgten Zeremonien erstarrt. Die Kirche hat durch ihre Geschichte alle Versuche vereitelt, ohne Rück-sicht einfach die Lebendigkeit des Lebendigen zu feiern. Sie wollte die Ordnung retten, doch verlor sie auch diese. Platzt in der christlichen Kunst trotzdem Sinnlichkeit auf, verdanken wir diese dem Einfluß der heidnischen Antike. Die Sinnlichkeit muß sich im Christentum ihre Daseinsberechtigung durch eine Gebärde des Leidens erkaufen: in den traurig schönen Darstellungen des Schmerzensmannes, der Schmerzensmutter, der reuemütigen Sünderin Maria Magdalena, des von Pfeilen durchbohrten Sebastian und anderer Märtyrergestalten.

Wo sind im Christentum die tanzenden Derwische, die in ekstatischem Tanz sich von allen künstlich festen Vorstellungen, von Tugend und Sünde befreien? Auch die von Ort zu Ort ziehenden Sankt-Johann- und Sankt-Veit-Tänzer des Mittelalters, in denen wir die bacchischen Chöre der Griechen wiedererkennen, diese orgiastischen, dionysischen Schwärmer, sind verschwunden. Der Veitstanz wurde schließlich zu einem pathologischen Symptom degradiert, nämlich zu einer Gruppe von Erkrankungen, die mit Bewegungsstörungen einhergehen.

In »Die Geburt der Tragödie« evoziert Nietzsche die verlorene dionysische Einheit: »Der Mensch ist nicht mehr Künstler, er ist Kunstwerk geworden: die Kunstgewalt der ganzen Natur, zur höchsten Wonnebefriedigung des Ur-einen, offenbart sich hier unter den Schauern des Rausches.« – Der Künstler löst sich im Kunstwerk auf, der Mensch im Tun, das Symbol in der Gebärde. Dieser tief ergreifenden, tief wandelnden Erfahrung müßte sich auch die Tiefenpsychologie unmittelbarer zuwenden. Es ist unmöglich, sie aus professoraler Distanz zu beschreiben. Um begriffen zu werden, will sie vollzogen sein. Zu selten wird die Wahrnehmung des Leiblichen für Tiefenpsychologen zum Ereignis, das zur Einsicht und zu einem leiblichen Denken führt. Daraus erklärt sich der Mangel an Gespür für Umwelt und Kosmos. Aus dem, was C. G. Jung in einem Vortrag 1928 aussprach, hat die Tiefenpsychologie die Konsequenzen noch nicht genug gezogen: »Der Körper erhebt seinen Anspruch auf Gleichberechtigung, ja er übt eine Faszination aus wie die Seele. Ist man noch gefangen von der alten Idee des Gegensatzes von Geist und Materie, so bedeutet dieser Zustand eine Zerspaltung, ja einen unerträglichen Widerspruch. Kann man sich dagegen mit dem Mysterium aussöhnen, daß die Seele das innerlich angeschaute Leben des Körpers und der Körper das äußerlich offenbarte Leben der Seele ist, daß die beiden nicht zwei, sondern eins sind, so versteht man auch, wie das Streben nach Überwindung der heutigen Bewußtseinsstufe durch das Unbewußte zum Körper führt und umgekehrt, wie der Glaube an den Körper nur eine Philosophie zuläßt, die den Körper nicht zugunsten eines reinen Geistes negiert.«[1] – C. G. Jung selber nähert sich der Erfahrung des in der Gebärde wirkenden Symbols. Für ihn bedeutet seelische Entwicklung zutreffend das Offen- und Hellwerden des einzelnen für archetypisch Vorgegebenes, d. h. für alle Menschen verbindende Entwicklungsmuster. Er bezeichnet sie als *Individuation,* um sie von der blinden Anpassung an den Kollektivgeist zu unterscheiden. Wäre es nicht sinnvoller, sie aus tiefenpsychologischer Sicht *Partizipation* zu nennen, d. h. bewußte Teilnahme des einzelnen nicht am entfremdenden Kollektivgeist, sondern am Kollektiven Unbewußten, d. h. am Potential menschlicher Entwicklung? Seelische Entwicklung als Partizipation zu bezeichnen, heißt, den beobachtenden Abstand zur Wirklichkeit aufzugeben und menschliches Leben als teilnehmendes Tun zu erfassen. Die einzige Funktion der Urbilder besteht darin, zu den allen Menschen gemeinsamen Urgebärden zu locken.

Stellen wir uns zum Beispiel das Urbild der Mutter mit dem Kinde vor. Vielleicht sind wir davon berührt, fühlen uns von der Vorstellung des Nährens und Hegens und der Geborgenheit ergriffen. Doch solange das Bild für uns zum Anschauen da ist, besteht ein gewisser Abstand zwischen ihm und uns: es wandelt uns nicht genug. Gehen wir also weiter! Verschließen wir uns seiner Berührung nicht! Werden wir eins

mit seiner Dynamik! – Nun haben wir uns in unserem Individuum-Sein geöffnet, uns also durch Partizipation an der Dynamik des Bildes »entindividualisiert«. Jetzt erst wird dieses zum Entwicklungsmuster. Der *Partizipationsprozeß* ist der springende Punkt dessen, was Jung *Individuationsprozeß* nennt. Solange das Individuum auf seiner Absonderung beharrt, verhindert es sein Wachstum. Das Bild muß zur schöpferischen Gebärde werden: dann wandeln wir uns – im erwähnten Beispiel – zur Mutter, die spendet, und zum Kind, das empfängt, in harmonischer Einheit beider Aspekte. – Der Begriff »Individuation« suggeriert das Mißverständnis einer seelischen Entwicklung durch Absonderung, was Jungs Absicht völlig widerspricht.
Im *Ausdruckstanz,* der ein meditatives Erspüren dessen ist, was sich aus uns in den tänzerischen Ausdruck drängt, werden wir selber zum sich bewegenden Bild und gestaltenden Kunstwerk. Das feste Bild, das wir von uns haben, wandelt sich in das Gewahrwerden einer sich entfaltenden Form: einer Gebärde. Dabei merken wir körperlich, was an dem in die Selbstgestaltung treibenden Bild noch fehlt: Wir stellen vielleicht fest, daß wir zu wenig kräftig auftreten, im Doppelsinne des Wortes, weil unser Gewicht mehr auf den Zehenspitzen als auf den Fersen lastet: daß wir also zuwenig mit der Erde und dem Mütterlichen verbunden, und daher wie ungeliebte Kinder ängstlich und gehemmt sind. – Wandelt sich das Symbol zur Gebärde, wird es verbindlich: es verbindet uns mit Leib und Welt. Das geschieht nicht nur im Tanze, sondern in jeder Geste, mit der wir bewußt identisch sind. Der Abstand im Nachdenken *über* ein Symbol schwächt die vitale Kraft des Symbols als Gebärde.
»Kein Symbol hat echtes Sein im Geiste, wenn es nicht echtes Sein im Leibe hat« (Martin Buber), d. h. wenn es nicht Gebärde im Lebensvollzug ist. Urbilder des Menschlichen wollen sich in unser Dasein hineintanzen. Unsere Gedanken sollen das aus uns Geschehende mit behutsamer Ehrfurcht nachzeichnen, doch nie Stellvertreter für dieses werden. Das Symbol verdichtet die Lebensenergie in der Rhythmusstruktur einer Gebärde. Es kommt darauf an, diese richtig, d. h. in Stimmigkeit mit der Situation auszuführen. Der im Fluß seiner Gebärde lebende *energetische Mensch* strebt deshalb keinem Ziele nach, denn kein Moment einer Gebärde ist wichtiger als ein anderer. – »Welche Eitelkeit, beim Bogenschießen die Zielscheibe durchbohren zu wollen!

Es wird immer einen Stärkeren als dich geben. Einzig wichtig ist die *Richtigkeit der Gebärde*«[2] (Konfuzius).

Es ist nicht einfach, den *Begriff des Symbols* von der *statischen Vorstellung* freizumachen, die bereits in seinem sprachlichen Ursprung vorhanden ist: Ursprünglich nämlich bedeutet Symbol das Erkennungszeichen, das sich aus dem Zusammenfügen (griech. »symballein« – zusammenwerfen) zweier Bruchstücke einer Schale ergibt. Auch in der späteren Bedeutung eines begrifflich nicht auszuschöpfenden Sinnbildes, das einen vorgestellten Gegenstand zur Anschauung bringt, z. B. des Löwen, der u. a. Macht und Aggression versinnbildlicht, hat der Begriff Symbol nicht die Beweglichkeit einer Gebärde. Wenn wir jedoch – vereinfacht gesagt – einen Löwen spielen und unsere alte Identität im kraftvollen Aufrichten des Kopfes und weit hallenden Brüllen vergessen, wird das Symbol des Löwen zur Gebärde. Durch das leibliche Sein des Symbols in der Gebärde sind wir dann nichts anderes als Aggression und Macht in einer bewußten Erfahrung. – Ähnlich geht es uns, wenn wir verdrängte und jetzt wiederkehrende Bewußtseinsinhalte – Symbole im Sinne der Psychoanalyse Freuds – nicht einfach reflektieren, sondern wach durchleben.

Auch ein *Traumsymbol* ist kein Gesprächsthema, sondern eine seelische Bewegung, in welche die beiden Partner im therapeutischen Gespräch hineingehen, auf der Spur der Emotion und des Sinnes, die sich aus ihr befreien wollen. Die Bewegung des Traumes will im Wachzustand weitergeführt werden, nicht im Nachdenken erstarren.

Natürlich sind Analytiker und sonstige Gesprächstherapeuten keine Bewegungs- und Tanztherapeuten. Doch können auch Worte »Gebärden« sein: »Gebärden« der Stimme, Gestimmtheit, Stimmigkeit, Übereinstimmung mit dem Wirklichen. In der leiblichen Sprache geschieht wirksame Therapie. Worte dagegen, die keine Wirkworte sind, hemmen den therapeutischen Prozeß. – *Wirkworte* sind Teil einer Gesamtgebärde, zu der auch Körperhaltung, Bewegungsspiel, Ausdünstung, Augensprache gehören. In diesem Sinne sind Worte kollektive Lautgebärden des Menschen. In ihnen schwingen feinste Erfahrungen einer ganzen Kultur mit.

Wirkworte, Worte des Wirklichen, sind also Sprachgebärden. Wie alle Gebärden, mit denen wir identisch sind, erzeugen sie *Erregung*. Sie aktivieren Lebensenergie. Sie klingen an, hallen wider, wandeln uns, wenn wir uns ihnen als Klangraum öffnen. – Abstrakte Worte dagegen drosseln die Erregung, auch wenn sie hektische Bewegtheit mobilisieren. Menschen, die blinzelnd und hastend Tausenderlei erzählen, ersticken den Grundklang ihrer Seele. Sie stellen Sätze und Bilder auf Distanz vor sich hin: Vor-stellungen. – Ich gebe nun *drei Beispiele,* wie und warum Menschen aus ihrem Redefluß aussteigen, die Erregung unterdrücken und sich von der Wirkung ihrer Worte distanzieren.

Ich fragte einen Mann, der viel und hastig redete, warum er oft mitten im Satz abbreche. »Ich möchte Ihnen soviel mehr erzählen, als ich erzählen kann«, antwortete er. »Sage ich das eine, kommt mir das andere in den Sinn. Erzähle ich den Traum der letzten Nacht, kommt mir der Traum der vorletzten Nacht in den Sinn. Berichte ich von einem Gespräch mit meiner Frau, drängt sich mir eine Kindheitserinnerung an meine Mutter auf, die ich unbedingt erwähnen möchte. – Ach, ich habe wirklich zuviel Phantasie.« – Doch war es natürlich nicht die Überfülle an Phantasie, welche den Mann mitten im Redefluß zum Verstummen brachte, sondern die plötzliche Distanzierung vom eingeschlagenen Weg aus Mißtrauen. Wir erreichen dann die größtmögliche Vollständigkeit in einer Mitteilung, wenn wir weder zweifeln, noch abschweifen und beiseite treten, sondern nichts anderes als die Beziehung zu dem sind, was wir gerade mitteilen: eine Gebärde, die verbindet.

Der *Redefluß* eines Menschen gibt genaue Auskunft über seinen *Lebensfluß* in allen Bereichen. Dies will das zweite Beispiel zeigen. – Ich denke an eine Frau, die eine Mitteilung eruptiv beginnt, als müßte sie ihre Stimme gegen einen äußeren Druck in den Ausdruck pressen, dann ermattet, an Wortfarbigkeit verliert, kraftlos nach Worten ringt und schließlich verbittert schweigt. Sie ist eine Ungeliebte, die sich von Kindesbeinen an durch Überraschungsangriffe Gehör verschaffen wollte, im verinnerlichten Wissen, daß ihr dies nie gelingen würde.

Im dritten Beispiel geht es wieder um einen Mann. Er ist ein Stiller im Lande – ein wandelnder Hinweis auf die Bedeutungslosigkeit der eigenen Worte. Zögernd und beiläufig, mit kleinstem Stimmeinsatz, beginnt er zu sprechen, bereit, beim ersten Widerspruch wieder in sich zu versinken. Dann aber, wenn man ihn gewähren läßt, ihm gar zuhört, wird er klarer, bestimmter, offener, richtet sich auf, gewinnt an Klang- und Wortreichtum, bis schließlich alle an seinen Lippen hängen. Er war in seiner Kindheit ein mit zuviel Vehemenz Geliebter und konnte sich nur Schrittchen um Schrittchen hinauswagen, um die Liebe in den kleinen Dosen zu genießen, die zu verdauen er imstande war. Oft aber verstummte er, weil die äußere Bedrängung, die er verspürte, auch die kleinste eigene Mitteilung vereitelte.

Der Mann im ersten Beispiel, der im Gespräch mit mir seine Sätze unvermittelt abriß, wurde als Kind von seinen Eltern immer und immer wieder unterbrochen. Spielte er, war es Zeit, seine Schulaufgaben zu erledigen. Machte er sich an diese, rief sein Vater, er sei ein fauler Stubenhocker: er solle ihm endlich helfen, das Heu einzubringen. – Tat er dies, krähte seine Mutter, sie brauche ihn zum Kartoffelschälen. – Später unterbrach er sich ständig selber. In dem Moment, da er im Sprechen abrupt stockte, offenbarte er sich als Ungeliebter: oft machte er dabei eine abschätzige Handbewegung, manchmal begleitet von den Worten: »Das ist ja doch blöd!« – Was er zu sagen hatte, was aus ihm kam, was er freisetzen wollte, war also blöd, sein Wort nicht der Rede wert! Dann, nachdem er seinen unsichtbaren Eltern das symbolische Opfer seiner vermeintlichen Blödheit gebracht hatte, konnte er in seinem Reden fortfahren, doch wiederum hastig, im Vorwissen, gleich wieder unterbrochen zu werden, – sich selber zu unterbrechen.

In der Analyse des Redeflusses sind nicht die Kindheitserinnerungen am wichtigsten. Von ihnen ist direkt keine Änderung zu erwarten. Doch verstärken und erweitern sie das Empfinden für die energetischen Prozesse der Gegenwart, sind gleichsam deren verdeutlichende Projektion auf die Leinwand der Vergangenheit. – Ich werde manchmal gefragt: »Dies alles habe ich jetzt ins Gespür bekommen. Doch wie kann ich es *umsetzen*? Wie kann ich dieses hinderliche Energiemuster – die Distanzierung von der eigenen Lebensgebärde – *loswerden*?« – Wer so fragt, hat das Gespür für das vielleicht kurz Gespürte, hat die Energiespur bereits wieder verloren. Umsetzen und loswerden wollen, heißt Abstand nehmen, um ein Problem von außen, wie einen Marmorblock mit dem Meißel zu bearbeiten. Eben dies ist ein widersprüchliches, hoffnungsloses Unterfangen. Denn wer hat Probleme? Der Marmorblock oder ich? Und ist das Problem nicht viel mehr der Meißel in der Faust? – Es reicht, rezeptiv, wach, ohne Selbstkritik, d. h. ohne Abspaltung von sich selber durch ein negatives Urteil, *im* Gespür zu bleiben, nichts anderes als eben dieses Gespür für das, was jetzt geschieht, zu sein, damit das alte Energiemuster von innen her schmilzt und wir zu einer ganzheitlichen Gebärde des Lebens finden. Das Entscheidende dabei ist, sich zu sagen: »Der, welcher sich immer wieder unterbricht oder verstummt und seine natürliche Erregung drosselt, bin ich selber: er ist jetzt mein Leben und von daher wertvoll. Ohne Kritik bin ich mit ihm identisch.« So wird er dem Leben angeschlossen und von sich selber erlöst.

Damit bin ich wieder bei dem oft mißverstandenen Götterpaar Dionysos und Apollo. Ab und zu wollen wir in unserem Leben Ordnung schaffen, mit einem Problem »fertigwerden«. Dazu machen wir uns eine bestimmte Idee, was wir ändern wollen, und fassen sie ins Wort: dieses Wort soll Fleisch werden, wir wollen es in die Tat umsetzen, in Leben umstrukturieren. Solche Versuche können auf Dauer nicht gelingen. Ordnung entsteht nicht aus der Abstraktion einer Vorstellung. Apollo – der Gott der Ordnung – ist keine Kopfgeburt. Er ist in Dionysos, dem Gott des ungehinderten Lebensflusses enthalten und wird aus ihm geboren. Was heißt das?

Geschichtlich hat das Dionysische selber zu Ordnung gefunden, zunächst in der Bildung der griechischen Stadtstaaten, später über die Grenzen Griechenlands hinaus im Mysterienkult mit seinen Riten. Auch *psychologisch* findet das Dionysische, der freie Fluß der Lebensenergie in allen Bereichen, zu Ordnung. Jede Rhythmik ordnet. Leben ist, von innen her erspürt, ordnende Rhythmik (vgl. 4. Kapitel: Die zweite Energieerfahrung). Wer sich ihr wach und bewußt überläßt, erfährt, daß sich sein Leben spontan strukturiert. Aus diesem Grunde fing ich dieses Kapitel mit den tanzenden Schiwa-Priestern an. Für mißtrauische, beiseite Stehende ist solcher Tanz chaotisch triebhaftes Sichaustoben, nichts Geistiges, nichts Ordentliches. Je näher wir jedoch den Tanzenden kommen, je mehr wir uns in ihren Tanz hineinziehen lassen, bis sich unsere Ideen von Ordentlich und Unordentlich auflösen, desto mehr wird die Rhythmik, mit der wir jetzt identisch sind, zur dynamischen Ordnung und zur strukturierenden Gebärde. Die Struktur wird aus der Bewegung des Lebens geboren. Das »Fleisch«, d. h. das Körperliche und Irdische, ist nicht der Widersacher des ordnenden Geistes und seines Lautwerdens im Wort. Wenn wir es in seinem Leben nicht behindern, gebiert es den Geist und das Wort.

Die christliche Idee einer Fleischwerdung des Wortes ist sich ihres

Ursprunges in der Wortwerdung des Fleisches nicht bewußt. Der Sinn wird aus dem Leben, das sich vollzieht, geboren, nicht umgekehrt. Dies ist eine psychologische Grunderfahrung, die kein Sowohl-als-Auch zuläßt. Zwar können äußere Wort-anstöße in uns Leben wecken. Doch tun sie es nur, weil die entsprechenden Worte in uns zu erwachen bereit waren. Nicht ein fremdes Wort wird in uns Fleisch, sondern das Fleisch erwacht zu seinem Wort. Der Leib spricht sich in seinem Geist aus. – Die christliche Perspektive des fleischgewordenen Wortes, der Inkarnation, führt notwendigerweise zur Feindschaft mit vielen anderen Worten, die das Fleisch sagen müßte, um hell und heil zu werden. Ideen, Glaubensbekenntnisse, Weltanschauungen: unterschiedlichste »Inkarnationen«, d. h. Fleischwerdungen des Wortes, trennen von dem sich improvisierenden Leben, sind Vehikel der Macht, geben zwar durch Identifizierung die Illusion der Zugehörigkeit zum Ganzen, führen jedoch zu Zerwürfnis zwischen einzelnen Menschen und gesellschaftlichen Gruppierungen.

In der Therapie ist die Umkehrung der Fleischwerdung des Wortes in die Wortwerdung des Fleisches eine entscheidende Einsicht. Was meine ich damit? Eine Therapie wird mit dem Ziel begonnen, bestimmte belastende Symptome loszuwerden. Das ist sehr begreiflich. Eine Vorstellung soll verwirklicht werden. Der Klient ist voller Worte, die »Fleisch werden wollen«, auf Verwirklichung drängen. Und doch: solange die vorgefaßte Absicht die Richtung einer Therapie bestimmt, geschieht nichts Wesentliches. Der Klient liebt sich selber nicht bedingungslos, ist nicht identisch mit seiner Wirklichkeit. Er setzt von außen ein Ordnungsprinzip an sich an, eine Norm, eine Zielvorstellung. Das Fleisch fühlt sich ungeliebt: der Körper verspannt sich bei soviel wohlgemeinter Verrenkung des Verstandes. – Wenn der Klient dagegen auf Zielsetzungen verzichtet, sein eigenes Fleisch und sein eigener Leib wird ohne vorgeprägte Worte und im Widerhall der therapeutischen Beziehung sein Leben ohne Wenn und Aber liebt, geschieht das Wunderbare: Symptome mildern sich oder verschwinden ganz, nicht, weil sie der Norm von seelischer Gesundheit widersprechen, sondern weil das wärmer und flüssiger gewordene Leben sie von alleine zum Schmelzen bringt. Eine neue, natürliche Lebensordnung wächst. Die Existenz prägt eine neue Sprache, einen neuen, freieren Ausdruck: das Fleisch ist Wort geworden!

Wie dem einzelnen tut auch der Gesellschaft solche »Leiblichkeit des Denkens« not. Solange wir das Geistige gegen das Leibliche, Ideen gegen das Wirkliche ausspielen, fehlt uns die Liebe zum Weltganzen und zu den Grundanliegen der Menschheit. Die Idee, die sich dem Wirklichen aufzwingt, zerstört dessen natürliche Dynamik. Die Fleischwerdung des Geistes führt zur Entgeisterung des Fleisches: zur Zerstörung des Lebendigen. Nur die »Körpergeistigkeit« (Sloterdijk) macht uns weltoffen, erlöst das Subjekt aus seiner abstrakten Isolierung. Es geht um das »Hellerwerden des weltoffenen Leibes«, das »Sprechender-Werden und Welthaltiger-Werden des Leibes«[3]. – Ich bekomme immer mehr den Eindruck, daß in einer wachsenden Zahl von Menschen die »Körpergeistigkeit« erwacht. Mir fällt auf, daß diese von aufgesetzten Meinungen freieren Menschen weniger kontrovers denken, sondern bei aller kritischer Unterscheidungsgabe auch im Nein, das sie aussprechen, zunächst die Berührung und Verbindung suchen und signalisieren: das Ja zum Nein und das Nein im Ja. Eine Verständigung mit ihnen wird möglich, aber nicht in einem oberflächlichen, nivellierenden Kosmopolitismus, sondern in der Tiefe des dionysischen Wir-Gefühls, des leiblichen Verbundenseins. Stellung, Maske, Schale verlieren an Wichtigkeit. Das körperliche Sich-Erspüren macht auch das Gespräch lebendig und schöpferisch. Der energetische Mensch aus dionysischem Geiste ist nicht auf Kriege angewiesen, um seinen Leib zu spüren. – Wie entfleischlicht und entgeistert wirken dagegen so viele Verkünder des fleischgewordenen Wortes, wie isoliert mit ihrer universalen Botschaft!

Der energetische Mensch empfindet kein Bedürfnis, sich Menschen und Dingen aufzuzwingen und einzuprägen. Er lebt aus dem erregenden Gefühl, daß Menschen und Dinge auf ihn zukommen und ihn »in das Abenteuer der Erfahrung verwickeln«[4]. Er liefert sich nicht aus, sondern läßt geschehen. Er stimmt dem zu, was sich ereignet. Er weiß, daß es unmöglich ist, zweimal in den gleichen Fluß zu steigen (Heraklit), und hält sich frei und verfügbar. Er kommt dem schläfrigen Widerstand zuvor und ist von entspannter Wachheit. Weil er Menschen nicht festhält, gedeihen seine Beziehungen. Weil er nichts erreichen will, gelingt ihm vieles. Er zielt nicht darauf ab, eine originelle Persönlichkeit zu sein; vielmehr liegt ihm an Verständigung und Beziehung. Und doch prägt sich gerade in ihm das Leben auf eigentümliche Art aus. – Er ist kein Abhängiger, sondern ein Hingezogener, kein Unterdrücker, sondern ein Zugewandter. Was ins Leben drängt, ist nicht gegen andere, sondern zu anderen hin. Er erlebt sich mondhaft: den Schein, den er auf andere wirft, als Widerschein von deren Licht. Energetische Menschen blenden sich gegenseitig nicht, sondern genießen die Sonnenbäder, die andere ihnen schenken, und wachsen darin. Es ist kein Widerspruch, daß sie aktiver als Menschen sind, die mit Aufbietung ihres ganzen Willens nach Selbstbestätigung gieren. Denn in ihrer lockeren Offenheit ziehen energetische Menschen Energie an. Sie haben keine Worte, welche die Wortwerdung des Fleisches, keine Vorstellungsbilder, welche die Gebärde verhindern.

11 Die traumatische und die erotische Spur

Ich hatte nicht die Absicht, in diesem Buch einen zweiten eigenen Traum zu erzählen. Auch die Erwähnung des ersten ganz zu Beginn war nicht geplant. Er war mir einfach in der Nacht, bevor ich zu schreiben anfing, zugefallen, und da er meine ganze Einstellung zum Schreibvorhaben änderte, blieb mir nichts anderes übrig, als ihn kundzutun. – Ähnlich geht es mir in diesem Moment. Gestern abend machte ich mir Notizen, aufgrund derer ich heute diese Kapitel verfaßt hätte. Und da kam ein Traum, der mir soviel vollständiger als alles Vorgestellte scheint, daß ich ihn preisgeben muß. Zunächst überlegte ich mir, ob ich ihn mit literarischer Freizügigkeit jemandem anderen zuschreiben solle. Doch weist er einige Details auf, die bereits zur Sprache kamen. Mein Trick würde also durchschaut werden, und das ist nicht der Sinn eines Tricks. – Wer psychoenergetisch schreibt, also das Schreiben aus dem Augenblick heraus geschehen läßt, schafft eine ungewohnte Mischung von Unplanmäßigem und Geplantem, von sich jetzt Ereignendem und bereits Vorgegebenem. – Nun zum Traum:

»Ich ging zu Fuß auf der Lindstraße in meiner Geburtsstadt Winterthur stadteinwärts. Mir entgegen kam im Rollstuhl eine etwa 35jährige, schwarz gekleidete, dunkelhaarige, schöne Frau mit intensiv blickenden, asiatisch schmalen Augen. Sie schien sich in Not zu befinden und schaute mir hilfesuchend entgegen. Als wir auf gleicher Höhe waren, begann sie sogleich zu sprechen: ›Ich habe Ihnen dreimal geschrieben, und Sie haben mir nicht geantwortet. Dabei schrieb ich Ihnen doch jedesmal vom Gleichen, das mir von Kindheit an mein ganzes Leben lang zugestoßen ist: von meinem Vater, der von zu Hause weggelaufen ist, meinem Mann, der mich verlassen hat. Und nun geben auch Sie mir keine Antwort. Dreimal schon habe ich versucht, mich umzubringen. Und von Ihnen kommt keine Reaktion!‹ – Verwirrt entschuldigte ich mich und dachte an die zahlreichen Leserbriefe, die noch unbeantwortet auf meinem Schreibtisch lagen.« – An diesem Punkt brach die erste Szene ab, und der Traum ging weiter.

»Wieder gehe ich auf der Lindstraße, doch diesmal stadtauswärts. Und wieder erblicke ich eine Frau im Rollstuhl ähnlichen Aussehens und

Alters. Sie wirkt wie die Zwillingsschwester der ersten. Doch ist sie in der gleichen Richtung unterwegs wie ich. Sie befindet sich etwa zehn Meter vor mir. Ich fühle sogleich eine stärkere Anziehung für sie als für die andere. Sie kehrt sich um, streckt mir ihre Arme entgegen und ich beschleunige meine Schritte. Bei ihr angekommen ergreife ich ihre beiden Hände und fühle lustvolle Wärme und Energie. Sie sagt nichts und schaut mich unternehmungslustig an. Schließlich fragt sie mich: ›Haben Sie der anderen auch Ihre Hände gegeben?‹ Betroffen gestehe ich mir ein, daß ich dies unterlassen habe. Ich halte die Hände der zweiten Frau noch fester. Diese wird immer fröhlicher, lacht hell auf, erhebt sich leicht und selbstverständlich vom Rollstuhl, der auf einmal klein wie ein Kindersesselchen wird. Wir lassen ihn hinter uns und gehen schnell und munter weiter.
Rechts, wo in Wirklichkeit ein kleiner Park liegt, erblicke ich mit einem Glücksgefühl im gleißenden Sonnenlicht eine griechische Kultanlage. Im Vordergrund am Fuße eines Burghügels mit einigen Tempeln liegt ein weiträumiges griechisches Theater, dessen im Halbrund angelegte steinerne Zuschauerränge sich über viele Stufen zum Schauplatz senken. Wir stehen jetzt in seiner Nähe. Meine Begleiterin fragt mich: ›Waren Sie schon einmal hier?‹ Ich verneine, worauf sie ungläubig den Kopf schüttelt. Sie zeigt auf das Theater und erklärt: ›Das ist das Theater des Dionysos.‹ Dann zeigt sie auf zwei freistehende Säulen mit dorischen Kapitellen, die rechts neben dem Theater in wundervoller Helligkeit hochragen, und erläutert: ›Das sind die Heliotropen.‹ Ich sage zu meiner Führerin: ›Laß uns eintreten!‹«
Auch ohne Kenntnis der lebensgeschichtlichen Fakten, auf die sich der Traum bezieht, erhellt sich dieser bei näherer Betrachtung von innen heraus. Daher gebe ich nur eine Information zu einem Detail des Traumes und lasse diesen ansonsten sich selber aussprechen. Ich bleibe mir bewußt, daß er mir noch anderes zu sagen hat, als ich hier mitteile. Doch seine wesentliche Aussage ist archetypisch, also auch dem zugänglich, der über die entsprechenden Umstände in meinem Leben nicht auf dem laufenden ist. Ich folge dem Thema dieses Kapitels – die traumatische und die erotische Spur –, indem ich den Traum wach weiterträume. Dabei gehe ich über das hinaus, was seine Symbolik für mein persönliches Leben bedeutet und erweitere diese um Aspekte, die mir von der therapeutischen Arbeit her bekannt sind.

Die eine Detailinformation ist folgende: die Lindstraße war mein Schulweg in der Volksschulzeit, eine beidseitig mit alten Linden bepflanzte Straße, an die mich viele Erinnerungen liebevoll binden. An ihrer rechten Seite, stadtauswärts gesehen, lag nach etwa zweihundert Metern hinter einem verschlossenen, schmiedeeisernen Gitter eine alte Villa in einem Park, dessen riesige Bäume den Blick nicht eindringen ließen. Heute ist er, glaube ich, für das Publikum geöffnet. Damals war er für mich der erregendste, geheimnisvollste Park überhaupt. Als ich in meiner späteren Jugend Charles Trenets Chanson »Le jardin extraordinaire« (der außergewöhnliche Garten) hörte, das mich heute noch verzaubert, dachte ich sofort an ihn. Der Sänger spaziert darin mit der Göttin Artemis vorbei an Statuen, sprechenden Eulen und murmelnden Quellen und nimmt an nächtlichen Bällen teil. – Dieser geheimnisvolle Park meiner Kindheit eignete sich also zum Hellwerden eines symbolintensiven Traumbildes, in dem das Wunderbare zur Kulturlandschaft wird.

Die beiden ersten Szenen des Traumes spielen sich in entgegengesetzten Richtungen auf dem gleichen Weg ab: Die Richtung stadteinwärts führt zu Ordnung und Struktur. Wenn ich sie einschlage, kann ich mit der Frau, die ein Bild meines eigenen Lebens ist, nicht zusammenkommen und weitergehen. Unsere Wege kreuzen sich; wir verlassen uns, ohne den Einklang gefunden zu haben – ich durchkreuze also meinen eigenen Lebensentwurf. – Wenn ich jedoch die Richtung stadtauswärts nehme, aus dem Geordneten ins Ungeordnete, frei Wachsende, nehme ich die gleiche Richtung wie die zweite Frau, die wiederum mein unbewußtes Leben ins Bild setzt, und es reicht zur Heilung, daß ich Beziehung zu ihr aufnehme: die Frau steht auf und geht; die Lähmung ist vorbei, das Leben beweglich.

Die Richtung naturwärts und nicht stadtwärts ist nicht in allen Problemlagen die angezeigte, gibt es doch auch Situationen, in denen wir Identifizierung und Geborgenheit im Gewohnten brauchen, mindestens vorübergehend. – Um welches Problem geht es hier, das den Abschied vom Altbekannten und Vertrauten notwendig macht, weil dieses Krankheit bedeutet? Es geht um das notwendige Verlassen der *traumatischen Spur,* die durch die erste Frau im Rollstuhl verkörpert ist[1], also der Affektspur einer frühen seelischen Verwundung. Die Frau ist in ihren Beinen gelähmt, kann somit nicht auf dem Boden der Realität Fuß fassen, steht nicht auf den eigenen Beinen und kommt auf natürliche Weise nicht vorwärts. Dieses Krankheitssymptom ist eine Visualisierung von Seelischem. Welche Fehlhaltung tritt hier in Erscheinung? Wiederum: das Kleben auf der traumatischen Spur. – Es wird Zeit, daß ich diese erkläre, oder vielmehr, den Traum sie erklären lasse.

Die Frau erhofft sich Hilfe vom Sprechen über das Trauma ihres Ungeliebtseins: dreimal wurde sie im Stich gelassen, nämlich von ihrem Vater, ihrem Mann und »mir«; dreimal machte sie einen Suizidversuch; dreimal schrieb sie »mir«. Drei ist die Zahl der Dynamik. Die Dynamik der Frau äußert sich in ständigem Aufkratzen der alten Wunde ihres Ungeliebtseins. Dabei ist sie anspruchsvoll, hat kein Verständnis für Verzögerungen in der Erledigung »meiner« Korrespondenz. Wieder und wieder will sie von ihrem Leid sprechen, ihren Rabenvater in allen Details ausmalen, ihren Mann, den Schurken, in seiner Gemeinheit durchleuchten, um jedes Schuldgefühl über die Trennung von ihm loszuwerden. Sie realisiert ihren Trick nicht, nämlich, daß sie mit der Endlosanalyse vermeiden kann, ins Leben einzutreten und weiter als das Trauma zu gehen. Im Dienste ihres Widerstandes hegt und pflegt sie die Wunde der Ungeliebten: eine zeit- und geldaufwendige Aufgabe. – So also sieht mein Leben aus, wenn ich auf der traumatischen Spur haften bleibe.

Wie ätzend und zersetzend wirken masochistisch durchgepäppelte schlimme Erinnerungen! Sie bedeuten den regelrechten Selbstmordkurs, die Richtung der Selbstzerstörung. Die traumatische Spur führt zu seelischer Zerstörung, wie Franz Kafkas Schicksal zeigt. Menschen sind höchst sensible autosuggestive Systeme. Mit solcher Neubelebung alter Erinnerungen bestimmen wir unser Los, verstimmen wir unser Leben. Wir wühlen in alten Wunden auch dann noch herum, wenn wir bereits alles Mögliche über sie wissen, und zeugen so neue Wunden, bis das ganze Dasein wund, und brennender Schmerz das einzige Gefühl ist. Auf diese Weise hypnotisieren wir uns mit der Botschaft: »Alles ist, wie es immer war.« Grübeln in alten Erinnerungen ist Grübeln in der Wunde der Ungeliebten. Diese kann nur vernarben, wenn wir sie in Ruhe lassen. Das hat nichts mit Verdrängung, sondern mit Heilung zu tun.

Eine Frau erzählte mir kürzlich, sie habe beim Einkleben von Fotos plötzlich stechende Herzschmerzen bekommen, so daß sie sich hinlegen mußte. Plötzlich wurde ihr bewußt, daß sie Familienfotos aus jener Zeit eingeklebt hatte, als ihr Mann einen schweren Herzinfarkt hatte. Sie hatte sich also unbewußt selber hypnotisiert und sich mit ihrem Mann identifizierend das neu durchlitten, was längst vergangen war. Die Bewußtmachung solcher autohypnotischer Abläufe ist heilsam, fördert sie doch die Distanzierung vom Code einer traumatischen Erinnerung und vom Zwang, zum tausendsten Mal auf die alte leidige Geschichte zurückzukommen. *Nicht-vergessen-Können* ist das Leidbringende an der traumatischen Spur. Nur die Gelassenheit gegenüber den alten seelischen Wunden bringt nach und nach heilsames Vergessen im Gefühl, auch wenn die Tatsachen nicht aus dem Gedächtnis gestrichen sind.

Im Christentum fand und findet eine heillose Verstärkung der traumatischen Spur im einzelnen durch die Kollektiverinnerung an Jesu Tod statt, besonders in der Westkirche. In künstlerischen Darstellungen leidet der Schmerzensmann nicht Schmerzen des Wachstums. Seine Gestalt weist selten auf Auferstehung und Wandlung hin. Seit zweitausend Jahren blutet er aus seinen fünf Wunden: ein hypnotisches Bild, das in Unzähligen die traumatische Spur verstärkt, wenn nicht gar geschaffen hat. Jesus und viele Heilige erscheinen als wehrlos Geopferte. Vertrauen in die Spur des Wachstums wird in der christlichen Kunst der Westkirche selten sichtbar. In der Ostkirche dagegen leuchtet der Zusammenhang von Tod und Wandlung häufiger auf. Auf russischen Ikonen z. B. tropft das Blut aus der rechten Seitenwunde des Gekreuzigten hinunter auf den Totenschädel Adams am Fuße des Kreuzes, um ihn, den ersten Menschen und den Menschen überhaupt, in die neue Belebung einzubeziehen. Allerdings sieht das traditionelle Christentum diese mehr im Jenseits als im Diesseits.

Die von der ersten Frau im Traume verfolgte traumatische Spur führt noch in andere Elendsviertel der Seele. Auch sie müssen wir besuchen, um frei für die Begegnung mit der zweiten Frau und der von ihr verfolgten erotischen Spur zu werden. – Unter vielen möglichen Symptomen wähle ich drei aus, welche die traumatische Spur des Nichtvergessen-Könnens klar hervortreten lassen.

Ein Leben im Rollstuhl als seelisches Bild für Menschen, die sich von ihrer unteren Körperhälfte abschneiden, drückt sich nicht nur in gedrosselter Sexualität und Erotik aus, sondern auch in *Magenschmerzen*.

Den Zusammenhang von Magenschmerzen und seelischer Trennung von Leib und Welt finden wir außer in Lehrbüchern der Psychosomatik auch in Selbstzeugnissen zweier berühmter Philosophen. – Für den christlich-gnostischen Philosoph *Plotin* (3. Jh. n. Chr.) hieß Im-Leibe- und In-der-Welt-Sein Verbannung und Entfremdung. Wie Paulus sehnte er sich nach der Befreiung von diesem »Leib des Todes« und litt, wie er selber berichtet, an schier unerträglichen Magenschmerzen. Über diese freute er sich, weil er in ihnen ein Zeichen sah, daß er sich allmählich von der materiellen Welt trennte. – Seine Diagnose ist zutreffend: Magenschmerzen seelischen Ursprungs sind Symptome für den Rückzug der Lebensenergie aus dem Körper. Warum lokalisieren sich die Schmerzen gerade im Magen? Wohl aus zwei Gründen. Erstens: der Magen ist Umschlagplatz der materiellen Nahrung aus der Außenwelt ins eigene Körper-Sein. Darum zeigt er sich besonders anfällig für unsere Widerstände gegen das Leibliche und Materielle. – Zweitens: er liegt in der Körpermitte; in ihm zentriert sich die Ablehnung des ganzen Leibes. Dagegen ist die untere Körperhälfte und somit auch der Geschlechtsbereich von der Leibfeindlichkeit bis zur völligen Betäubung und Empfindungslosigkeit betroffen. Der Magen ist also noch fähig zu leiden, während der Geschlechtsbereich die Fähigkeit zur Empfindung bereits verloren hat. Es ist, wie wenn die Ablehnung des Irdischen als seelische Lähmung im Körper von unten nach oben hochsteigt.
Aus dem gegenteiligen Grunde als Plotin dürfen wir uns über Magenschmerzen freuen: Sie weisen darauf hin, daß wir uns von dieser Welt noch nicht ganz getrennt haben und der Leib noch lebendig ist, wenn auch nur noch im Schmerz. Indem wir die Magenschmerzen seelischen Ursprungs als Boten des lebendigen Leibes begrüßen, der gegen die bedrohlich hochsteigende Lähmung revoltiert, wechseln wir von der traumatischen zur erotischen Spur.
Nietzsche – der zweite Philosoph mit Magenschmerzen – bemerkte 1600 Jahre später denselben Zusammenhang zwischen der Trennung vom Leib und Magenschmerzen wie Plotin, nur aus einer anderen Perspektive. Er schrieb, daß er jedesmal Magenschmerzen bekam, wenn er an Gott dachte. Da er sehr oft an Magenschmerzen litt, muß er viel an Gott gedacht haben. Er verstand sein Leiden als Zeichen dafür, daß er, wenn er des »gedachten Gottes« gedachte, nicht in seinem Leibe

war. »Dies zu denken ist . . . noch dem Magen ein Erbrechen: wahrlich die drehende Krankheit heiß ich's, solches zu mutmaßen«[2], nämlich eine Wirklichkeit hinter dem gedachten Gott. Nietzsche blieb sein ganzes Leben ein Gequälter dieses Gottes, den er sich aufgrund seiner Erfahrungen mit dem Christentum als getrennt von Leib und Erde dachte. Durch sein ständiges Nachdenken über ihn infizierte sich die Wunde seines Gemüts, im Leibe nicht geliebt zu sein, sich im Leibe nicht zu lieben, stets von neuem: ein christliches Schicksal, doch in seiner Bewußtheit auch ein Zeichen für dessen Möglichkeit zur Befreiung.

Wer nicht in seinem Leibe ist, sucht unaufhörlich, ohne zu wissen, was er sucht. Unruhig schweift er in der Welt herum, auf der Suche nach dem unbekannten Gott, dem Leibe. Für ihn trifft Wilhelm Buschs Wort zu: »Hier bin ich sowieso,/schön ist es anderswo.« – Er meint, sein Glück in einem fremden Lande oder bei einem neuen Partner zu finden. Doch kaum ist er am neuen Ort oder beim neuen Partner, erfaßt ihn wieder drängende Unrast. Er ist der Wanderer, von dem es im gleichnamigen Schubertlied heißt: »Dort, wo du nicht bist, dort ist das Glück.« Rastlos kratzt er an seiner Wunde der Einsamkeit und kerbt die traumatische Spur tiefer in sein Leben ein. Könnte er seine »Lebensmelodie« (Alfred Adler) anders singen, nämlich: »Dort, wo du ganz bist, dort ist das Glück«, wäre er auf der erotischen Spur. Er würde nicht mehr dem Irrtum verfallen, »hier sowieso« zu sein. Solange es »anderswo« für ihn immer schöner ist, befindet sich sein Leib in der Verbannung, und er ist nicht wirklich »hier«.

»Im Leibe sein« und »im Augenblick leben« sind psychologische Synonyme. – Im Fieberdelirium fragte ein Mann immer wieder: »Sag mal, ist es gestern oder morgen?« Diese Frage enthielt die Diagnose seines bisherigen Lebens: im Heute, d. h. im Wirklichen hat er nie gelebt, aber oft im Gestern: in sehnsüchtig quälenden Erinnerungen an Vergangenes, also auf der traumatischen Spur, und oft im Morgen: in der Vorstellung einer Zukunft, die all das »bringen« sollte, was er sich in der Gegenwart versagte, also ebenfalls auf der traumatischen Spur. Der Lustspur des jetzt zum Aufplatzen bereiten Lebens ist er selten gefolgt, auch in banalen Dingen nicht: Er wußte nicht zu schlendern, trieb aber verbissen Jogging. So wurde der traurig gewordene Leib krank. Wieder genesen aus schwerer Krankheit, lernte der Mann nach und nach, sich mit dem Heute zu bewegen.

»Gesetzt, wir sagen Ja zu einem einzigen Augenblick, so haben wir damit nicht nur zu uns selbst, sondern zu allem Dasein Ja gesagt« (Nietzsche). Das leibliche Sein im Augenblick ist immer ein In-der-Welt-Sein, ein *In-Beziehung-Sein*. Der im Leib seiende Mensch erfährt sich ganz und gar als Beziehung, er ist die *erotische Spur*. Dagegen ist der sich in die Vergangenheit und Zukunft verbannende Mensch ganz und gar Nicht-Beziehung, da er sich auf die Wunde seines Ungeliebtseins fixiert. Sein Leben bewegt sich auf der traumatischen Spur.

Für ihn wird das Ich zur überwertigen Idee. Weil er die Dinge nicht auf sich zukommen, weil er sie nicht geschehen läßt, erfährt er sein Ich in der grandiosen Pose der Selbstverschließung. Die Überbewertung des Ich im abendländischen Denken erklärt sich durch die isolierende traumatische Spur. Wer sein Ich nicht in der Beziehung zur Welt weiten und aufgehen läßt, sondern die Wunde der Unbezogenheit als besonders tiefgründiges Kunstwerk des Lebens mißversteht, setzt an die Stelle des verbindenden Tuns das unverbundene Ich.

Im letzten Hinweis zur traumatischen Spur geht es um *traumatisierende Partnerschaften*. In »Das Nein in der Liebe« und »Abschied von der Selbstzerstörung« habe ich ausführlich darüber geschrieben. Hier möchte ich das Thema durch einen neuen Aspekt, nämlich die *Energetik des polaren Bewußtseins* (vgl. 4. Kapitel: Die dritte Energieerfahrung) ergänzen. – Jede Beziehung ist polar, weil sie mit dem Spannungsfeld komplementärer Pole identisch ist. Die Anziehung, die zwei Menschen füreinander spüren, wird durch das Bewußtsein der Polaritäten, die sie als Paar verkörpern, noch verstärkt. Polaritäten werden in beiden mobilisiert, die ohne die Partnerschaft bloße Möglichkeiten, nämlich ungelebtes Leben wären. Dadurch entstehen Spannung, Erregung, Erotik. – Ichhaften Menschen dagegen, die in den quälenden Erinnerungen an ihren alten Wunden haften bleiben, ist der Zugang zum polaren Spiel einer Beziehung verschlossen. In ihren Partnerschaften geht es langweilig zu. Eine üble Spannungslosigkeit kettet sie aneinander. Womit beschäftigen sie sich in ihrer Zweiöde? Mit dem gemeinsamen Herumstochern in der Wunde ihres Ungeliebtseins – und ihrer Lieblosigkeit. Sie nörgeln an sich selber und am anderen herum, wärmen uralte Ehegeschichten auf: »Schon damals warst du so . . .« Immer wieder fallen sie in den Wiederholungszwang zu längst ausgelaugten Beziehungsgesprächen. An die Stelle der lustvollen Polarität tritt die Polarisierung in der Gegnerschaft. Ohne Verbindung sind sie gleichzeitig unterwegs auf der traumatischen Spur.

Falls sie zu Beginn ihrer Partnerschaft die polare Anziehung und Lust gekannt haben, stellt sich die Frage: wie kam es zum Zusammenbruch ihres polaren Gespürs? Auf welche Weise ist die Anziehung der Liebe in abstoßende Feindschaft umgekippt? – Durch eine alte Autosuggestion, die sie in der ersten Liebe eine Zeitlang vergessen hatten, jetzt aber wieder neu beleben: »Alles, was du in deinem Tun und Denken bist, das bist du gegen mich«, so können wir diese Autosuggestion in ihrer extremsten Formulierung wiedergeben. Nach der ekstatischen Öffnung der Anfangszeit auf den anderen und durch ihn auf die andere Welt hin, setzt sich die alte traumatische Verschließung wieder durch. Wir erleben uns nicht mehr dynamisch in der Schwingung zweier Pole, sondern als Gegensätze, als statisch gegeneinander Gesetzte. Das frühe Trauma, d. h. die Wunde der Ungeliebten, bricht wieder auf: ich bin ausgestoßen, verlassen, isoliert, ungeliebt. – Was bleibt zwei Menschen, die miteinander der traumatischen Spur folgen, anderes zu tun, als gegenseitig ihre alten Wunden zur Frische neuer Verletzungen aufzuschürfen?

Soweit hat uns die erste Frau aus meinem Traum geführt. Entweder verirren wir uns im autohypnotischen Spiegelkabinett sich selbst multiplizierender Wunden, oder es geschieht etwas völlig Neues. Dies ist im Traum der Fall.

Ich gehe in der gleichen Richtung wie die zweite Frau. Polarität bedeutet Bezogenheit. Bezogenheit meint: in der gemeinsamen Erregung des Lebens bleiben, auf dem gleichen Weg noch weiter gehen. – Ich ergreife die mir entgegengestreckten Hände. Die körperliche Berührung bringt lustvollen Kraftzuwachs. Die Hingabe an die Berührung weckt Verbindung. Wie Elektrizität prickelt es durch unsere Körper. Strahlende Energie durchrieselt uns. Du leuchtest. – Wir sprechen nicht. In diesem Moment würden Sätze zu Gegen-sätzen, und wir würden wieder zu Gegen-ständen, Gegeneinander-Gestellten, Isolierten und Ungeliebten auf der traumatischen Spur. – *Alles Neue ist sprachlos*. Wer jetzt zuviel redet, rutscht ins Alte ab. Wir halten die Spannung des Schweigens aus. Leise murmeln jetzt die Körper. Das

Leben raunt. Ein Glucksen, ein Lächeln, eine dumme Bemerkung, eine schalkhafte Frage: »Haben Sie der anderen auch Ihre Hände gegeben?« Die lustige Frage spielerischer Eifersucht führt in die Tiefe. Darum geht es: um das Ergreifen der Hände, die Auflösung des nachdenkenden Ich ins Tun der Liebe. Wie zur Bekräftigung der neuen Einsicht halte ich die Hände der hell gewordenen Frau fester. Energie schwillt an. Festgesetztes löst sich, wird leicht und beweglich. Es ist die Stunde der Heiterkeit. Die Frau erhebt sich vom Rollstuhl. Weil die Energie der Liebe in ihr belebt ist, erinnert sie sich an ihre Beweglichkeit. Im Licht unserer Beziehung enthüllt sich die Wirklichkeit des Rollstuhls: er ist ein Kindersesselchen. In früher Kindheit hat sich die Isolierung festgesetzt und blieb viele Jahre verhockt. Doch nun, durch die wesentliche Beziehung, erwachen wir in der wirklichen Welt. Schnell lassen wir das Kindersesselchen hinter uns und gehen munter weiter, auf der erotischen Spur.

Es ist hell geworden. Wie unsere Augen leuchtet die Welt. Im Bezirk des Selbst gleißt eine griechische Kultanlage. Aus der leiblichen Berührung verdichtet sich die Welt zur glänzenden Kulturgestalt. Aus dem Dionysischen ist das Apollinische geboren worden. Der Schein kommt von innen. Das Licht leuchtet *aus* der Finsternis und nicht *in* die Finsternis, wie es im Prolog des Johannesevangeliums heißt. Am Fuße des von der Natur aufgetürmten und von Menschenhand mit Tempeln vollendeten Burgbergs liegt das Dionysostheater, im Traum und in Athen. Im Traum sind Theater und Akropolis durch einen einzigen Sakralbezirk verbunden. In Athen waren beide bis vor kurzem durch eine verkehrsreiche Straße voneinander getrennt. Die griechische Kulturministerin Melina Mercouri veranlaßte, daß beide zu einer einzigen archäologischen Zone zusammengeschlossen wurden. In der Tat: Kulturleistungen müssen wieder an ihren dionysischen Ursprung angeschlossen werden, wie die Akropolis an das Dionysostheater in Athen. Dionysos ist ja – ich habe es erwähnt – selber schon ordnende Rhythmik, sich strukturierende Pulsation, wie die Geschichte der griechischen Tragödie aus dem Dionysoskult zeigt. – Psychoenergetik, die aus dionysischem Geiste lebt, bedeutet nicht Regression in undifferenzierte Emotionalität, weltentrückte Ekstase und Schwärmerei, sondern Ermöglichung lebendiger Ordnung und Struktur durch das große Ja der erotischen Spur, die auch Dunkles, Chaotisches, Zerstörerisches nicht aussondert. Die Liebe umfaßt auch den Tod als Nachtseite des Lebens. Das Lustprinzip bleibt ein sehnsüchtiger Wunsch, wenn es sich nicht zum energetischen Prinzip ausweitet. Dieses bejaht auch den Trieb zu Chaos und Tod und schließt ihn dem Ganzen der Lebensbewegung an.

Rechts vom Theater des Dionysos ragen zwei hohe, freistehende Säulen empor. Ihre goldene Helligkeit ist mir von der ganzen Anlage am deutlichsten in Erinnerung. Meine Führerin nennt sie »Heliotropen«, wörtlich aus dem Griechischen: »die sich zur Sonne wenden«, wie die Sonnenblumen, die im Französischen »tournesol« und im Italienischen »girasole« heißen, also dasselbe tun, wie das »Heliotrop«, die »Sonnenwende«: eine Gattung von Kräutern und Halbsträuchern, die in allen wärmeren Ländern wächst. – Sich der Sonne zuwenden und nach dem Lichte richten, also nicht narzißtisch den eigenen Schein im Sinne haben, sondern den Schein der Welt, die Ausstrahlung des Du suchen und diese mondgleich eintrinken und widerspiegeln: dies ist die Haltung des energetischen Menschen, die ich beschrieben habe. In der Hingabe an die genesene Frau im Traum geschieht dies von alleine. Der Spur der stärksten Empfindung folgen bedeutet nicht Rückzug in die eigene Gefühlswelt, sondern im Gegenteil Drängen nach Ausdruck, Hingabe und Gebärde. Der Liebende fragt nicht, wer liebt. Er weiß nur, daß Lieben am Werk ist. – Im Japanischen wird das deutsche Sätzlein »ich liebe dich« einfach mit dem Infinitiv des Verbs, also mit der Tätigkeit ausgedrückt: »lieben«. Wenn das Ich sich an den Anfang stellt, bleibt das Lieben unvollständig. Der »Zwang zur Identität« (Michel Foucault) schmälert die Hingabe. Lieben ist ausschließlich Beziehung. – Säulen bleiben den ganzen Tag der Sonne zugewandt. Sie sind »Heliotropen«: immerwährende Hingabe an das Licht dank ihrer runden Gestalt.

Gedrückte Menschen fallen in sich zusammen, Liebende dagegen richten sich auf. Die beiden Säulen setzen ins Bild, wie die Frau und ich uns im Glanz der Liebe, die Wachstum fördert, zur eigenen Größe aufrichten. Ich vermute, diese Säulen sind Apollo zugeordnet. Aus der dionysischen Liebesberührung wächst das Leben zum apollinischen Kunstwerk. – Jede der Säulen steht frei. Und doch ist das Wesen beider im »Zwischen« (Martin Buber): im freien Raum zwischen beiden. Der Liebende ist die Beziehung zum Geliebten. – Wenn wir uns in spürender Aufmerksamkeit zwischen zwei Säulen oder zwei Baumstämme stellen, merken wir, daß deren Sein im leeren Raum zwischen beiden liegt, im Spannungsraum der fluktuierenden Energie.

Der Grübler ist ein Mensch ohne Initiative. Der wach Aufnehmende dagegen, der abwartend und scheinbar träge in die Sonne blinzelt und die Dinge mit seiner Erwartungsfreude zu sich hinlockt, wird im richtigen Moment initiativ. Die Zeit ist reif, einzutreten in den »jardin extraordinaire«, die Zone des Wunderbaren: »Laß uns eintreten!«, sagt zum Schluß der Träumende. – Ich habe im Orient Menschen beobachtet, die stundenlang unbeweglich dasaßen und dann plötzlich, auf ein mir nicht erkennbares Signal hin, aufstanden und mit großer Geschwindigkeit und Konzentration ein Werk anpackten.

Bin ich nicht in den Bereich des Wunderbaren eingetreten, indem ich den ursprünglichen Plan dieses Kapitels umwarf, mich an die Richtschnur des Traumes hielt und aus den »Eingeweiden des Unbewußten«[3] Schritt um Schritt wieder ans Licht trat? Indem ich das Thema der traumatischen und der erotischen Spur nicht mit apollinisch kühlem Abstand, sondern in dionysischer Bewegtheit entfaltete? – Jedenfalls ist das Schreiben eines psychologischen Buches aus energetischem Geiste eine merkwürdige Sache: ein Prozeß eigener Ausdrucksbewegung und Wandlung. Der Beobachter stellt erstaunt fest, daß er ausschließlich Spieler ist. Er verschwindet aus den Zuschauerrängen und findet sich auf der Bühne vor, die auf einmal alles wird. Der »Sprung auf die Bühne«, den ich 1980 beschrieb[4], ist Erwachen in der Welt.

Zum Schluß möchte ich eine Möglichkeit erklären, wie wir in jedem Moment unterscheiden können, ob wir uns gerade auf der traumatischen oder erotischen Spur befinden. Sie ergibt sich aus der *Psychoenergetik des Atmens*. Das Strömen des Atems hat zwei Bewegungsrichtungen: im Ausatmen hinaus in die äußere Welt und im Einatmen hinein ins innere Selbst. Der gesunde Mensch pulsiert in dieser Doppelbewegung des Atems zwischen der Außenwelt und sich selber. Atmet er aus, geht sein Interesse spontan nach außen, und sein Zielbild ist die »Welt«, atmet er ein, geht das Interesse spontan nach innen und sein Zielbild ist das »Selbst«. So zeigt sich im Atmen die fundamentale Pulsation unseres In-der-Welt-Seins. In der Rhythmik von Geben und Nehmen, von Hingabe und Abgrenzung halten wir unser Fließgleichgewicht aufrecht. – Wenn wir in einer ruhigen Stunde genau darauf achten, merken wir, wie beim Ausatmen, v. a. kurz vor dem Umschlag zum Einatmen, die Peripherie unseres Körpers, besonders die Kontaktorgane, nämlich Hände, Füße, Augen und Geschlechtsteile geladener und sensibler werden, z. B. leicht kribbeln und vibrieren, während beim Einatmen, v. a. kurz vor dem Umschlag zum Ausatmen, das Zentrum des Körpers, der Bauch, sich mit Energie auflädt: im Rhythmus des Aus- und Einatmens verlagert sich der Energieschwerpunkt nach außen zur Peripherie des Körpers und dann nach innen zu dessen Mitte, usw.

Das Erleben des gesunden Menschen strömt im unbewußten Einklang mit der Doppelbewegung seines Atems. Atmet er ein, ist er spontan stärker nach innen hin konzentriert, atmet er aus, expandiert er mehr nach außen. Praktisch zeigt sich dies darin, daß er eine körperliche Tätigkeit im Ausatmen beginnt und bei einer besonderen Anstrengung immer zunächst ausatmet. Bei einer intensiven sportlichen Leistung, etwa beim Weit- oder Hochsprung atmet er aus. Auch wenn er sich bloß vom Tisch erhebt, tut er es im Ausatmen. Dies ist bei ihm keine Technik, sondern geschieht von alleine. Wenn er ausatmet, tritt er nach außen, wenn er einatmet, nimmt er sich zurück. Alternierend erlebt er sich beim Ausatmen in der Leistung und beim Einatmen im Ansammeln von Energie. Sein inneres Auge wandert beim Ausatmen nach außen und beim Einatmen nach innen. Die zentrifugale und zentripetale Energiebewegung ist bei ihm ungespaltenes, ganzheitliches Erleben.

Bei Menschen mit Verlassenheitstraumen, also bei Menschen, die an der Wunde der Ungeliebten leiden, tritt eine *Spaltung zwischen dem biologischen Geschehen und dessen subjektivem Erleben* ein. Sie erleben die zentrifugale Atembewegung, also das Ausatmen, mit einer zentripetalen Gemütsbewegung, und die zentripetale Atembewegung, also das Einatmen, mit einer zentrifugalen Gemütsbewegung. Was heißt das?

Ich beobachtete bei vielen Klienten, daß sie sich beim Ausatmen fast unmerklich in sich zurückziehen, was sich etwa darin äußert, daß sie wie unter einem unsichtbaren Druck leicht ihre Muskeln anspannen, dagegen beim Einatmen sich etwas loslassen und auftun. Dieses widersprüchliche Verhalten mutete mich höchst merkwürdig an und begann mich zu interessieren. Warum, wenn sie ausatmen, benehmen sie sich, als würden sie wie ausgepumpt unter einem äußeren Druck leiden? Und warum scheinen sie sich beim Einatmen entspannter der Außenwelt zuwenden zu können als beim Ausatmen? – Diese feinen Widersprüche verlangen vom Beobachter sensible Aufmerksamkeit. Sie geben, weil sie die rhythmische Grundstruktur eines Menschen erfassen, sehr genaue und einleuchtende Auskunft über seine energetische Grundproblematik.

Bei Menschen, die anstelle lustvollen Lebensdrangs beklemmenden Druck empfinden (vgl. 9. Kapitel), äußert sich die Gespaltenheit v. a. im Ausatmen. Im Hinausgehen des Atems entlassen sie sich nicht in die Welt hinein. Sie erleben ihre Potenz nicht in Selbstmitteilung und Hingabe, sondern halten im Gegenteil ängstlich an ihrem Ich fest. Da auf diese Weise ihre Energie nicht ungehindert nach außen strömen kann, fühlen sie sich lust- und kraftlos und empfinden demzufolge die Außenwelt als übermächtig. Besonders im Moment des Ausatmens, zu dem ungeschütztes Loslassen passen würde, konzentrierten sie sich schutzsuchend krampfhaft auf sich selber. – Ein Stotterer z. B. schien beim Ausatmen und Sich-aus-Sprechen immer unter einem unsichtbaren äußeren Druck zu leiden, der den Selbstausdruck behinderte. Das Stottern war bei ihm ein besonders deutliches Zeichen der Ambivalenz im Selbstausdruck. – Andere Zeichen sind zwar oft weniger auffällig, aber ebenso eindeutig. Eine Frau sagte mir z. B., sie erlebe ihre Depression wie eine Kompression in der Brust. Ich bat sie darauf zu achten, was beim Ein- und Ausatmen mit ihrer komprimierten, zugeschnürten Brust geschehe. Nach einigen Atemzügen sagte sie, beim Ausatmen sei der Druck stärker. In der leiblichen Bewegung der Hingabe also war ihre Angst vor der Liebe am quälendsten.

Auch starke Raucher, die inhalieren, haben Angst vor der Hingabe. Gierig ziehen sie den Rauch in sich hinein, als könnten sie nie genug Muttermilch bekommen. Sie sind nicht nur schlechte Ein- sondern auch Ausatmer, also gehemmt in der Hingabe. Ihre Beziehungen sind entweder überstrukturiert und gegen Unvorhergesehenes abgesichert, oder sie kennen in der Partnerschaft kurze, triebhafte Phasen zwischen längeren Zeiten der Funkstille.

Wenn unser Selbsterleben mit dem Atem einiggeht, brauchen wir uns über das Aus- und Einatmen keine weiteren Gedanken zu machen. Durch Nachdenken würden wir uns selber verunsichern und in unserem natürlichen Rhythmus stören. Der traumatisierte Mensch dagegen, der sich über die Gegenläufigkeit seines biologischen Rhythmus im Aus- und Einatmen und seines psychologischen Rhythmus in der Hingabe und Abgrenzung bewußt wird, erlebt dank dieser neuen Bewußtwerdung des Ausatmens, das er fälschlicherweise mit der Gegenbotschaft der Selbstbewahrung besetzt, und des Einatmens, das er fälschlicherweise mit der Gegenbotschaft der Beziehungsaufnahme besetzt, ohne weitere Anstrengung nach und nach eine Veränderung. Er kann diese erleichtern, indem er beim Ausatmen innerlich die Worte »gehen lassen« und beim Einatmen »kommen lassen« ausspricht, bzw. beim Ausatmen das Wort »Welt« und beim Einatmen das Wort »Selbst«. Dadurch findet er *Ge-lassenheit* in der wachsenden Übereinstimmung zwischen dem biologischen Ablauf und dessen psychologischem Erleben. Schließlich kann er vergessen, in dieser Weise auf das Aus- und Einatmen zu achten, denn das Strömen des Atems ist jetzt bei ihm ein ganzheitliches, biologisches und psychologisches Geschehen. Sowohl beim Aus- als auch beim Einatmen geht es dann nur noch um den ungehinderten Lauf des Atems und der Lebensenergie. Selbst und Welt relativieren sich in der neuen Ge-lassenheit, und es kommt zur Erfahrung von deren Ununterschiedenheit, sind sie doch zwei Phasen in der einen Pulsation.

Solange wir Aus- und Einatmen mit psychologischen Gegenbotschaften besetzen, befinden wir uns auf der traumatischen Spur. Wenn aber Leib und Seele in einen einzigen Strom des Er-lebens münden, sind wir mit allem Lebendigen verbunden, wir befinden uns auf der erotischen Spur.

12 Teilnahme am Leiden des ungeliebten Kindes

Die Wunde der Ungeliebten ist sprachlos. Sie hat keine Worte, mit denen sie sich heilen könnte. Zwar erzählen Ungeliebte viele Geschichten, wie sie zurückgewiesen, emotional allein gelassen und nicht verstanden wurden, doch immer aus Lebensphasen, in denen sie ihr Leid bereits in Worte fassen konnten. Die sprachlose Zeit der ersten Lebensmonate meldet sich auch später nicht zu Wort. Wenn Menschen mutmaßend trotzdem über sie sprechen, scheinen sie ihre eigenen Worte oft weniger zu berühren, als vom Inhalt des Erzählten her anzunehmen wäre, oder sie haben das Gefühl, etwas Falsches zu sagen, auch wenn die Zeugnisse der früheren Bezugspersonen das Gesagte bestätigen. Sprache war kein Ausdrucksmittel, mit dem sie ihr damaliges Leid hätten kundtun können. Daher ist sie es auch in der Mitteilung des frühen, noch sprachlosen Leids nicht. Nie werden Ungeliebte mit Worten sagen können, was ihnen als Embryos und Säuglingen zugestoßen ist.

Das Trauma der Ungeliebten geht auf die sprachlose Zeit vor und nach der Geburt zurück. Therapeutische Gespräche über späteres Ungeliebtsein sind oft Alibiübungen und lenken von der Wurzel, nämlich der noch sprachlosen Wunde der Ungeliebten ab. Mangels anderer Möglichkeiten wird über etwas gesprochen, dem mit Worten überhaupt nicht beizukommen, nahezukommen ist. Eigentlich müßte sich zuerst diese sprachlose Wurzel ausdrücken können, dann bekämen die Worte, die späteres Ungeliebtsein erfassen, Boden und Sinn. So hängen sie in der Luft. Dieses unlösbar scheinende Dilemma führt oft zu Endlosanalysen oder zu verbitterten Abbrüchen der Analyse, bevor der ersehnte Durchbruch erfolgt ist.

Ist das Dilemma wirklich unlösbar? Kann das Kleinkind, das der Worte nicht mächtig ist, sich im Erwachsenenalter Jahre oder Jahrzehnte später nicht doch noch auf seine ihm gemäße, wortlose Art ausdrücken? Oder muß Analyse letztlich eine Strategie bleiben, wie man die Wurzel des Leids umgehen kann, – wie man so ichstark wird, um vom tief innerlichen Schmerz nicht überflutet zu werden, – wie man das Leben stoisch ertragen kann? Auf diese Fragen versuche ich in diesem Kapitel zu antworten.

Die Wunde der Ungeliebten wird nicht durch bloße Einzelereignisse im Leben eines Kindes geschlagen, z. B. dadurch, daß die Eltern einmal gerade nicht in der Wohnung waren, als das Kind weinend aus einem Angsttraum erwachte. Aus ihrem Erklärungsbedürfnis konstruieren Ungeliebte im Erwachsenenalter oft Zusammenhänge, die den Kern ihres Ungeliebtseins nicht treffen. Die Tatsache, daß solche Erklärungen bei ihnen selber oft wenig emotionale Reaktionen auslösen, zeigt, daß sie an der Sache vorbeigehen. Sie gehören in den Bereich der erwähnten analytischen Alibiübungen. – Anders steht es, wenn mehrere punktuelle Ereignisse, in denen das Kind sich im Stich gelassen fühlte, auf eine Grundhaltung der Mutter oder des Vaters oder beider zu ihrem Kind hinweisen. Diese Grundhaltung war mit größter Wahrscheinlichkeit schon in der sprachlosen Anfangszeit des Lebens da. Verheerend wirkt sie sich beim Embryo und beim Neugeborenen aus, also im Stadium größter Prägsamkeit. Die destruktive Grundhaltung der Eltern bestand vielleicht in Affektleere oder Affektüberschwang, der den Mangel an wirklicher Bezogenheit zu diesem besonderen Kind verbarg, oder in verneinender Aggression als Dauereinstellung, oder allgemein in einem Persönlichkeitsdefekt. Das Kleinkind ist kein bloßes Reflex- und Triebwesen, sondern ein Fühlwesen, das zu seiner Entwicklung Zuwendung und Liebe braucht.

Es ist in einigen Fällen schwierig, gar unmöglich, Zusammenhänge zwischen der Wunde des Ungeliebtseins und den Bezugspersonen eines Menschen herzustellen. Manchmal, wenn auch selten, scheint der Ursprung der Wunde der Ungeliebten mehr oder sogar ausschließlich in der Persönlichkeit derer, die sich ungeliebt fühlen, zu liegen, und weniger, bzw. gar nicht in deren frühen Bezugspersonen. Ich kenne tragische Schicksale von Menschen, die in weitgehender Isolierung lebten und starben, ohne daß mangelnde Elternliebe dafür verantwortlich war. Die bestimmende Dynamik von Anlagen darf nicht unterschätzt werden. Dies sei den Eltern gesagt, deren Kinder in das Los der Ungeliebten hineinwuchsen, obwohl es ihnen offensichtlich nicht an Liebe gemangelt hatte. Doch auch solche Eltern, die sich im Nachhinein schwere Mängel in der Liebe zu ihren Kindern eingestehen, sollten sich nicht in nutzlosen Schuldgefühlen selber zerstören. Sie taten, was sie aufgrund ihrer eigenen Lebensgeschichte konnten. Jetzt geht es darum, das Kind, das sie selber sind, von seinem Ungeliebtsein zu erlösen. Dann werden sie nicht mehr Lieblosigkeit, sondern Liebe säen. – Fast immer entsteht das Gefühl des Ungeliebtseins aus einer Mischung von fremden Einflüssen und Eigenanlagen. In diesem Buch wende ich mich hauptsächlich den ersteren zu, weil Psychotherapie bei ihnen ansetzen muß.

Der notwendige Hinweis auf schwierige genetische Faktoren, welche die Isolierung eines Menschen mitverursachen können, darf nicht die tragischen Auswirkungen eines realen Mangels an Liebe auf ein Kleinkind verharmlosen. Das Gefühl des Ungeliebtseins können wir bei den meisten Menschen zu einem wichtigen Teil auf die Lebensumstände in der Kindheit zurückführen. Am klarsten läßt sich dieser Zusammenhang bei Erwachsenen herstellen, die Heimkinder waren und unter der Krankheit des *Hospitalismus,* d. h. an den psychischen Formen des Mangels an körperlicher Nähe und Zuwendung in der Heimerziehung litten. Der Säugling im Heim entbehrt des affektiven Austauschs, der tröstenden Beschwichtigung; er muß auf die Mahlzeiten warten, usw. Vor allem fehlen ihm die innige Nähe der Mutter und somit die Geborgenheit. Der Hospitalismus bei Heimkindern – die Bezeichnung stammt von René Spitz – wurde in den letzten beiden Jahrzehnten genau beobachtet und beschrieben. Wir können annehmen, daß in der Verborgenheit unzähliger Wohnungen Kleinkinder ähnliches erdulden. Allerdings sind hier die Formen des Affektmangels meist subtiler und schwerer durchschaubar.

Wie äußert sich Verlassenheit bei Kleinkindern? Durch psychomotorische Unruhe, die mit Schreien verbunden ist, und sich besonders vor den Mahlzeiten zu eigentlichen Erregungszuständen steigert. Häufig sind auch Störungen des Schlafes und der Nahrungsaufnahme. Der Gesichtsausdruck zeigt die tiefe Verlassenheit: in den herabgezogenen Mundwinkeln, den vertieften Nasenfalten, den zusammengezogenen Augenbrauen und den gespannten statt wohlig entspannten Gesichtszügen. »Nimmt man einen dieser verzweifelt schreienden Säuglinge auf den Arm, so kann er sich oft überraschend beruhigen, obwohl er seine Flasche noch nicht bekommen hat.« – Es ist »der zwischenmenschliche Kontakt, der ihn befriedigt und beruhigt«[1].

Was geschieht, wenn Verlassenheit zum Dauerzustand wird? Die

Protestreaktionen des Kleinkindes lassen nach. Autoerotische Betätigungen verstärken sich und treten an die Stelle der Zuwendung der Mutter. Stereotype Bewegungsformen treten auf und ersetzen die freie Motorik eines geliebten Kindes. »Das Kind, dem die affektive Zufuhr vorenthalten wird, wendet die ... Aggression gegen sich«[2], weil ihm das Vertrauen fehlt, seine Umwelt im Greifen und Zupacken zu entdecken. Erik Erikson führt den Mangel an Urvertrauen bei Erwachsenen auf die frühe Verlassenheit des Kleinkindes zurück.

Wir sollten uns nicht scheuen, von Mangel an *Liebe* als Ursache aller Verlassenheitssymptome zu sprechen. Eine Wissenschaft vom Menschen, welche die menschlichsten Worte scheut, leidet an sprachlicher Berührungsangst. Daher gab ich diesem Buch nicht den Titel »Die Wunde der Verlassenen«, sondern die »Wunde der Ungeliebten«. Es gibt Kinder, die äußerlich nie verlassen, sogar oft gehalten und getragen, und doch nicht wirklich geliebt wurden. Der oft fast nur im Atmosphärischen spürbare Mangel an Liebe läßt sich bei näherer Beobachtung immer an feineren Signalen im Verhalten der Eltern nachweisen. Vor allem aber ist er eine Realität, die vom Kind intensiv empfunden wird.

Ich möchte nun einen therapeutischen Anstoß geben, wie der noch wortlose Säugling, dessen Selbstausdruck wegen mangelnder Liebe beschränkt blieb, im »Spielraum« des Therapiezimmers doch noch zur erlösenden Gebärde finden kann. – Zwei Vorbemerkungen sind unerläßlich. Erstens: Es wäre verkehrt, aus der folgenden Beschreibung abzuleiten, daß ich ständig oder vorwiegend »averbal« arbeite. Es gibt Analysen, in denen dies nie der Fall ist, zumindest in dieser offenkundigen, ausschließlichen Art nicht. Das Vorgehen des Therapeuten richtet sich nach dem Klienten, nicht umgekehrt. So tiefe, umwälzende Erfahrungen sind nicht plan- und multiplizierbar. Eine einzige kann ausreichen, wenn sie anschließend durch verbales Nachzeichnen des Geschehenden dem alltäglichen Leben eine neue Orientierung gibt. Eine einzige kann das Gespür für die erotische Spur geben. Liebe, Ehrfurcht – und Nüchternheit sind in der Einstellung auch des Klienten zu solchen Ereignissen erforderlich. Diese immer wieder suchen, hieße, in den Wiederholungszwang einer Sucht geraten und die eben gefundene Energiespur bald zu verlieren. Die Wunde der Ungeliebten würde immer wieder aufbrechen. Auch diese Sucht wäre ein Surrogat für Liebe.

Zweitens: Solche Ereignisse gehören zum Intimsten und Eigensten, was ein Mensch erleben kann. Er ist dabei ganz in seinem Ursprung, ganz bei sich. Von dieser Tatsache her wäre es für einen Buchautor nicht vertretbar, das innerste Leben dessen, der sich ihm als Analytiker anvertraut hat, einer anonymen Leserschaft zu offenbaren. Auch wenn keinerlei Gefahr besteht, daß er in seiner Identität erkannt wird, darf doch sein erstes Ans-Licht-Treten mit bisher verdunkelten und verborgenen Ereignissen seiner Lebensgeschichte nicht dem Scheinwerferlicht der Öffentlichkeit preisgegeben werden. Diesem fehlt die Wärme eines zugewandten Blicks. – Ein weiterer Umstand jedoch macht es trotz dieser notwendigen Erwägung möglich, darüber zu schreiben. Solche Urereignisse, die das Innerste und Eigenste eines Individuums ausmachen, sind in ihren Grundzügen gleichzeitig das Allgemeinste, Menschlichste, allen im Tiefsten Vertraute: Archetypische Urgebärden der Menschwerdung. – Hier zeigt sich erneut, daß »Individuation« »Partizipation« bedeutet: Teilnahme am Menschsein. Gerade dann, wenn ich das Gefühl habe, das mir Eigenste und Persönlichste zu tun, bin ich in einer Urgebärde des Menschseins mit allen Menschen verbunden. Wer sich zum ersten Male verliebt, hat den Eindruck, etwas absolut Neues zu erleben, auch wenn Millionen von Menschen es vor ihm erlebt haben. – Im Beispiel das ich nun erzähle, habe ich mehrere Menschen gleichzeitig im Blick. Ich konzentriere mich auf das, was sich bei allen abspielte; Besonderheiten erwähne ich nur dann, wenn sie nichts Intimes berühren. – Um das Mitgehen im Lesen zu erleichtern, fasse ich das allen Gemeinsame in einer einzigen fiktiven Gestalt zusammen.

Nach einer längeren Zeit behutsamen Sich-Vortastens im analytischen Gespräch faßt der Mann, von dem ich nun erzähle, nach und nach Vertrauen. In seiner neuen Einstellung ist er allerdings noch leicht störbar. Eine kleine Verspätung oder Unaufmerksamkeit meinerseits, oder ein Hinweis auf die »gesellschaftliche Realität«, empfindet er als Liebesentzug und Grund zu erneutem Mißtrauen. Er sitzt auf der Lauer: darf er sich herauswagen oder muß er angreifen? Immer öfters kommt es vor, daß ich merke, welche Empfindung sich in ihm ausdrücken und freischwingen möchte: so werde ich zum Resonanzkörper einer in meinem Gegenüber erst zaghaft anklingenden, noch unbewußten Emotion. Ich realisiere z. B. daß ich in seiner Wut vibriere, also solidarisch mit ihm wütend bin, zu einem Zeitpunkt, da er selber noch meint, einfach lust- und energielos zu sein, oder eine ganz andere Emotion als Wut, etwa Trauer zu empfinden. Weil seine verborgen pochende Wut in mir bereits ungehindert widerhallt, und er immer vertrauensvoller mit mir verbunden ist, kann ich ihm jetzt, fast ohne Worte, v. a. durch emotionale Ausstrahlung, den Anstoß zur Befreiung seiner Emotion geben. Diese gelangt nun auch in ihm zu Resonanz und Ausdruck: mit unbändiger Gewalt bricht seine Wut durch. Er bleibt in ihr bis zur schließlichen Entspannung und Erlösung. – Eine gefrorene Gebärde ist flüssig geworden. Sie ruft eine Fülle von Einfällen, neuen Traummotiven und existentiellen Anstößen in ihm wach. – Ich habe diesen energetischen Vorgang der Resonanz ausführlich in »Abschied von der Selbstzerstörung« beschrieben[3].

Doch bleiben solche emotional starken Momente in der Therapie mit diesem Manne wie isoliert. Immer wieder nehmen Lähmung, Mißtrauen und Verzweiflung überhand. In seiner Existenz scheint es noch etwas Älteres und Fundamentaleres als die Wut zu geben, das unerlöst der Gebärde harrt. Es blockiert Leben, das in Momenten emotionaler Stimmigkeit im Fluß ist. Wir spüren beide, daß das Entscheidende noch in der Schwebe ist.

Eines Tages sehe ich etwas Neues, das ich noch nie bemerkt habe, obschon es schon immer da war. Im Mann, der mir gegenüber sitzt und jetzt aus Verzweiflung über seine unglücklichen Beziehungen zu weinen anfängt, nehme ich auf einmal den Säugling war, den die Mutter nicht richtig liebt. Ich stütze meine Wahrnehmung zum Teil auf äußere Zeichen: den hilflos verzweifelten Ton im gepreßten Schreien, die unkoordinierten krampfhaften Bewegungen der Arme und Beine, die ohnmächtige Schwäche im plötzlichen In-sich-Zusammenfallen: Zeichen eines völligen Angewiesenseins. – Aus einer plötzlichen Intuition heraus frage ich ihn, ob er sich nicht hinlegen wolle. Sogleich legt er sich wortlos hin. Er spricht nicht mehr und schaut vor sich hin, als wolle er den roten Faden des jetzt Geschehenden auf keinen Fall verlieren. Das gepreßte Schluchzen steigert sich zum durchdringenden Schreien völliger Verlassenheit. Mit krampfartigem Zittern versucht er, sich aufzusetzen. Die Hände öffnen und schließen sich und zucken fahrig hin und her. Plötzlich fällt er wieder in totale Kraftlosigkeit zurück. Dieser Vorgang wiederholt sich mehrere Male. Seine Glieder zappeln,

zucken, winden sich in fortdauerndem Krampfe. Das Schreien wird immer verzweifelter.
Ich lasse mich vom Bemühen dieses Säuglings, endlich von der Mutter in die Arme genommen, gehalten, getragen, geschaukelt zu werden, ergreifen. Ich kann nicht anders als an seinem schmerzlichen Bemühen teilnehmen – als da und nahe zu bleiben. Dabei schaue ich ihn unverwandt an, während er immer noch mit weit geöffneten Augen in die Leere schaut.
Wenn er versucht, sich aufzurichten, fällt der Kopf als erstes zurück. Die Verkrampfungen im schwachen Nacken und Rücken sind schrecklich anzusehen. Ich sage leise, er möge seine Hände übereinander auf den Bauch legen und tief atmen. Wieder und wieder richtet er sich im verzweifelten, stummen Ruf nach der Mutter auf, doch macht ihn die Berührung der eigenen Hände mit seinem Bauch nach und nach etwas ruhiger. Es ist, wie wenn er anfinge, sich selber Halt und Zuwendung zu geben. Wenn seine Hände wieder fahrig über den Bauch hin und her rudern, wiederhole ich, er möge sie etwas fester auf die Mitte des Bauches legen. Nun vertieft sich seine Atmung von alleine. Allmählich läßt das spasmische Zucken nach, und er entspannt sich. Die Energie fließt in längeren, langsameren Wellen. Eine Atmosphäre inniger Nähe und angenehmer Frische breitet sich aus. Der Mann weint still vor sich hin. Sein Gesichtsausdruck ist glücklich gelöst. Ich wende mich von ihm ab, lasse ihn noch etwas liegen und schlage ihm dann vor, aufzustehen und sich mir gegenüber zu setzen.
Eine Frau sagte mir nach einer solchen Erfahrung, ihre Rückenschmerzen seien verschwunden, – ein Mann, seine Verspannungen im Nacken seien weg. – Manchmal habe ich das Gefühl, der Mensch, der vor mir sitzt, schaue mich jetzt zum ersten Mal richtig an. Eine Frau bemerkte dies selber: »Zum ersten Mal sehe ich Sie.« – Dies ist nicht verwunderlich: die Anteilnahme des Therapeuten ermöglicht, daß die aus Liebesmangel bisher unvollständig gebliebene, eingefrorene Gebärde ihren natürlichen Lauf vom Schreien nach der Mutter über die Geborgenheit bei der Mutter zur partnerschaftlichen Beziehung nehmen kann. Ein Kind, das vom warmen Blick einer Bezugsperson begleitet wird, kann diesen zurückgeben: es hat die Kraft lebendigen Schauens, die beim Erwachsenen zur Kraft in der Beziehungsaufnahme wird.
Doch wer war eigentlich die »Mutter«, der »Vater« oder allgemeiner

die Bezugsperson im Geschehenen? Hatte ich die mütterliche Rolle übernommen? In gewisser Hinsicht ja, kam doch von mir »der Glanz im Auge der Mutter« (Winnicott), oder besser: die Wärme und Lebendigkeit im Blick der Bezugsperson, die »Empathie« (Kohut), die wache, zugewandte Teilnahme, das Da- und Mitsein. Und doch war ich nicht die Bezugsperson eines Säuglings: Ich habe den Mann nicht aufgenommen, gehalten, genährt, getragen und geschaukelt. Solches Tun meinerseits hätte ihn vielleicht getröstet, doch ohne ihm zu helfen, abgesehen von dem dafür erforderlichen Kraftakt. Als Erwachsener verfügt er über eine ausgebildete Rückenmuskulatur, um sich aufzusetzen, einen kräftigen Nacken, um seinen Kopf zu halten, über eigene Möglichkeiten, aufzustehen, zu gehen, sich selber zu ernähren und zu nehmen, was er zum Leben braucht. Er benötigt also keine Mutter und keinen Vater, wie ein Säugling die Mutter und den Vater braucht. Eine solche Bezugsperson konnte es für ihn nicht mehr geben. Krishnamurti sagte nach einer schweren seelischen Krise, in der er sich zweifellos verlassen und ungeliebt gefühlt hatte: »Es gibt keine Mutter.« Und eben diese Einsicht war seine Heilung. – Mein anteilnehmender Blick war für den Mann, von dem ich erzählt habe, nicht mehr als ein kleiner Anstoß, der wie ein elektrischer Impuls immer dann intervenierte, wenn sein Kontakt zur archetypischen Gebärde des die Mutter suchenden und findenden Säuglings wackelig wurde.
Ein Mediziner träumte, er leide am »Morbus Stop«, d. h. an der »Stop-Krankheit«. In einer Kette von Menschen, die sich die Hände reichten und zu der auch er gehörte, fehle der Strom. Zwar sei der Stecker eingesteckt, aber das Verlängerungskabel reiche nicht aus, um die Menschenkette an den Strom anzuschließen. – Das Gefühl »es reicht nicht, ich reiche nie« ist ein Grundgefühl der Ungeliebten; es bremst und blockiert jede Beziehung. – Wenn nun einer da ist, etwa der Therapeut, der den Kontakt herstellt, kommt es zur neuen Erfahrung: »le courant passe«, d. h. »der Strom geht hindurch«, und übertragen: die Liebe fluktuiert. Die »Stop-Krankheit« ist geheilt, definitiv allerdings erst, wenn wir den Kontakt zu anderen Menschen selber herstellen können.
Wer frühes Leid unter dem anteilnehmenden Blick eines anderen zu später Stunde endlich leben darf, geht weiter als sein Leid: er entdeckt seine Kraft. Jetzt kann er sich selber geben, was seine Mutter oder sein

Vater ihm nicht gegeben haben: affektive Zuwendung, Wärme, Zuverlässigkeit und Befriedigung der Grundbedürfnisse.
Nur das steckengebliebene Leid ist zerstörerisch. Das zur vollständigen Gebärde befreite Leid ist schöpferisch. – Der Mensch als Beziehungswesen braucht zu dieser Befreiung einen anderen Menschen, dem er sich zu zeigen wagt. Solches Sich-Zeigen darf nicht mit demonstrativem Agieren verwechselt werden. Die Echtheit und Innigkeit im geschilderten Ereignis, der ausdruckskarge Ernst, der nur die notwendigen Gesten zuläßt, legen unmißverständlich Zeugnis für ein wesentliches Geschehen ab, das in die Wandlung führt. Die Intuition des Therapeuten erfaßt und wählt den geladensten Moment für eine solche Erfahrung. Diese zu früh in Gang zu setzen, brächte die Gefahr unechten Agierens mit sich. Therapie würde zur Sensationshascherei. Dies wäre um so tragischer, als sich dadurch auch dieser Kanal zur Heilung verstopfen würde. Oft neigen gerade Ungeliebte zu »hysterischem«, aufdringlichem Gebaren, zunächst, weil sie anspruchsvoll sind, ohne an die Erfüllung ihrer Ansprüche zu glauben, dann auch, weil man »Ausgeflippte« in Ruhe läßt, wie mir eine Frau sagte: jemanden, der auf äußere Anforderungen mit großen Szenen reagiere, fasse man mit Handschuhen an. Doch verschwindet der Hang zum Theatralischen meistens, wenn der Therapeut mit uneingeschränkter Aufmerksamkeit wach und warm der Gebärde des frühen Leids folgt.
Die Künstlerin Heidi Widmer, von der ich bereits erzählt habe, malte in letzter Zeit mehrere Bilder, in denen zwei kleine menschliche Figuren hintereinander durch riesige Netzlabyrinthe unterwegs sind. Die hintere trägt manchmal Andeutungen von Flügeln. Sie schützt die vordere, indem sie hinter ihr her geht. Sie wahrt vor ihr einen gewissen Abstand, der im Betrachter, je nach eigener Gestimmtheit, das Gefühl von Freiheit oder Einsamkeit weckt. – Auch der Therapeut ist kein Führer, der vorangeht. Er führt, indem er folgt, wie mir kürzlich eine Frau schrieb[4].
Im Leben jedes Menschen gibt es Bereiche, wohin ihm noch niemand gefolgt ist. Es sind die isolierten Zonen der Nicht-Liebe. In diesen bleibt sein Fuß stecken. Er erstarrt in einer auf ewig unerlösten Gebärde, wie die Bewohner von Pompei beim Ausbruch des Vesuvs in der sie umhüllenden Lava plötzlich erstarrt sind. Doch wenn jemand da

ist, der unentwegt hinterhergeht, belebt sich der mumifizierte Fuß wider jede Erwartung, und es geht weiter. Niemand anderer als er kennt den Weg der Heilung, den Heilsweg. Auch wenn er es möchte, könnte der »Hintergänger« (Leopold Szondi) nicht vorangehen. Denn es gibt kein vorgesetztes Ziel, es gibt nur die erotische Spur, die Spur der stärksten Empfindung. Diese Spur ist das eigene Gewahrsein in jedem Moment, der Fuß, der geht, weil er geht.

Jetzt sind die Zonen früher Erstarrung entzaubert. Weil einer hinterhergeht, wird die Einsamkeit zur Freiheit. Die durch frühe Lieblosigkeit verseuchten Gebiete werden begehbar. Auch wenn kein Therapeut mehr hinterhergeht, bleibt die Erfahrung: »Es geht; ich gehe. Ich weiß jetzt, was ich zum Leben brauche.« – Die Spur, der wir folgen, ist das Spüren in jedem Moment.

VIERTER TEIL

Befreien

13 Mentalmassage, oder: die schnurrende Katze

Wie steht es mit uns, wenn äußerer Druck sich in inneren Drang, die traumatische in die erotische Spur, Verletzungen und Kränkungen aus der Kindheit in einen unbehinderten Emotionsfluß gewandelt haben? Wer ist der in seinem Lebenspotential befreite Mensch? Fühlt er sich fraglos geliebt und in der Welt geborgen? Ist seine Selbst- und Duliebe ungebrochen? Ist bei ihm der Ungeliebten Wunde wie durch ein Wunder verschwunden? Bedeutet diese also nur ein neurotisches, aber kein existentielles Problem? – Diesen und ähnlichen Fragen werde ich im letzten Teil dieses Buches nachgehen.

Im Vorfeld zu einer auch theoretischen Antwort lade ich zu einem praktischen Erfahrungsweg ein, der unmißverständlich zeigt, daß unser Organismus ein unvorstellbar großes Potential an Selbstgesundung enthält. Zu dessen Belebung ist von unserer Seite her nichts nötig als entspannte, wohlwollende Aufmerksamkeit auf das, was von alleine geschieht, sofern wir es nicht behindern. Nicht die Liebe, sondern die Angst vor ihr bedarf der Therapie. Liebe bricht spontan in unserem Leben auf, sobald die Widerstände gegen sie schwinden. Dies trifft sowohl für die Duliebe als auch für die Selbstliebe zu. – In diesem Kapitel geht es um die Entfaltung der Selbstliebe durch vorurteilslose Aufmerksamkeit für autonome Vorgänge im eigenen Körper. Die bewußte Zuwendung, die wir uns schenken, hat nichts mit Autosuggestion zu tun. Ich rede mir nicht ein: »Mein Körper ist von strahlender Gesundheit«, sondern ich lasse den Körper sich aussprechen und bin bereit, auch schmerzliche Botschaften von ihm zu hören. Es ist kein heftiger Weg der plötzlichen Entladung, wie bei Durchfall oder Gefühlsausbrüchen, den ich vorschlage, sondern ein innerer, inniger Weg des Gewahrseins, auf dem sich ungesunde Verkrampfungen und Verspannungen von alleine lösen, wenn wir uns ihnen zuwenden. Indem früh Ungeliebte sich selber jene warme Aufmerksamkeit schenken, die ihnen gefehlt hat, erleben sie sich in einer neuen Weise, nämlich als Geliebte. Nicht die Liebe eines anderen Menschen kann uns letztlich von frühem Ungeliebtsein heilen, sondern die Liebe, die wir uns im Fluß zugewandter Aufmerksamkeit selber geben.

Die *Mentalmassage* dient der Einübung in diese Körperaufmerksamkeit: auf mentalem, d. h. geistigem Weg »massieren« wir uns selber. Sie bewirkt Entspannung und Wohlbefinden ähnlich wie eine gute Massage, deren Geheimnis ja zum Teil darin besteht, daß der Massierte in die Bewegungen des Massierenden eingehen und mit ihnen verschmelzen kann. Jede wirksame Körpermassage ist somit auch eine unwillkürliche Mentalmassage. Ohne die innere Übereinstimmung mit dem, was der Masseur oder die Masseuse mit unserem Körper tut, gibt es keine Erholung und Gesundung. Dabei wird das zweckgerichtete Ichbewußtsein ausgeschaltet. In der Mentalmassage ersetzt die über und durch den Körper wandernde Aufmerksamkeit die Hände der Masseuse oder des Masseurs. Die Erfahrung, die wir dabei machen, hört sich banal an: »Ich spüre das, was in meinem Körper von alleine geschieht.« – Ungeliebte meinen, sich ihr Wohlbefinden durch Anstrengung und Disziplin erkaufen zu müssen. Deshalb ist die Empfindung für das einfach Geschehende für sie neu und befreiend. *Fünf Einflüsse* haben in mir zur Entstehung der Mentalmassage beigetragen: *Erstens,* das *Autogene Training,* in dem sich die Aufmerksamkeit ebenfalls dem Körper zuwendet, im Gegensatz zur Mentalmassage allerdings durch Autosuggestion. Ebenfalls im Unterschied zum Autogenen Training legt die Mentalmassage weniger Wert auf einen bestimmten Übungsablauf. – *Zweitens,* Gerda Boyesens Massagetechnik in der *Biodynamik,* die darauf hinzielt, daß seelische Störungen im Körper gleichsam geschmolzen und verdaut werden. Während Boyesen mit dem Stethoskop die im Laufe der Massage spontan auftretenden Darmgeräusche abhört und daraus die Wirksamkeit der Massage an bestimmten Körperteilen ableitet, hat die Mentalmassage keine Hilfsmittel: die Körperaufmerksamkeit ist das einzige Instrument der Wahrnehmung. – *Drittens,* die Auffassung des *Magnetismus* im 18. Jahrhundert, daß der Gesundungswille ein natürlicher Trieb des Organismus ist. – *Viertens,* die *große Lehrrede Buddhas* über die *»Grundlagen des Bewußtseins«;* sie handelt von der Körperaufmerksamkeit, die unter anderem das ruhige, ungehinderte Strömen des Atems ermöglicht. Um diese geht es auch in der *Zen-Meditation.* – Und *fünftens,* die chinesische Bewegungsmeditation des *T'ai Chi,* in der die polare Körpererfahrung gefördert wird.
Ich beschreibe zunächst die *gelenkte Mentalmassage* und dann in einem kürzeren zweiten Teil die *improvisierte Mentalmassage.*

Die *gelenkte Mentalmassage* hat auch den Sinn, daß sie mit den vielfältigen Körperempfindungen, die durch Mentalmassage geweckt werden können, vertraut macht. Ist dies gelungen, steht es uns frei, ab und zu den Grundweg zu verlassen und in der improvisierten Mentalmassage einer eigenen, jetzt erspürten Spur zu folgen. Würden wir uns auf einen festen Übungsablauf fixieren, bestünde die Gefahr, daß die Mentalmassage zu einem äußerlichen Ritual verfremdet und somit unwirksam würde. Die erneute Rückkehr zum Grundweg in der gelenkten Mentalmassage ist v. a. in Zeiten der Krisen und Belastungen, wenn das spontane Erspüren blockiert ist, besonders hilfreich. Doch auch in der gelenkten Mentalmassage ist es wichtig, intuitiv vorzugehen, d. h. die Körperregungen nicht willentlich zu produzieren, sondern sie geschehen zu lassen und von innen her zu erspüren.

Wir legen uns bequem auf den Rücken, mit locker ausgestreckten Armen und Beinen, den Kopf nach oben, also nicht seitwärts gedreht, und mit geschlossenen Augen. Soweit es schon möglich ist, versuchen wir unsere Muskeln zu entspannen. Die Muskelentspannung wie auch die Atmung werden sich im Laufe der Mentalmassage von alleine vertiefen. Das Augenmerk soll also nicht hauptsächlich auf sie gelenkt werden. – Nun wenden wir die Aufmerksamkeit entspannt den Handflächen zu. Unter Zuwendung der Aufmerksamkeit verstehe ich nicht Willensanstrengung und absichtliche Konzentration, sondern einen offenen, inneren Blick, vergleichbar dem, den wir, das eigene Ich vergessend, auf ein Gesicht werfen, das uns ganz und gar anspricht und in seinen Bann zieht. Die innere Aufmerksamkeit wird vom Körperteil, dem sie sich zuwendet, wie angezogen.

Jetzt warten wir einfach darauf, was in unseren Handflächen geschieht. Vermutlich werden sie bald warm, beginnen angenehm zu kribbeln und unter der verstärkten Blutzufuhr leise zu vibrieren. Die Katze beginnt zu schnurren. Wir gehen erst weiter, wenn die Empfindungen in den Handflächen nach einer Steigerung anfangen, etwas nachzulassen. Dann wandern wir mit der Aufmerksamkeit langsam gleichzeitig beiden Armen entlang hoch und verweilen immer dort, wo die Empfindung stärker ist. Auf der Höhe der Ellenbogen können in den Venen intensive Empfindungen des Ziehens und Strömens auftreten, manchmal verbunden mit einem regelrechten Blubbern, wie dies in den Beinen in noch stärkerem Maße oft der Fall ist. Indem wir die

Liebe Leserin, lieber Leser,

das Programm des Kösel-Verlages ist breit gefächert und reicht vom religiösen Buch bis zur Literatur zu allgemeinen Themen unserer Zeit.
Wir unterrichten Sie in Zukunft gern und regelmäßig über Neuerscheinungen auf dem Gebiet, das Sie persönlich besonders interessiert.
Bitte füllen Sie diese Karte aus und schicken uns diese baldmöglichst zurück. Wir berichten Ihnen dann unaufgefordert jeweils im Frühjahr und Herbst über unsere neuen Bücher.

Mit freundlichen Grüßen

Kösel-Verlag
Information und Beratung

Dieter Amman

Bitte als
Postkarte
frankieren

Antwort

An den

Kösel-Verlag
Information und Beratung

Flüggenstraße 2
8000 München 19

Bitte kreuzen Sie die Gebiete an, die Sie besonders interessieren:

A ☐ Psychologie/Lebenshilfe

B ☐ Esoterik/Neues Bewußtsein

C ☐ Theologie/Religion

Die Sendungen richten Sie bitte an folgende Anschrift:

____

Vorname /Name oder Institution

____

Straße und Hausnummer

____

PLZ/Wohnort

____

Beruf

Diese Karte entnahm ich dem Buch:

____

Aufmerksamkeit möglichst ungeteilt auf solche Empfindungen lenken, geben wir ablenkenden Gedanken keinen Raum. Es ist, als könnte der Leib dank unserer absichtslosen Zuwendung endlich sein Eigenleben, seine Eigenbewegung entfalten, als würde er von der Versklavung unter den zielgerichteten Willen erlöst und könnte jene kleinen, »unnützen« Bewegungen ausführen, die er zu seiner Gesundheit braucht, wie ein Kind Raum zum Spielen braucht. Wenn auch die entspannten Muskeln auf die Mentalmassage zu reagieren beginnen, spüren wir diese besonders deutlich. Die Oberarmmuskeln, denen wir uns nun zuwenden, darauf die Brustmuskeln und im Zusammenhang mit dem linken Brustmuskel auch der Herzmuskel, fangen an, abgesehen von der Arbeit, für die sie gemacht sind, sich in lustvoll verspielter, unvorhersehbarer Weise zu bewegen und in diesen Eigenbewegungen, die manchmal leichten Zuckungen gleichen, zu lockern. Im Herzmuskel führen die feinen Eigenbewegungen, die mit der Leistung des Herzschlags nichts zu tun haben, zu einem entspannten, sicheren Wohlbefinden.
Wir lassen es zu, daß sich solche Eigenbewegungen von alleine ausschwingen und versuchen nicht, sie durch zusätzliche Willensanstrengung zu verstärken. Diese hätte das Gegenteil einer Lockerung, nämlich eine Muskelverkrampfung zur Folge. Der Grund für die zusätzliche Willensanstrengung ist oft Angst vor dem, was ohne unser Zutun einfach geschieht. – Falls eine solche Muskelverkrampfung im Herzen auftritt, was höchst unwahrscheinlich ist und nur geschehen kann, wenn die freie, offene Aufmerksamkeit nicht gelingt, verlassen wir sogleich mit der Mentalmassage die Herzgegend, um uns nicht körperlich zu schaden. Dasselbe sollten wir auch bei einer nervösen Herzrhythmusstörung tun, die in sehr seltenen Fällen dann auftreten kann, wenn wir gleichzeitig mit der Mentalmassage über andere Dinge, z. B. Verpflichtungen, nachdenken. Stellt sich in einem anderen Muskel als dem Herzmuskel eine leichte Verkrampfung ein, versuchen wir, die unangebrachte Willensanstrengung in unvoreingenommene und zweckfreie Aufmerksamkeit zu wandeln. Gelingt uns dies, lockert sich der verkrampfte Muskel und beginnt, sich wie in überströmender Dankbarkeit kräftig zu bewegen. Nun strahlt Wohlbehagen von ihm in den ganzen Körper aus.
Im Alltag ist die erste Reaktion auf Verkrampfungen meist Abwehr

gegen die verkrampfte Stelle, also deren Isolierung vom Ganzen des Organismus: Widerstand gegen den Widerstand. Eben diese Absonderung verstärkt die Verkrampfung, weil sie die Blutzufuhr herabsetzt. Dieser Zusammenhang läßt sich bei einem Wadenkrampf leicht beobachten. Sobald wir uns der Angstabwehr gegen die betroffene Stelle bewußt werden und sie in liebevolle Aufmerksamkeit wandeln, löst sich der Krampf oder die Verkrampfung meist in kurzer Zeit, und mit dem Blut pulsiert lustvolles Leben durch die vorher schmerzhafte Stelle: sie ist wieder dem Körperganzen angeschlossen. So können auch Sportler durch lokale Mentalmassage ihre Angstabwehr gegen einen Muskelkrampf oder einen infolge von Überbeanspruchung schmerzenden Muskel schmelzen und die Leistungsfähigkeit des jetzt wieder mit dem Gesamtorganismus verbundenen Muskels erhöhen. Dabei sollen sie natürlich das nicht unterlassen, was sie üblicherweise gegen Verkrampfungen und Krämpfe unternehmen.

Wir sind also über die Handflächen langsam bis zu den Schultern emporgewandert und haben angefangen, an der Vorderseite des Körpers hinabzusteigen. Bei vielen Menschen, sowohl Frauen als auch Männern, spricht die Brust beidseitig kräftig auf die Mentalmassage an. Gerade nervöse und in Beziehungen gehemmte Menschen spüren hier ein starkes, liebevolles Wohlbehagen, das in Wellen in den ganzen Körper ausstrahlt. Liebesphantasien können dabei auftreten; wir lassen sie kommen und wieder gehen. Das Wohlbehagen verstärkt sich, wenn wir die Aufmerksamkeit gleichzeitig auf beiden Seiten der Brust ruhen lassen. Es ist, wie wenn elektrischer Strom zwischen diesen beiden Polen, deren wir uns jetzt bewußt sind, pulsiert. Im Gegensatz zum Autogenen Training ist die Mentalmassage immer polar. Dies galt schon für die gleichzeitige Aufmerksamkeit für beide Handflächen und beide Arme. Aus diesem Grunde ist Mentalmassage nicht nur entspannend, sondern auch anregend. Die Pole können auf unserer Wanderung durch den Körper mehr oder weniger weit entfernt sein, immer jedoch ist das polare Bewußtsein förderlich. Wir erfahren das Feld zwischen den beiden Polen energiegeladen: als von Leben prickelnden, vibrierenden Bereich.

Wie wenn wir die beiden erhobenen, geballten Fäuste langsam und konzentriert aufeinander zubewegen und im Feld zwischen beiden unsere Kraft erleben, so lassen wir jetzt in der Vorstellung die Pole auf beiden Seiten der Brust sich stetig näherkommen und im Kraftpunkt unter dem Brustbein – der Tantrismus nennt ihn Herzchakra – verbinden. Von ihm aus kann viel Eigenbewegung im Körper entstehen. Es ist, als würde an diesem Punkt unser Leib wie ein Gong angeschlagen. Die zugewandte Aufmerksamkeit ist der Schlegel. Schwingungen breiten sich in immer weiteren Wellenkreisen aus. Das polare Bewußtsein bleibt bestehen, auch wenn die beiden Pole jetzt miteinander verbunden sind. Es äußert sich nicht mehr wie vorher, als die Pole voneinander räumlich getrennt waren, durch Anziehung, sondern durch ein Auseinanderstreben, als wolle sich die ganze Brust von ihrer Mitte her in den Raum ausweiten. Wir verspüren dabei dynamische Weiträumigkeit, und der Atem vertieft sich. Lassen wir uns auch hier Zeit. Die Ausdauer in der Aufmerksamkeit steigert die heilenden Empfindungen. Dies gilt für alle Phasen der Mentalmassage.

Schwächt sich auch diese Eigenbewegung ab, lassen wir die Aufmerksamkeit auf der Vorderseite des Körpers nach unten gleiten und sich im Bauch breit machen. Der Magen beginnt oft schon in den ersten Sekunden zu knurren, und sich gleichzeitig an verschiedenen Stellen zu bewegen, als würde er von unsichtbarer Hand massiert. Die Katze schnurrt mit wachsendem Wohlbehagen. Wir folgen einfach jenen Stellen im Bauch, wo sich Leben am intensivsten bemerkbar macht und verweilen bei ihnen. Nach und nach fühlen wir uns, als seien wir soeben aus einem erholsamen Mittagsschlaf erwacht. – Nun beginnt sich auch der Darm da und dort durch die verstärkte Blutzufuhr zu bewegen. Wiederum folgen wir achtsam dem Körper, der unser Führer ist. Das Im-Darm-Sein vertieft das Gefühl, daß es im Leibe gut sein ist. – Jetzt richtet sich die Aufmerksamkeit nach und nach auf die Geschlechtsteile. Auch dabei verfolgen wir nicht einen bestimmten Zweck, etwa den der sexuellen Reizung und Aufladung. Wir lassen die lustvollen Vibrationen kommen und gehen, wie sie wollen. Einmal sind sie stärker, einmal schwächer, das spielt keine Rolle.

Indem die Aufmerksamkeit nun vorne den beiden Beinen entlang langsam hinuntergleitet und da und dort verweilt, treten die Bewußtseinspole wieder klar auseinander. Zwischen ihnen entsteht ein lustvoll geladenes Energiefeld. Außer den Eigenbewegungen der Muskeln empfinden wir hier besonders stark das entstauende Blubbern des Blutes in den durch Entspannung elastischer gewordenen Venen. In den

Kniekehlen und später in den Knöcheln merken viele am intensivsten die Enthemmung des Blut- und Lebensflusses durch die beidseitige polare Aufmerksamkeit. – Wir streichen jetzt der Vorderseite der Füße entlang bis zu den Zehenspitzen und von diesen wenden wir uns den Fußsohlen zu. Hier ist die Umschaltstelle von der absteigenden zur aufsteigenden Bewegung der Körperaufmerksamkeit. Die Fußsohlen sind außerordentlich stark geladene Kraftorte. Es lohnt sich, länger in ihnen zu verweilen. Oft bewirkt schon die erste Zuwendung der Aufmerksamkeit, daß eine heiße Energiewelle von den Füßen durch die Beine und den ganzen Körper emporschießt. Verstärken wir aber auch diesen plötzlichen Energieschub nicht durch eine zusätzliche Willensanstrengung, sondern verweilen wir achtsam bei den Fußsohlen. Dann treten innige und intensive anstelle der heftigen und raschen Empfindungen auf. Letztere waren ein Hinweis dafür, wie unbewußt wir im Alltag auf unseren Füßen, d. h. auf der Erde und dem Boden der Wirklichkeit stehen.
Die aufsteigende Bewegung der Aufmerksamkeit geht durch die hintere Körperhälfte. Indem wir langsam den Beinen entlang zum Gesäß hochwandern, spüren wir, wie sich unser Wohlbehagen rundet und immer umfassender wird. Die Empfindungen im Vorderteil des Körpers sind nicht verschwunden. Auch wenn sie wieder abgenommen haben, vibrieren sie doch noch im Gesamtorganismus mit. Die Selbstliebe breitet sich aus und äußert sich in einer immer vollständigeren Schwingung des ganzen Leibes. – Von allen Seiten umfassen wir das Gesäß, bis wir seine Rundung wohlig spüren und steigen dann behutsam den Rücken entlang hoch, halten inne, wo das Leben stärker »anschlägt«. Auf der Höhe der Nieren treten die Aufmerksamkeitspole wieder deutlich auseinander, bis sich wärmendes Kribbeln vom Rücken her auch nach vorne um den ganzen Rumpf ausbreitet. Je nachdem, wo jetzt unsere Empfindungen auftreten, wandern wir den Rücken entlang hoch, verengen und dehnen das polare Feld der Aufmerksamkeit, wie es uns wohltut.
Im Nacken werden wir vermutlich länger verweilen, weil hier starke Empfindungen, manchmal zu Beginn Schmerzen, dann lösende, lokkernde, ziehende Empfindungen auftreten. Indem wir diesen nicht ausweichen, sondern in ihnen aufgehen, schließen wir den Kopf und seine Gedanken dem Gesamtorganismus an. Wir steigen nun weiter den

Hinterkopf entlang hoch bis zum Scheitel. Hier haben wir vielleicht das Gefühl, als würden wir wie von einem Punkt oberhalb des Scheitels magnetisiert und angezogen. Empfinden wir dies, wird der Atem noch tiefer, als er im Laufe der Mentalmassage ohnehin schon geworden ist. Wir lassen nun unsere Aufmerksamkeit nach vorne über das Gesicht und um den ganzen Kopf streichen. Unsere Gesichts- und Kopfhaut kribbelt wie unter einer heimlichen Liebkosung. – Zum Schluß erfüllen wir mit unserer Aufmerksamkeit möglichst lange und ausdauernd den Körper als Ganzes. Wie eine schnurrende Katze vibriert jetzt der Körper in seiner Gesamtheit. Vorher stumme, isolierte Stellen sind im »Tonkörper« angeschlossen und summen mit. Die Schwingung des Körpers macht nicht bei der Haut halt, sondern verbreitet sich in die Außenwelt. Selbstliebe wird zu Duliebe. Die neu belebte Energie strahlt aus. Die Mentalmassage, die auf den ersten Blick als Verstärkung der narzißtischen Isolierung erscheinen mag, erweist sich schließlich in der Praxis als Weg zur Befreiung von einem Ich, das sich der lebendigen Beziehung zur Außenwelt aus Angst verschließt. – Mit der Erfahrung, daß Selbstliebe in Duliebe mündet, erreicht die Mentalmassage ihren natürlichen Abschluß. – Es ist unwichtig, wie vollständig sie dieses oder ein anderes Mal gelingt. Wichtig ist allein das Gespür, in einen Prozeß eingetreten zu sein, der Selbstbefreiung und Selbstgesundung bedeutet.
Ich erwähnte zu Beginn, daß wir uns nicht auf die gelenkte Mentalmassage beschränken sollten. Auch wenn sie viele intensive und unerwartete Wegerfahrungen ermöglicht, bleibt sie doch in ihrem Gesamtablauf ein vorgegebenes Modell. Als solches kann sie dem Körper einen Teil der Eigeninitiative wegnehmen. – Das Vertrauen in unseren Körper äußert sich aber gerade darin, daß wir die Initiative völlig ihm anvertrauen, d. h. uns von seinen Regungen lenken lassen. Der Grundweg in der Mentalmassage ist oft nützlich, doch führt er unter Umständen weniger zur Befreiung von Angst. Daher muß die gelenkte durch die *improvisierte Mentalmassage* ergänzt werden.
Unsere Träume beeindrucken uns deswegen so sehr, weil sie spontan aus der Tiefe unseres Daseins aufsteigen, auch wenn sie von äußeren Faktoren, etwa den sogenannten Tagesresten beeinflußt sind. Wie sie, geben uns auch die Körperempfindungen in der improvisierten mehr noch als in der gelenkten Mentalmassage das intensive Gefühl, ganz bei

uns zu sein, befreit von aufgesetzten Vorstellungen und Absichten. Dieses Gefühl hilft uns, nach und nach auch von solchen Abhängigkeiten frei zu werden, von denen wir heute noch nicht wissen, weil es die authentische Selbsterfahrung fördert.

In diesem tiefen Sinne verstanden ist die Mentalmassage kein bloßer Übungsablauf. Wie die Traumerinnerung gehört sie in die Zuständigkeit der Tiefenpsychologie: bisher verdrängte und abgewehrte Körperempfindungen melden sich zu Wort. Das Leben geschieht, wenn wir es geschehen lassen. Zu einer vollständigen Tiefenpsychologie gehört auch das Gewahrsein im Körper wie es die Mentalmassage fördert. Körperempfindungen sind noch ursprünglicher als Traumbilder: im Mutterleib haben wir Körperempfindungen noch nicht, wohl aber Traumbilder. – Der seiner bewußt werdende Leib ist das ursprünglichste Wort des Menschen von sich selber. Wir scheuen uns vor diesem Wort, weil es auch Vergänglichkeit und Tod beinhaltet. Doch damit prellen wir uns um die lebendige Lust, die nur vom Leibe kommt. Die Trennung von Körpertherapie und Tiefenpsychologie ist künstlich und schädlich: die Körpertherapie wird dabei zur Übungsanleitung, welche die Improvisation – den Geist der weht, wo er will – verrät, und die Tiefenpsychologie zu einem die Körpersäfte zurückdämmendem Denkexercitium.

Im Gegensatz zur gelenkten Mentalmassage erwarten wir in der improvisierten Mentalmassage das erste und alle folgenden Lebenszeichen direkt vom Körper. Wir richten also die Aufmerksamkeit nicht vorgängig zu den Körperregungen auf bestimmte Stellen, z. B. auf die beiden Handflächen, sondern überlassen dem Körper die Initiative, wo er sich jetzt und im ganzen folgenden Prozeß regen will. Vielleicht meldet er sich zunächst mit einem Schmerz an einer bestimmten Stelle. In diesem Falle schenken wir der schmerzenden Stelle ohne Abwehr und Absonderung unsere ganze Aufmerksamkeit. Der Schmerz ist weder positiv noch negativ, er ist einfach »richtig so«: er ist, was wir sind. Unsere wache Aufmerksamkeit wird also identisch mit ihm. Diesen Vorgang meint wohl die unglücklich formulierte Aufforderung, einen Schmerz »anzunehmen«. Genau gesehen wäre es Masochismus, einen Schmerz einfach anzunehmen, denn das würde bedeuten, daß wir etwas Fremdes, nicht zu uns Gehöriges gegen unser Empfinden an uns nehmen. Wenn wir einen Schmerz nur »annehmen«, als käme er wie »angeflogen« von außen her, geschieht nichts, außer, daß wir vielleicht depressiv werden oder einen religiösen Überbau für ihn suchen, etwa den Glauben an einen leidenden Gott und eine leidfreie Ewigkeit. Erleben wir uns jedoch ohne Abwehr im Schmerz, geschieht unerwartet viel. In der Mentalmassage löst sich der durch Verspannung entstandene Schmerz oft schnell und macht vielerlei spontan auftretenden Körperregungen und -empfindungen Platz. Die Hebung des Energiespiegels, der Erregungsfluß des Blutes und aller Körperflüssigkeiten, das befreite Eigenleben der Muskeln und inneren Organe äußern sich in einer unglaublichen Belebung: die Energie pulsiert, rieselt, gurgelt, blubbert, kitzelt, kribbelt, strömt, flutet, drängt wie ein Wildbach, staut sich eine Zeitlang, um sich um so kraftvoller zu ergießen. Diese Ausdrücke sind keine Metaphern für die Empfindungen des befreiten Körpers, sondern Erfahrungsworte, die sich uns auf die Lippen drängen, wenn in der Lösung eines Verspannungsschmerzes unser Leib sich erlöst. Von alleine geht die Empfindung an einer bestimmten Körperstelle wieder zurück. Spontan verlagert sich die Aufmerksamkeit, denn an einer anderen, unerwarteten Stelle tritt eine neue Körperempfindung auf, eine angenehme oder eine unangenehme. Die improvisierte Mentalmassage bewegt sich durch den Körper je nachdem, wo Empfindungen auftreten. Diesen folgt die entspannte Aufmerksamkeit ohne jede eigene Zielrichtung. – Meist werden bei fortschreitender Mentalmassage die Körperempfindungen lustvoller. Aber auch die ersten Körperregungen können bereits angenehm sein. Wir sollten also nicht einen Schmerz suchen, der gar nicht da ist.

Wenn wir genug Zeit haben, dehnen wir die Wanderung durch den Körper so lange aus, wie die Aufmerksamkeit an den verschiedenen Körperstellen anhält. Diese Bemerkung gilt sowohl für die gelenkte, als auch für die improvisierte Mentalmassage. – Haben wir wenig Zeit, genügen zur Belebung oft schon wenige Minuten. Die polare Erfahrung in der improvisierten Mentalmassage ergibt sich nicht wie in der gelenkten Mentalmassage aus der gleichzeitigen Aufmerksamkeit auf zwei Pole, z. B. die beiden Hände, sondern aus dem Spannungsfeld zwischen der Körperstelle, die wir soeben am stärksten empfunden haben, jetzt jedoch in langsamer Abschwächung weniger intensiv empfinden, und einer neuen Körperstelle, die sich in anschwellenden Empfindungen immer deutlicher bemerkbar macht.

Obwohl die entspannte Haltung im Liegen am günstigsten ist, können wir doch die Mentalmassage auch in anderen Haltungen durchführen, z. B. sitzend oder langsam gehend. Nach und nach dehnt sich die Körperaufmerksamkeit auch auf Zeiten aus, in denen wir nicht »üben«. Die Mentalmassage als spezielle »Übung« tritt hinter der allgemeinen Körperaufmerksamkeit immer mehr zurück, ähnlich wie ein Mensch, der gewohnt ist, mit seinen Träumen bewußt zu leben, nicht jeden Traum deuten muß, um mit der Seinstiefe, aus der die Träume kommen, in Verbindung zu sein.

Es scheint, daß die Mentalmassage auch in solchen Organen die Gesundheit erhält und Genesung fördert, die für Verspannungen und Verkrampfungen weniger anfällig sind. Wenn unser Leib zur schnurrenden Katze wird, gehen vom Wohlbefinden des Körperganzen Gesundungsimpulse in die einzelnen Organe, Muskeln und Gefäße aus. Das lustvolle, innere »Schnurren«, das wir sonst nur von beglückenden sexuellen Begegnungen her kennen, hat heilende Wirkung.

In der Umgebung von Körperstellen, die überhaupt nicht auf gelenkte oder improvisierte Mentalmassage ansprechen, also von stummen, dumpfen, harten, toten Stellen, treten oft intensive Empfindungen, die unsere Aufmerksamkeit in die Nähe dieser vom Lebensfluß abgeschnittenen Bereiche lenken, auf. Solche Körperstellen, die wir im Doppelsinne des Wortes als »ausgefallen« erleben, weisen auf eingefleischte Körperkomplexe: ein Sexualkomplex äußert sich als Stummheit und Betäubung im Geschlechtsbereich; Beine, deretwegen jemand in der Kindheit ausgelacht wurde, bleiben leblos wie Holzbeine, usw. Die toten Körperstellen sind Zonen der Lieblosigkeit, Bereiche mangelnder Selbstliebe.

Hypochondrische Menschen, die sich alle möglichen Krankheiten suggerieren und aus diesem Grunde diese eines Tages vielleicht auch bekommen, lernen durch die entspannte, unvoreingenommene Aufmerksamkeit in der Mentalmassage, die tatsächlichen Botschaften des Körpers zu vernehmen. Sie sehen den Körper nicht mehr als Feind, sondern werden durch ihre Hinwendung identisch mit ihm. Der in den Krankheitsbefürchtungen krank machende Abstand zum Körper ist überwunden.

Die Mentalmassage fördert die instinktive Selbstheilung, die spontane »Selbstkorrektur« (Feldenkrais). Durch das intuitive Körpererleben

werden Verkrampfungen, Verspannungen und Fehlhaltungen geschmolzen und verdaut (Boyesen). Die Gesundung erfolgt nicht durch gewaltsame Überwindung oder Unterdrückung des Schmerzes, sondern im Gegenteil durch Anschluß an die Energie, die in ihm ist. Diesen Anschluß gewinnen wir durch Verzicht auf eine negative Wertung und die bejahende ruhige Aufmerksamkeit für ihn. Er kann sich jetzt lösen und in einen neuen Energiefokus wandeln. – Das zerstörerische Mißtrauen des Hypochonders seinem Körper gegenüber wird in der Mentalmassage zur heilenden Einfühlung.
Oft reichen einige Minuten Mentalmassage aus, damit wir uns frisch und erholt fühlen. Wenn wir Schlaf brauchen, fördert sie die zum Einschlafen erforderliche Entspannung. Sie wirkt auch bei Durchschlafstörungen. Schlafen wir nach einer mehr oder weniger langen Mentalmassage wieder ein, stellen sich erstaunlich oft lustvolle, lebensbejahende Träume ein.
Die Mentalmassage bewegt sich auf der erotischen Spur: sie löst die traumatischen Unliebesspiele durch Hinwendung zu dem, was im Körper wirkt und wirklich ist, auf. Sie heilt, indem sie zu einem neuen, wachstumsfördernden Leben befreit.

14 Liebe ist anormal

»Erotische Ergriffenheit sprengt die festen Strukturen, mit denen sich das Ich bisher identifiziert hat, seien diese mehr familiärer und gesellschaftlicher oder mehr individueller Art.«[1] So schrieb ich in »Das Nein in der Liebe«. – Liebe sprengt Normen: zunächst die von der Ursprungsfamilie her übernommenen Normen, wie »man« denkt und fühlt: der geliebte Mensch ist anders, stellt mich in Frage und macht mein Leben weiträumiger; dann durch gesellschaftliche Konventionen abgesicherte Normen und somit die reaktive Anpassung an das, was andere von mir erwarten und fordern: in der Liebe ziehen und drängen mich eigene Bedürfnisse; schließlich die Normen, die sich das Individuum mit seinen Ängsten und Unsicherheiten selber gegeben hat: Liebe macht unerschrocken, läßt ins Freie treten und Unbekanntes wagen.
Liebe kann zu Beginn wie ein Urknall sein, der die durch Jahre aufgerichteten Schranken eingezäunter Anschauungen und gedämpfter Gefühle mit plötzlichem Druck von innen nach außen niederfegt und rundherum in wellenförmig pulsierender Ausbreitung den offenen Horizont erschließt. Lassen wir uns in ihre erste Spontanbewegung hineinziehen und tragen wir sie bewußt weiter, führt sie trotz gelegentlicher Rückzugsgefechte nach und nach zu einer neuen Grundhaltung, zur *erotischen Einstellung*. Mit dieser sind wir instinktiv immer daran, einen Vorhang zu lüften, eine Wand zu durchstoßen, eine Mauer zu durchbohren, unwandelbare Vorstellungen in bloße Perspektiven zu wandeln, sakrosankte Normen spielerisch von allen Seiten her zu betasten, bis sie unter unseren Händen zerbröckeln und an ihrer Stelle neue, der Situation gemäßere, aber ebenso vorläufige Normen entstehen. Liebe schafft unvorhergesehene, neue Verbindungen. Entscheidungen, die wir innerhalb unserer alten Grenzen sorgfältig berechnet und geplant hatten, kann sie leicht und schnell aufheben.
Das lateinische Wort »norma«, das zum deutschen Wort »Norm« geführt hat, bedeutet »Winkelmaß, Regel, Richtschnur, Vorschrift«. Norm ist also das kollektiv Vorgesehene und Vorgeschriebene, das von vielen einzelnen uniform Erwartete. Sie will das Gegebene bewahren, während Liebe das Gegebene sprengt. Liebe ist anormal, insofern sie potentiell alles Normative außer Kraft setzt, was nicht heißt, daß wir

Gesetze überschreiten müßten, um lieben zu können. Wer den instinktiven Drang der Liebe in seinem Sinn bejaht, gelangt zur Emanzipation und Befreiung in allen Bereichen. Die Normen haben ihre absolute Macht über ihn verloren. Lieben und Befreien meinen dasselbe.

Ungeliebte Kinder stehen oft unter einem normativen Druck der Erwachsenen, der stärker ist als deren Liebe. Sie werden organisiert statt geliebt, was im Extremfall der Heimkinder besonders deutlich ist. Anstelle spontaner Gefühlsregungen, die auf sie Lebensbewegungen übertragen könnten, erfahren sie von seiten der Erziehungspersonen einschränkende Verhaltensregeln und seelenlose Einordnung in ein soziales Getriebe, wenn sie nicht sich selber überlassen werden. Liebesgebärden sind seltener und schwächer als zweckorientierte Manipulationen, sei es, daß die Eltern zu ängstlich sind, um sich ihrem Drang, Liebe zu geben zu überlassen, sei es, daß sie in ihrem Alltag durch das Kind zu sehr gestört werden, um ihm ihr Herz öffnen zu können, sei es, daß sie sich überfordert fühlen und am Kind wie an einer Maschine bloße Wartungsdienste erfüllen, ihre Gefühle vertrocknen und das Kind emotional verdursten lassen, sei es schließlich, daß sie aus eigenem Ungeliebtsein die Generationenkette der Lieblosigkeit weiter schmieden. Solche Kinder werden nicht geliebt, sondern innerhalb bestimmter Normen betreut. Zu selten dürfen sie erleben, daß feste Fütterungszeiten durchbrochen werden, die Eltern sie warm und fest in die Arme nehmen, wenn sie unglücklich sind, oder ihre Freude durch Mitfreude bekräftigen. Das Normative ist stärker als die Liebe.

Daher fühlen sich Ungeliebte in ihrem späteren Leben unter dem ständigen Druck einer lieblosen Erwartung oder Forderung. Dieser entgegen wirkt in ihnen ein unbändiger Drang, das normative Korsett, in dem sie ersticken, zu sprengen. Dieser Drang bleibt zunächst ungelebt. Wenn sie nun von Liebe zu einem anderen Menschen ergriffen werden, mag es ihnen endlich gelingen, das Normative in ihrem bisherigen Leben zu durchbrechen. Doch hat die Art und Weise, wie sie die Befreiung von den Normen erleben, auch etwas Tragisches an sich. Denn auf dem Hintergrund der vergangenen Leiden bedeutet Liebe für sie weniger Befreiung *zu* einem anderen Menschen hin, der in seinem Anderssein zu einem Leitbild eigener, noch brachliegender Lebensmöglichkeiten würde, als Befreiung *von* der Versklavung durch lebenshemmende Normen also mehr Befreiung von Vergangenem als

auf Zukünftiges hin. Liebe ist für sie zunächst ein Signal, daß alte Ketten fallen, überlebte Normen zerstört werden. Zur neuen Lebensgestaltung bleibt kaum mehr Energie übrig.
Aus diesem Grund haben Ungeliebte, solange sie ihr Kindheitsschicksal nicht verstanden, erspürt und befreit haben, unglückliche Liebesbeziehungen. Da, wo das Leiden am größten war, schießen sie nun, den Druck von innen durchbrechend, über das Ziel hinaus. Wurde z. B. eine Frau in der Kindheit von ihrem Vater kaltgestellt und beiseite geschoben, neigt sie als Erwachsene vielleicht dazu, ihren Partner übermäßig zu betreuen und zu verwöhnen, wie sie als Kind vom Vater selber gerne betreut und verwöhnt worden wäre, bis der Partner ihre überbordende Liebe mit Lieblosigkeit vergilt, nämlich mit wachsenden Ansprüchen und schließlich mit Abkehr. Sie wollte die Norm eines funktionalen Verhältnisses, wie ihr Vater es zu ihr hatte, außer Kraft setzen, und findet sich doch wieder in einer Beziehung vor, die zunehmend von Abgrenzung und verletzender Abwehr des Partners geprägt ist. – Sie fällt wieder in ihr Kindheitsschicksal zurück, nämlich zu einem lieblosen Mann.
Innerhalb dieser unglücklichen Gesetzmäßigkeit schließen sich Ungeliebte selber immer wieder von der Liebe aus. Ich erinnere mich an einen Mann, dessen stärkstes Gefühl in der Kindheit und Jugend die ständige Rivalität mit dem Vater war. Dieser kritisierte, tadelte und strafte seinen Sohn fast ununterbrochen. Das Leben meines Bekannten war ein einziger Kampf gegen den Vater zur Eroberung der Mutter. In einer solchen Familienkonstellation entsteht der Ödipuskomplex. Dieser Mann verliebte sich später regelmäßig in verheiratete Frauen, die ihrer Ehe überdrüssig waren. Doch galt seine Liebe weniger diesen als seiner eigenen Befreiung vom übermächtigen Vater. Seine Beengung durch den Vater war größer als seine Sehnsucht nach der Mutter. Der Vater wurde zur Chiffre für alles Normative, das seinem Lebensdrang entgegenstand. Sich von ihm zu befreien, war sein wichtigstes Anliegen. Einem anderen Mann die Frau wegzunehmen, bedeutete für ihn eine symbolische Handlung, mit der er dem unerträglichen Druck, der über seinem Schicksal lastete, zu entfliehen suchte. Er wollte eine Institution, nämlich eine Ehe zerstören, um die Norm, die sein Vater, für ihn verkörperte, außer Kraft zu setzen. Anfänglich gingen die meisten Frauen auf sein werbendes Spiel ein. Diese Zeiten bildeten die

einzigen glücklichen Phasen in seinem Leben: Er konnte sich der Illusion hingeben, das Familienschicksal endlich los zu sein, nämlich den »Vater« außer Gefecht zu setzen und die »Mutter« zu heiraten. Doch arrangierte er seine Beziehung zu den ehemüden Frauen jedesmal in einer Weise, daß sie schließlich in die Brüche ging. Die Frauen kehrten, durch das Abenteuer mit meinem Bekannten angeregt, mit neuem Selbstvertrauen in die alte Ehe zurück. Wieder also siegte der Vater; das Familienschicksal bestätigte sich. – In einem Falle jedoch kam es zur Scheidung, und es schien, als hätte sich mein Bekannter endlich von seinem Vater befreit. Dies erfüllte ihn mit so großer Dankbarkeit, daß er sich seiner Partnerin in allem lustvoll unterordnete. Doch trieb diese als Reaktion auf seine dankbare Unterordnung mehr und mehr mit ihm dasselbe Machtspiel, das sein Vater mit ihm gespielt hatte, und er realisierte nicht seinen eigenen Anteil daran. Befreiung vom Vater suchend, verlor er einmal mehr die Liebe der Mutter, und fand sich als Sklave des Vaters, nun verkörpert durch seine Partnerin, wieder. Er schloß sich von der Liebe aus, weil er sich nicht wirklich von seinem Vater befreien konnte. Die Lebensnorm seiner Kindheit trug den Sieg über die anormale Liebe davon.

Die Liebe sprengt in jedem Falle frühe Lebensnormen. Doch wenn diese in der Kindheit übermächtig waren, wird sie nach einiger Zeit wieder von ihnen eingeholt und vernichtet. Nur Liebe, die in erster Linie Befreiung zu etwas Neuem hin ist, also eine ins Unbekannte hinein drängende Lebensbewegung, und nicht eine das Bekannte zerstörende Vernichtungsbewegung, kann das Versprechen der Freiheit halten.

Dafür gibt es viele Beispiele aus der Literatur. In Kleists Tragödie »Penthesilea« z. B. ist der eigentliche Beweggrund der Liebe in der Titelfigur ein negativer, nämlich eine unmenschliche Norm zu zerbrechen: das unter den Amazonen geltende Gesetz, sich nur einem Mann hinzugeben, der vom Zufall zugespielt und in der Schlacht besiegt wurde. – Herrschen in einem Menschenleben starke, lebensfeindliche Normen, zielt das ganze unbewußte Trachten darauf hin, diese zu zerstören. Die Liebe ist dann nichts anderes als ein Instrument dieser Zerstörung. Sie bleibt also systemimmanent, d. h. in den alten Normen befangen und fixiert. Wirkliche Liebe dagegen ist ihr eigener Beweggrund, sie richtet sich nicht *gegen* Normen, sondern relativiert diese *in* ihrer überschäumenden Lebensbewegung. Liebe ist nicht *»antinormal«,* d. h. gegen Normen gerichtet, sondern *anormal,* d. h. außerhalb des Absolutheitsanspruchs unveränderbarer Normen. Sie macht Normen zu veränderbaren Spielregeln, die dem Leben zugeordnet sind. Normen jedoch, die sich stärker als die Liebe erweisen, zerstören diese. Deshalb tötet Penthesilea schließlich ihren Geliebten Achilleus, den sie sich entgegen der unter Amazonen herrschenden Norm selber ausgesucht hat. Achilleus, der zunächst Penthesileas Befreiung von der Norm bedeutet, wird durch ihre Wahnsinnstat schließlich zur Bestätigung für die Macht des Normativen. Ungeliebte neigen dazu, sich immer wieder von krankmachenden Lebensnormen überwältigen zu lassen. Geschieht dies, verstricken sie sich tiefer und tiefer in ihr Ungeliebtsein. Die Liebe bleibt ungelebt.

Die gleiche Erfahrung machen Christen, die nicht gelernt haben, jenseits des normativen Glaubenssatzes von der Schwäche des Fleisches (Paulus) die tatsächliche Stärke ihres Fleisches, die nicht normierbare Lust des Leibes zu empfinden und ihrem natürlichen Lebensdrang zu folgen. Ihr Mangel an Selbstliebe, die den Leib einbezieht, die Fuchtel ihrer Entfleischlichung, führt sie in selbstaufgeberische Nächstenliebe. In dieser schießen sie über das Ziel hinaus, weil sie sich unbewußt von der Bedrückung eines Daseins ohne wirkliche Selbstliebe befreien wollen. Deshalb fallen sie schließlich wieder ins alte Loch der Unfreiheit, in Traurigkeit, Bedrückung und Depression zurück.

Für den chinesischen Philosophen Konfuzius bedeutet Liebe nie blinde und zerstörerische Selbstaufgabe, die auch dem Mitmenschen nichts nützt. Ein kurzer Dialog zwischen Zai Wo und Konfuzius veranschaulicht dies. Zai Wo sagt: »Ein Mensch mit Liebe (chinesisch: ren), dem erzählt wird, daß ein anderer in einen tiefen Brunnen gefallen ist, wird sich vermutlich eilen, sich ebenfalls in den Brunnen zu stürzen.« – Konfuzius antwortet: »Aber ich bitte dich, warum denn? Ein Mensch, der in Ordnung ist, wird vielleicht zum Brunnen gehen, aber er wird sich nicht hineinstürzen.«[2] – Er wird das Mögliche zur Rettung veranlassen, sich aber nicht aus blindem Mitleid ins gleiche Unglück stürzen. In der Symbiose der Unglücklichen löst sich die vermeintliche Nächstenliebe auf, und das alte Gefühl des Ungeliebtseins breitet sich wieder aus. Dies erklärt die häufigen Depressionen von Menschen, die sich aus mangelnder Liebe zur eigenen Lust in die Nächstenliebe stürzen. Doch Liebe ist unteilbar. Wer sich selber von ihr ausschließt, verliert sie ganz und gar.

Daß Selbst- und Nächstenliebe zusammengehören, ist zu einem Gemeinplatz geworden. Doch bleibt es beim bloßen Wort, solange die körperliche Erfahrung fehlt, daß Liebe unteilbar ist, Selbst- und Nächstenliebe also nicht nur zusammengehören, sondern identisch sind. In der sexuellen Begegnung ist die Liebe dann am größten, wenn die Lust, die ich gebe, zu meiner eigenen Lust wird. In dieser Hinsicht gleicht die Liebe einem friedlichen Wettkampf, bei dem es um die Lust am gemeinsamen Spiel geht. – Auch im Wettkampf kann ich nur bestehen, wenn ich meinen eigenen Stand nicht verliere, also das Gleichgewicht halte und mich in meiner Mitte spüre. Stürze ich mich dagegen nach vorne zum Gegner hin, verliere ich mein Zentrum und werde in dieser Exzentrierung – im Verlust der Mitte – zum Verlierer. Fernöstliche Kampftechniken wissen um die Weisheit, nicht nur mit der eigenen, sondern auch mit der Kraft des Gegners zu kämpfen. Sollte ich trotzdem verlieren, fühle ich mich nicht gedemütigt. Denn der Sieg des Gegners ist auch der Sieg meiner eigenen Kraft. Ohnmachtsgefühle und Rachegelüste können in mir nicht hochkommen, wenn der Gegner und ich ein und dasselbe Spiel der Kräfte bilden. Im friedlichen Wettkampf wird der Gegner zum Freund, mit dem ich mich in einem polaren Tanz der Energien verbinde: »Hinter dem Wettbewerb verbirgt sich die Freundschaft.«[3] – So ist es auch mit der Nächstenliebe: Verliere ich und verrate ich mich dabei selber, entstehen im Unbewußten ohnmächtige Gefühle der Wut und Zerstörung. Deshalb werden die Spezialisten der Nächstenliebe von Rivalität, Machtgier und Intoleranz zerfressen. Wer dagegen sein Gleichgewicht behält und in seiner Mitte ruht, kann heiter kämpfen und heiter lieben.

Im Geiste des Spiels, das verbindet, werden Normen zu Spielregeln. Sie verlieren das Starre und Absolute, das der Lebensbewegung im Wege steht. Jetzt wird die anormale Liebe möglich. Absolute Norm, absolute Moral, ein absolutes »Du sollst« bedeutet immer Trennung vom Leben und Verlust der Selbstliebe. Das Bedürfnis nach Geborgenheit wird eine Zeitlang befriedigt, doch dann wächst die Bedrückung. Ungeliebte, die aus ihrer Unterwerfung Liebe erhoffen, finden sich im »normalen« Gefühl des Ungeliebtseins wieder. Doch wenn die Ge-

bärde, mit der ich umarme und Liebe gebe, eine Gebärde der eigenen Lebenslust ist, wandeln sich Normen in Sprachregeln, in eine »Grammatik der Gefühle«, dank der Verständigung und gemeinsames Tun möglich werden: Übereinkünfte zur Schaffung von Verbindungen.
Die Notwendigkeit einer abschreckenden Moral und Gesetzgebung wird aus dem ungeheuren Ausmaß an Haß und Zerstörung abgeleitet. Doch können diese destruktiven Gefühle zum großen Teil in friedliche, verbindende Gefühle des Wettbewerbs und Kräftemessens gewandelt werden. Der wichtigste gesellschaftliche Beitrag der Tiefenpsychologie ist die Ermöglichung einer Kultur der Liebe in vielen einzelnen, die Ausarbeitung einer Normen sprengenden Energetik der Liebe. Wie dies geschehen soll, ist das Thema dieses ganzen Buches. Ich verdeutliche mein Anliegen durch eine Traumanalyse. – Ein jüngerer Mann befand sich im Traum vor einer hölzernen Absperrung, hinter der er zwei tote Pferde und eine Frau erblickte. Von dieser nahm er zunächst an, sie sei ebenfalls tot. Da bemerkte er, wie sie ihre rechte Hand hob und ihn durch eine offene Stelle in der Absperrung zu sich herbeiwinkte. Doch ließ er es geschehen, daß eine Gruppe von Menschen ihn von der Frau wegzog. – In einer nächsten Traumsequenz stand ein Unbekannter vor einem offenen Fenster, um hinauszuspringen und sich umzubringen. Der Träumer versuchte, ihn daran zu hindern. Dabei erwachte er.
Der Träumer ängstigte sich vor einer erotischen Beziehung, so daß seine Gefühle für Frauen meist wie betäubt und tot waren. Mit einer Absperrung schützt er sich gegen seine Vitalität, die durch die beiden toten Pferde symbolisiert ist. – Oft weisen Träume die Richtung des Lebensdranges. Dieser Traum lockt den Träumer, eine Schranke, eine bisherige Lebensnorm zu durchschreiten und zu einer vom Normativen befreiten Liebe vorzustoßen. Die Frau – seine Beziehungsfähigkeit zur Frau – ist noch nicht ganz tot, auch wenn seine Instinktkräfte, die Pferde, wie abgestorben scheinen. Er kann die Frau retten und sich heilen. In ihm wirkt der Trieb zur Selbstgesundung: die Frau winkt ihn zu sich hin. Doch noch sind anonyme, d. h. unbewußte Kräfte – die Gruppe, die ihn zurückzieht – stärker. Die ungeschriebene, von der Reaktion gegen seine gefühlskalte Mutter bestimmte Lebensnorm – »es gibt keine wirkliche Liebe zwischen Frau und Mann« – beherrscht ihn wieder. Da er jedoch die Möglichkeit, in der Liebe endlich lebendig zu werden – die lockende Frau – soeben erblickt hat, wird seine Entmuti-

gung im erneuten Rückzug gefährlich absolut. Dies zeigt der unbekannte, d. h. ihm unbewußte Selbstmörder. Der Sprung in den Tod wäre die Fortsetzung des negativen Schwungs fort von der Liebe in die Selbstzerstörung. Die toten Pferde würden nicht mehr auferstehen, die Frau würde nicht mehr winken. Der Ungeliebte würde sein Los selber vollenden. Der Freitod brächte ihm die Freiheit *von* der Norm, aber nicht *zur* Lebendigkeit. Der Traum entläßt den Mann mit der Aufgabe, diese Katastrophe zu verhindern.
Noch folgt der Träumer der traumatischen Spur. Die Last der lebensfeindlichen Normen wird ihm so schwer, daß er sich in den Tod fallen lassen möchte. Doch die erotische Spur – die zur Verbindung drängende Frau – ist aufgeblitzt. Träume sind Phantasiefragmente, die im Wachzustand zu größerer Vollständigkeit ergänzt werden können. Dies geschieht nicht durch Fremdsuggestionen von seiten des Therapeuten, sondern dadurch, daß dieser im Zusammensein mit dem Klienten selber der erotischen Spur folgt, d. h. ständig auf seine eigene innere Verbindung zu ihm achtet, mit oder ohne Worte. Im Klima heilender Beziehung mehren sich im Klienten Phantasien, die ins Leben locken, sowohl in Träumen, als auch im Wachzustand. Solche Phantasien in die alltägliche Sprache und ins alltägliche Tun einzuweben, verstärkt den Schwung – Elan – auf der erotischen Spur. Tote Normen können nicht weganalysiert, sondern nur in der Erfahrung der anormalen Liebe relativiert und der Veränderung zugänglich gemacht werden. So geschieht eine Befreiung aus innerem Trieb, die nicht mit dem Tode bezahlt werden muß, eine Liebe, die Identifizierung mit dem was leben will, ist. Und doch bleibt bei jedem Menschen das Geheimnis, wie weit der Lebensschwung reicht. Wir dürfen nicht jede Lebensmüdigkeit pathologisieren. Allerdings: Solange Normen uns drücken, ist immer noch Energie zum Leben bereit, und die Liebe will eine Schranke – Beschränkung des Lebens – aufstoßen, eine eingrenzende und belastende Norm auflösen: uns offen und leicht machen.

15 Wesentliche Einsamkeit

Ungeliebte meinen sich von aller Welt verlassen. Daß sie sich selber verlassen, wissen sie nicht. – Diese beiden Sätze fassen alle Beispiele im vorgängigen Kapitel zusammen, insofern diese zeigten, daß die Verhaftung am Familienschicksal und die Blockierung der Selbstliebe in die Verlassenheit führen, in die gleiche Verlassenheit, welche die Ungeliebten schon in der Kindheit gequält hatte. Sobald wir begreifen, daß der springende Punkt nicht im Verlassenwerden durch andere, sondern in der Selbstverlassenheit, in der Absonderung vom eigenen Wesen liegt, fangen wir an, die Blickrichtung zu ändern. Wir schauen mehr nach innen als nach außen, erwarten weniger Zuwendung und Hilfe von außen, und begnügen uns damit, die Hindernisse zur Selbstliebe und Selbstheilung aus dem Wege zu räumen. Nicht mehr nach außen fixiert, sondern nach innen orientiert, empfinden wir weniger Druck von außen als Drang von innen. Wir suchen nicht mehr fremde Quellen, sondern werden zur eigenen Quelle unserer Lebendigkeit. Wir erleben die Einsamkeit nicht mehr als Verlassenheit, sondern als Ursprung unserer Liebesfähigkeit. Daher wende ich mich in diesem Kapitel zunächst einem Alleinsein zu, das beklemmt und isoliert, und dann der Einsamkeit, die frei macht und verbindet. Letztere nenne ich wesentliche Einsamkeit, weil sie zur Reifung führt und sich unser Wesen in ihr entfaltet, wenn wir sie zu nutzen wissen.

»Eure schlechte Liebe zu euch selber macht euch aus der Einsamkeit ein Gefängnis.«[1] – Menschen, die es mit sich nicht aushalten und in Antriebsarmut und Unruhe fallen, sobald sie alleine sind, Menschen also, die sich nicht genug mögen, um sich in eigener Gesellschaft wohlzufühlen, sind Gefangene der eigenen Selbstlieblosigkeit. Unstet schweifen sie in der Welt herum, auf der Suche nach einem, der den Schlüssel hat, ihr Gefängnis von außen zu öffnen. Sie suchen neue Freunde, neue Geliebte, neue Therapeuten, neue ideologische Führer, Lehrer, Meister, Gurus, Lamas, die ihnen das Geheimnis des Schlüsselwortes lüften und sie aus der Isolierung befreien sollen. Doch die Tür des Gefängnisses läßt sich nur von innen öffnen, und sie selber sind der Schlüssel dazu. Die Befreiung aus der Verhaftung im Ich hat seinen Anfang in der Selbstliebe.

Wir in der jüdisch-christlichen Tradition Gewachsenen und Verwachsenen haben mit diesem Paradox Mühe: wir wittern hinter der Selbstliebe Ichverhaftung, hinter der Einsamkeit Egozentrik. Das Gegenteil ist wahr. Wirkliche Selbstliebe befreit vom Ich, und wesentliche Einsamkeit macht liebesfähig. Dies zu zeigen, ist mein Ziel in diesem Kapitel. Es gilt, endlich mit der Verleumdung des buddhistischen Menschen aufzuräumen, dieser vernachlässige in seiner Nach-innen-Gerichtetheit die Liebe zum Mitmenschen. Im Großen Fahrzeug des Buddhismus ist der zentrale ethische Wert »boddhicita«, d. h. wörtlich die Erleuchtung des Herzens, aus der das Mitfühlen mit allen leidenden Wesen quillt. Die Verehrung der Boddhisatvas, d. h. der zukünftigen Buddhas, deren Ziel es ist, durch Mitgefühl andere vom Leiden zu befreien, hat große Bedeutung. Gerade in buddhistischen Ländern finden wir viel unaufdringliche, warme, in der Verlebendigung des eigenen Herzens wurzelnde Duliebe, aber keine »exzentrische« Nächstenliebe, die auch Dinge tut, die der andere für sich selber tun müßte, und ihren psychologischen Ursprung im Mangel an Selbstliebe und in der verdrängten Machtgier hat. Es gibt im Buddhismus keine Fremderlösung, wohl aber Selbstbefreiung. Diese bedeutet Liebe und Befreiung aus der Ichverhaftung. Dieses Paradox läßt sich nur durch Eigenerfahrung begreifen.
Früh Verlassene und Ungeliebte sind dulose und isolierte Menschen. Sie machen mit sich selber, was andere mit ihnen gemacht haben: sie lassen sich selber im Stich (vgl. 8. Kapitel). Jetzt, auch von sich selber verlassen, kennen sie niemanden mehr, der sie lieben könnte. Wer sich selber aus dem Gespür verliert, kann kein Liebender, kein Dubezogener sein. Die Dulosigkeit, der Beziehungsbruch zum Du, macht zum Gefangenen des eigenen ungeliebten Ich.
Der Weg zur wesentlichen Einsamkeit führt immer über das Leiden an der Isolierung und Verlassenheit. Dieses bleibt keinem Menschen ganz erspart. Es ist ein notwendiges Leiden des Wachstums. »Nur was weh tut, beginnt sich zu suchen.«[2] Entweder führen unglückliche Lebensumstände real zu früher Verlassenheit, – oder aber das Gefühl, nicht verstanden, nicht angenommen, nicht geliebt zu sein, entsteht ganz natürlich in den notwendigen Ablösungsphasen des Lebens. Für jede der beiden Möglichkeiten führe ich ein Beispiel an. Das Gespür für die Verbindung zwischen dem einen und dem anderen Falle von Verlassen-

heit kann den früh im Stich Gelassenen und Ungeliebten, von denen im ersten Beispiel die Rede sein wird, eine Ahnung vermitteln, daß ihre durch besondere Lebensumstände bedingte Isolierung einen archetypischen, d. h. allen Menschen gemeinsamen Erfahrungskern hat.
Der jüdische Philosoph Martin *Buber* war ein früh Verlassener. Als er drei Jahre alt war, trennten sich seine Eltern und er kam zu den Großeltern väterlicherseits. Hier wurde er von einem großen Mädchen beaufsichtigt. – »Ich kann mich nicht erinnern«, schreibt Buber in seinen autobiographischen Fragmenten, »daß ich zu meiner überlegenen Gefährtin von meiner Mutter gesprochen hatte. Aber ich höre noch, wie das große Mädchen zu mir sagt: ›Nein, sie kommt niemals zurück.‹ Ich weiß, daß ich stumm blieb, aber auch, daß ich an der Wahrheit des gesprochenen Wortes keinen Zweifel hegte. Es blieb in mir haften, es verhaftete sich von Jahr zu Jahr mehr in meinem Herzen, aber schon nach etwa zehn Jahren hatte ich begonnen, es als etwas zu spüren, was nicht bloß mich, sondern den Menschen anging ... Ich vermute, daß alles, was ich im Laufe meines Lebens von der echten Begegnung erfuhr, in jener Stunde auf dem Altan seinen ersten Ursprung hat.«[3]
Auf dem Hintergrund früher Verlassenheit und Isolierung wird besonders deutlich, was auf jeden Menschen zutrifft: Begegnung und Verbindung sind keine Selbstverständlichkeit, sondern Grenzerfahrungen. Auf der einen Seite ist die »Welt, die sich nicht auf Mutter reimt«, wie sich Sloterdijk einmal mündlich ausdrückte, die Welt also, in der wir uns als Geworfene, zu früh Geborene, Ungeborgene, Verlassene, Ungeliebte fühlen. Auf der anderen Seite ist die Welt der Verbindungen, der sich öffnenden Arme und begegnenden Augen. Liebe kann nur auf der Grenze zwischen diesen beiden Welten aufblühen. Hier halten sich der Pessimismus der einen und der Optimismus der anderen Welt die Balance und heben sich gegenseitig auf. Hier ist der Ort einer Liebe, die sich über sich selber wundert.
Nicht nur in Trennung und Verlassenheit, sondern auch in den natürlichen Ablösungsphasen unseres Lebens wird uns eine bisher vertraute Welt fremd. Auch jetzt spüren wir einen Abgrund von Selbstlieblosigkeit und Isolierung. Fast alle Romane, welche die Pubertät zum Thema haben, berichten davon[4]. In seinem Roman »Agostino« beschreibt der italienische Autor Alberto *Moravia* die Leiden des 13jährigen Titelhelden in der Ablösung von seiner Mutter. Bisher wähnt sich Agostino in

der Illusion, sein und der Mutter Leben seien ganz und gar aufeinander abgestimmt, und diese habe kein Eigenleben, durch das sie von ihm getrennt wäre. In einem Badeort am Mittelmeer aber wird er Zeuge, daß sie leidenschaftlich einen jungen Mann, Renzo, liebt. »Es dämmert ihm . . ., daß seine Mutter auch eine Frau ist, die vielleicht von Gefühlen bestimmt wird, die ihn ausschließen.« – Diese Einsicht zwingt ihn zur Ablösung von seiner Mutter. Zurückgeworfen auf sich selber, fühlt er sich alleine und verächtlich, doch gleichzeitig entdeckt er seine eigene Sinnlichkeit. Er braucht also den Schmerz der Isolierung, damit er sich seines eigenen Liebesdranges bewußt wird. In diesem Moment, da er Grenzgänger zwischen der Welt des Ungeliebtseins und der Welt der Liebe ist, geschieht in seinem Leben ein »vorgesehener« Entwicklungssprung.

In solchen Augenblicken erfahren wir unsere *Andersartigkeit,* – nicht nur im Unterschied zur Mutter oder zu einem andern Menschen, von dem wir anfangen, uns zu unterscheiden, sondern auch zu unseren bisherigen Vorstellungen von uns selber. »Ich ist ein Anderer«, schreibt Jacques *Lacan* (vgl. 8. Kapitel), nicht nur jetzt und zufällig, sondern immer und wesenhaft. Die beiden Welten der Vertrautheit und Fremdheit sind in uns selber. Im Gefühl der Fremdheit ist nicht nur Duliebe, sondern auch Selbstliebe ein Sprung ins Leere. Wir wissen nie ganz, wen wir da lieben. Mit jeder neuen Aufhellung kommt eine neue Verdunklung. Aufklärung ist nie zu erledigen, weil sie gleichzeitig Verwirrung ist. Das eine Auge schaut eine neue Ordnung, das andere eine neue Unordnung. Mit der einen Hand schaffen wir Verbindung, mit der anderen zeigen wir auf den trennenden Abgrund. Wenn wir beides gleichzeitig erfassen und nehmen, wie es ist, wandelt sich unsere Verlassenheit in eine Einsamkeit, in der wir uns zur Duliebe hin entfalten.

Wenden wir uns jetzt näher unserer Andersartigkeit zu: der Welt des anderen in uns, durch die wir uns selber und den Mitmenschen fremd vorkommen, also dem Existential des Ungeliebtseins, der wesentlichen Einsamkeit. Alles Andersartige macht Angst, weil es den Finger auf die Wunde der Einsamkeit legt und uns da berührt, wo wir Unberührbare und Verborgene sein möchten. Wird das Andersartige in uns gegen unseren Willen von anderen entlarvt, fühlen wir uns ausgestoßen und unglücklich. Doch wenn wir uns selber entschließen, unser Anderssein zu enthüllen, weil wir die Isolierung nicht mehr aushalten, fluten Liebe,

Glück, Befreiung durch uns, manchmal sogar dann, wenn wir beim Menschen, dem wir uns anvertrauen, auf Unverständnis stoßen. Wir haben die entscheidende Isolierung durchbrochen, den Mut zum Anderssein aufgebracht und durch die Mitteilung das Schändlichste in die größte Kostbarkeit gewandelt.
Es gibt Menschen, die im Drang nach Selbstoffenbarung sogar ihr Leben aufs Spiel setzen, so unabdingbar scheint ihnen die Mitteilung des Verborgensten zu sein. – So wird in *»Andorra«* von Max *Frisch* der Wahn von Andris Umwelt – die Dämonisierung der Juden – zum Wunschbild seiner Existenz: »Ich will anders sein.« Zwar ist er entgegen der Annahme der Umwelt selber gar kein Jude. Doch wird Judesein für ihn zur Chiffre für eine reale Andersartigkeit, für ein Geheimnis, einen zentralen Wert. Dafür zu sterben bedeutet mehr Leben, als angepaßt weiterzuleben. So wird Andri in der großen Judenschau zur Liquidation abgeführt. Das unausweichliche Verhängnis ist gleichzeitig seine entscheidende Freiheit.
Ich bekomme manchmal den Eindruck, als würden Menschen, die mir als Psychotherapeuten ein Geheimnis mitteilen, noch etwas anderes meinen, nämlich eine Andersartigkeit, die sich nicht in Worte fassen läßt, etwas ursprünglich Fremdes, ein reines Geheimnis, das kein lösbares Rätsel ist. Diese existentielle Andersartigkeit, die auf keine konkrete Mitteilung ganz reduzierbar ist, sucht vergeblich nach Ereignissen und Tatsachen, um sich auszudrücken. – Jemand kann heute eine Geschichte aus seinem Leben erzählen, die er für den Schlüssel seiner ganzen Existenz hält. Einige Wochen später erzählt er eine andere Geschichte, die für ihn dann den entscheidenden Hinweis auf sein Schicksal zu enthalten scheint, usw. – Mit solchen Erklärungsversuchen verdrängt er das Existential der Einsamkeit oder des Ungeliebtseins, was das Gleiche ist, nämlich das Geworfensein in eine fremde Welt, das Empfinden des zu früh Geborenen, in einen unvertrauten Abgrund ohne Halt und Geborgenheit zu stürzen. – Er möchte wohl diese radikale Andersartigkeit überlisten, indem er Geheimnis um Geheimnis aus seinem Inneren hervorkehrt und bei dem durch Formulierung greifbar Gewordenen einen Halt sucht. Doch zeigt sein neues Suchen nach neuen Erklärungen, daß das Gemeinte nicht erklärbar ist. Andri ist nicht Jude, doch gibt er sein Leben für seine nicht näher zu umschreibende Andersartigkeit.

Wenn wir die Dimension unserer Andersartigkeit erkennen und anerkennen, wenn wir also zugeben, daß wir nicht alles im Griff haben, sondern uns selber stets entgleiten, ohne deswegen schizoid oder gar schizophren zu sein, dann geschieht etwas ganz und gar Merkwürdiges mit uns: wir verbinden uns mit der Welt und beginnen zu lieben. Indem wir unser existentielles Ungeliebt- und Ungeborgensein, unsere wesentliche Einsamkeit vor uns nicht mehr verbergen, sie sogar zum springenden Punkt unseres Daseins machen, ereignet sich eine unglaubliche, radikale Befreiung. Das Paradox ist unüberbietbar. Wir lassen uns mit unserem ganzen Wesen ohne den geringsten Beobachtungsabstand in die Realität des Ungeliebtseins und der Verlorenheit fallen, und sind zum ersten Male mit der Welt vollständig verbunden, sind Geliebte und Liebende in einem.

Ist dieses Paradox wirklich so seltsam? Ist nicht das bewußte Anderssein identisch mit der Befreiung von einem Ichbewußtsein, das uns von dem anderen in uns und der Welt, wie auch von den anderen isoliert hat? Ist nicht Einsamkeit im Grunde Berührung mit anderen Einsamen, Verbindung nicht im Bekannten, nicht in abgesicherten Konventionen und Denkgewohnheiten, nicht im Festgehaltenen und Festbeschworenen, sondern im Unverfügbaren, von alleine Geschehenden, im wortlosen Geheimnis? Zwischen zwei Einsamkeiten entspringt die Liebe wie der Funken eines Verständnisses ohne Verstehen, einer Gefühlsintensität ohne erklärbare Gefühle, einer Befreiung, ohne daß sich zu Beginn die Lebenssituation ändert. Diese Liebe stammt aus der Einsicht, daß alle Einsamkeiten eins sind, daß es nur *eine* Einsamkeit gibt, *ein* gemeinsamer Abgrund, *ein* Verstummen, *eine* Leere. Die Einsicht in die Wurzelidentität von Geliebt- und Ungeliebtsein, von Beziehung und Einsamkeit ist das Ereignis, das uns zum Menschsein befreit.

Individuelle Andersartigkeit, z. B. Zugehörigkeit zu einer fremden Rasse, eine Behinderung, ein Gebrechen, der Norm widersprechende sexuelle Interessen, Linkshändigkeit, eine überragende Begabung oder ein geächtetes Laster weisen auf die *fundamentale Andersartigkeit* jedes Menschen hin. Es ist wichtig, mit der individuellen Andersartigkeit identisch zu werden, uns ihr liebevoll als unserem besonderen Schatz zuzuwenden. Um jedoch der Isolierung zu entgehen, ist es ebenfalls wichtig, hinter der individuellen die fundamentale Andersartigkeit zu sehen, die wesentliche Einsamkeit, die wir mit allen anderen Menschen teilen. Die offensichtliche Andersartigkeit eines bestimmten Menschen ist das Signal für das Vorhandensein einer existentiellen Andersartigkeit und Fremdheit. Wenn wir in die Haut eines beliebigen anderen schlüpfen könnten, würden wir sie wieder finden. Diese Einsicht ist auch für die Psychologie bedeutsam, weil wir versucht sind, existentielle Tatsachen durch Therapie überspielen und überwinden zu wollen.

Ein Kollege erzählte mir von einem verheirateten Transvestiten, der darunter litt, daß seine Frau es ablehnte, ihn mit Frauenkleidern zu sehen und zu bewundern. Er fühlte sich in seiner Besonderheit von ihr ungeliebt und isoliert. Für ihn selber bestand kein innerer Widerspruch zwischen seiner Neigung zu Frauenkleidern, Frauenschmuck und Schminke, und der Liebe zu seiner Frau. Nach und nach lernte er, das an seiner Persönlichkeit zu lieben, was seine Frau an ihm nicht liebte. Es war nun wichtig, daß auch seine Frau Einsicht in die eigene Andersartigkeit und Besonderheit gewann und das Gespür für das Unverwechselbare in ihrer Persönlichkeit schärfte. Nun konnte jeder der beiden sich dem ihm eigenen Wesen zuwenden, was der andere an ihm nicht verstand und nicht liebte. So erwachte in ihnen die Sensibilität für das radikale Anderssein und Fremdsein des Menschen überhaupt, auch wenn sie sich darüber keine abstrakten Gedanken machten. Die neu gewonnene Sensibilität war bei beiden ein entscheidender Schritt zur Reife, und ihre gemeinsame Liebe gewann an Tiefe und Intensität. Sie verloren die Illusion eines totalen Einverständnisses in der Liebe, und fanden zur Einsicht, daß Einsamkeit und Liebe sich gegenseitig bedingen.

In seiner autobiographischen Schrift »Einsam« hebt August *Strindberg* noch einen anderen Wert der Einsamkeit hervor: Der zeitweilige Rückzug in die Einsamkeit lenkt die Energie in brachliegende Anteile der Persönlichkeit, die durch zu starken äußeren Einfluß ungelebt bleiben würden. »Sich in die Seide der eigenen Seele einspinnen, sich verpuppen und auf die Verwandlung warten«, macht eine Neuorientierung aus eigenen Quellen möglich[5]. – Dies ist ein Aspekt der Einsamkeit, dem in der Tiefenpsychologie C. G. Jung als erster nachgegangen ist. Er nennt ihn »progressive Regression«: *reculer pour mieux sauter* – zurückweichen, um mit dem nötigen Anlauf besser zu springen. In der

eigenen Wesenstiefe finden wir die Elemente für einen schöpferischen Neubeginn.
Wenden wir uns jetzt der Frage zu, wie sich Einsamkeit in die Duliebe hineinentfalten kann. Eine bloße intellektuelle Antwort wäre Selbstbetrug. Nur im Nachziehen einer Erfahrung kann ich hoffen, daß der Funke auf eine verwandte Erfahrung im Leser überspringt. So stelle ich die Frage von der eigenen Erfahrung der Einsamkeit her: Was geschieht mit mir, wenn ich die Einsamkeit nicht als etwas Unpassendes abwehre, sondern eins mit ihr werde, ihr dadurch Energie zuführe und sie entwicklungsfähig mache? – Die Antwort auf diese Frage kann uns die *Meditation* geben, verstanden nicht als Betrachtung oder Visualisierung von Bildern, sondern im Sinne des Buddhismus, v. a. des Zen, als waches Nicht-Tun, bewußtes Geschehenlassen der körperlichen Abläufe, v. a. des Atems in seinem Kommen und Gehen, in entspannter, wohlwollender Aufmerksamkeit auf das, was sich von alleine ohne willentliche Absicht in uns abspielt, und in einer Körperhaltung, die diese Aufmerksamkeit fördert: mit geradem, aber entspanntem Rücken frei sitzend, entweder auf den Fersen, oder mit Hilfe eines festen Kissens im Schneidersitz oder halben Lotussitz. In solch ursprünglicher Meditation versacken wir nicht in uns selber, sondern fühlen uns wie der Tiger auf dem Sprung, wie sich Lama Sogyal Rimpoche einmal ausdrückte: völlig entspannt und doch in wacher Bereitschaft und aufs äußerste sensibilisiert für lebendige Regungen im Körper und in der Außenwelt. Im Atem, der geht und kommt, bemerken wir unseren kräftigen, unbeirrbaren Lebenswillen: wir können fast nicht anders als atmen. Verbinden wir uns also mit dem Atem. So wird dieser zum tief erfüllenden, tief befriedigenden Lebensrhythmus. In der selben Weise sind Töne aus der Außenwelt direkt empfundenes Leben, nicht nur »schöne« Töne, sondern ohne Unterscheidung alle Töne: ein pochender Specht, ein schreiendes Kind, eine rufende Mutter, ein Flugzeug, ein metallener Schlag, ein vorbeifahrendes Auto. Die so verschiedenartigen Töne bilden in ihrer zufälligen Abfolge und ihrem Zusammenspiel eine selbstverständliche Symphonie.
Etwas noch Merkwürdigeres geschieht im Laufe dieser Art von Meditation: Die Lebensregungen im eigenen Körper und in der Außenwelt werden völlig eins, aber nicht in dem Sinne, daß wir in einer Art von Trance oder Traumzustand uns und die Welt zu einer trüben »Erfah-

rungssuppe« zusammenmixen würden. Vielmehr bewirkt die entspannte Aufmerksamkeit auf alles Geschehende ohne die Zwischenräume von störenden Reflexionen, daß sich unser Selbst und die Außenwelt in ein umfassendes Ganzes hinein auflösen, ein Ganzes, das wir in der jeweiligen Augenblickskonstellation präzise und nüchtern, aber auch in lebendiger Schwingung der Gefühle wahrnehmen. In jedem Augenblick wissen wir um das Ganze durch das Einzelne, das die Sinne anregt.

Folgende Stelle Jungs, in der er das Bewußtsein im Sinne der indischen Philosophie mit der Unbewußtheit im Sinne der Tiefenpsychologie gleichsetzt, trifft nur für die Trance hinduistischer Yogis zu und darf nicht für alle östlichen Meditationsformen verallgemeinert werden. Er schreibt: »Sie (die Yogin) vergegenwärtigen sich nicht, daß ein ›universales Bewußtsein‹ eine *contradictio in adjecto* ist, da doch Ausschließen, Auswahl und Unterscheidung die Wurzel und das Wesen all dessen ist, was Anspruch auf den Namen ›Bewußtsein‹ erheben kann. ›Universales Bewußtsein‹ hingegen ist, logisch betrachtet, identisch mit Unbewußtheit... Die Inhalte des Bewußtseins verlieren mit zunehmender Erweiterung an Klarheit im Einzelnen. Am Ende wird das Bewußtsein umfassend, aber dämmerhaft; eine unendliche Anzahl von Dingen mündet dann in ein undeutliches Ganzes, was an völlige Identität der subjektiven und objektiven Gegebenheiten grenzt. Dies ist alles sehr schön, aber kaum zu empfehlen für Regionen, die nördlicher gelegen sind als der Wendekreis des Krebses.«[6]

Im Gegensatz zu dieser Beurteilung der Meditationspraxis im Yoga durch Jung bedeutet Meditation für viele Yogis und Übende des Zen die Erfahrung einer unerhörten Befreiung zur Ganzheit durch möglichst unvoreingenommene, direkte Wahrnehmung von Einzelheiten, die in diesem Augenblick geschehen. Die dämmerhafte Entfernung von der Wirklichkeit, wie sie das »normale« Bewußtsein kennzeichnet, ist aufgehoben. In Augenblicken offener Aufmerksamkeit fallen die üblichen Schleier der Verdrängung und Vermeidung. Daher kommt die mediale Klarsichtigkeit von Menschen, bei denen Meditation und aktives Leben eins geworden sind. Sie erfassen schnell komplexe Sachverhalte, die andere mühsam und erfolglos angehen. Neben der prozeßhaften, reflexiven Aufarbeitung von Verdrängungen gibt es tatsächlich deren zeitweilige Aufhebung in der bewußten Identität mit dem Augenblicksgeschehen, wie sie von der Meditation gefördert wird. Aus der Perspektive dieser zweiten medialen Art der Bewußtwerdung von Verdrängtem sprechen wir nicht mehr objektivierend vom Unbewußten und von unbewußten Inhalten, sondern subjektiv von der Haltung der Unbewußtheit, die das Gegenteil der in der Meditation aufleuchtenden Geistesklarheit ist. – Für eine wachsende Zahl auch westlicher Menschen wird besonders seit etwa zwanzig Jahren diese Geistesklarheit, in der das Bewußtsein des Universalen und das des einzelnen identisch sind, zur alltäglichen Selbstverständlichkeit. – Solche Meditation ist universales Beziehungsbewußtsein: es erfaßt das Einzelne als Beziehungsgeschehen im Ganzen, oder umgekehrt das Ganze als Beziehungsgeschehen des Einzelnen.

Jungs Schüler Erich *Neumann* zeigte bereits, daß es neben dem reflexiven Bewußtsein ein wach aufnehmendes Bewußtsein gibt, welches das Ganze in dem jetzt Geschehenden und sich Ereignenden erfaßt. Er nennt es das matriarchale Bewußtsein[7].

In der sich vertiefenden Meditation wird die Welt – Selbst und Du, Innen- und Außenwelt – zu einem einzigen Orchester und einer einzigen Symphonie, wobei sich die Frage der Unterscheidung von Konsonanzen und Dissonanzen, Harmonie und Disharmonie gar nicht stellt. Das große Ja zu allem Seienden ist auch ein Ja zum Nein: zu allen Negativpolen im energetischen Spiel der Kräfte, zu Vergänglichkeit und Tod. Die vom Leben abgetrennte Zerstörungswut schmilzt in dieses große Ja hinein und wandelt sich immer mehr in die Fähigkeit, zuzupacken und Lebensmöglichkeiten zu ergreifen.

So erweist es sich in der Meditation, daß Einsamkeit und Duliebe miteinander identisch sind. Im Loslassen des Mein und Dein machen wir die Erfahrung, daß »sich der Stoff des Universums nicht zerreißen läßt« (Pierre Teilhard de Chardin), – daß also bei sich zu sein gleichzeitig bedeutet, in der Welt zu sein, oder besser: die Welt zu sein, – daß der Leib mit seinen Sinnesorganen wie die übrige Welt Verbindung, Beziehung, pulsierende Energie ist, – daß es nur *eine* ungeteilte Liebe gibt, nämlich die Liebe zum Seienden, – und daß schließlich Liebe nichts anderes als dieses wache, glühende Sein in der Beziehung, das Seiende als Verbindung ist. – In Momenten »inneren Schweigens« erkennt der Mensch die Illusion von Gedankengängen, die ihn vom wahren Leben – von der Liebe – abschneiden[8].

Meditation hört nicht nach den zwanzig oder dreißig Minuten auf, während derer wir »sitzen«. Sie ist eine umfassende Art, wahrzunehmen und zu lieben, an die wir uns in der »besonderen« Meditation wieder deutlicher er-innern. Sie bedeutet Geschehenlassen, Nichtwiderstehen, Nichtabtrennen, bewußte Entspannung, wie ich am Beispiel der Mentalmassage gezeigt habe, die auch eine Form von Meditation ist. Sie ist die Seinsweise, die unserer Welt weiterhilft. – »Der moderne Weltprozeß führte zu einem Punkt, von dem an das Äußerlichste, die Politik, und das Innerlichste, die Meditation, dieselbe Sprache sprechen, beide kreisen um den Grundsatz, daß nur ›Entspannung‹ noch weiterhilft. Alle Geheimnisse liegen in der Kunst des Nachgebens, des Nichtwiderstehens. ... Große Politik ist heute letztlich Meditation über die Bombe, und tiefe Meditation sucht in uns den bombenbauenden Impuls auf... Die einzige Frage bleibt, ob wir den äußeren Weg wählen oder den inneren – ob die Einsicht aus der Besinnung kommen wird oder aus den Feuerbällen über der Erde«[9], ob also Entspannung durch das innere Zusichkommen oder durch eine äußere Katastrophe eintreten wird. Der innere Weg der Entspannung ist Liebe zum Seienden, der äußere dessen Zerstörung.

Die Grundbefindlichkeit der *Gelassenheit* im Sinne Buddhas und Heideggers tut not. Gelassenheit heißt loslassen, was mein isolierter Wille will, mich einlassen auf das, was jetzt geschehen will, verfügbar sein, sich vom Wirklichen anstecken lassen und ihm nachgehen. Meister Eckehart spricht in diesem Zusammenhang von Nicht-Wissen, Nicht-Haben, Nicht-Wollen. *Psychologie,* die dem menschlichen Subjekt in allem folgt und nicht die Grenze der eigenen Methode auf dieses überträgt, mündet schließlich in *Mystik.*

Daß »Ergebung« im Sinne dieser Gelassenheit und wachste Aktivität sich nicht ausschließen, sondern gegenseitig bedingen, ist eine uralte Weisheit. Die Belehrung Krishnas an Arjuna in der Bhagavadgita, dem Kernstück des indischen Epos Mahabarata und »Evangelium« der Hindus, gipfelt darin. – In der Adaptation des Mahabarata durch Jean-Claude Carrière und seiner Inszenierung durch Peter Brook ist diese Botschaft auch für westliche Zuschauer zum unmittelbaren Ereignis geworden. In der Zürcher Werfthalle, wo das Epos aufgeführt wurde, herrschte beschwingte Gestimmtheit, entspannte Lebendigkeit, anregende Gelassenheit, herzliche Verbundenheit der Schauspieler und

Zuschauer, wie ich es noch nie erlebt habe. Die Aufführung war eine gemeinsame Meditation.

»Vergiß die Begierde«, also das isolierte Wollen, das nicht in stimmiger Verbindung mit der Gesamtsituation steht, und »suche das Loslassen«, – so lautete die Aufforderung Krishnas an Arjuna. Er meinte damit, daß Arjuna von egoistischen Motiven absehen und in den unvermeidlichen Kampf mit seinen Verwandten eintreten solle: Ergebung in die notwendige Aktivität. Die entscheidende Grundhaltung dabei ist die Gelassenheit. Krishna fragt Arjuna: »Kannst du ohne Wut und ohne Stolz kämpfen?«[10] Also: kannst du gelassen kämpfen?

Der wahrhaft Einsame verzichtet darauf, sich an Menschen, Denk- und Fühlgewohnheiten, Ideologien und Religionen anzuklammern, also wo auch immer einen Halt zu suchen. Indem er diesen Verzicht leistet, befreit er sich von der Illusion einer Welt, von der er getrennt wäre und die ihm etwas ersetzen könnte, das er selber nicht ist. Er ist so innig und innerlich mit der Welt verbunden, daß es für ihn keinen Halt, kein Anhalten mehr geben kann, ist er doch identisch mit der Verbindung zur Welt, mit der Welt als Beziehung, mit dem »universalen Fließsubjekt«. – Wohlverstanden: Er bläht seine Subjektivität nicht bis an die Grenzen der Welt auf, sondern seine Subjektivität schmilzt in der Einsicht, daß Identität im Zwischen ist, wie Buber sagt, also in der Beziehung.

Es ist herrlich, einsam zu sein, wenn das Eine, in dem ich ein-sam bin, die Welt ist.

16 Energetik der Liebe: Die Befreiung vom Ichbewußtsein

»Das höchste Glück ist die Befreiung vom Ichbewußtsein«
(Gautama Buddha)

Die Energie der Liebe durch liebevolle Hinwendung zur Wunde unseres Ungeliebtseins zu erschließen: dies war mein Weg und Anliegen in diesem Buch. Eine Psychotherapie, die nicht zur Psychoenergetik der Liebe wird, kann nicht helfen, weil Heilung nur durch Beziehung geschieht, wie bereits im 18. Jahrhundert der Aufbruch der Psychotherapie im Magnetismus deutlich macht (4. Kapitel). Die Verlebendigung der Liebe führt zur Befreiung aus der lange durchlittenen Isolation. Einerseits stammt das Gefühl der Isolation aus bitteren Erlebnissen v. a. in der Kindheit und Jugend, in entscheidenden Momenten und über längere Zeit alleine gelassen, nicht verstanden, mißverstanden, übergangen, zurückgesetzt, nicht geliebt worden zu sein. Andererseits ist es allen Menschen gemeinsam und nicht nur denen vorbehalten, deren Leben durch frühe traumatische Erfahrungen gebremst und fehlgeleitet wurde. Es spiegelt die wesentliche Einsamkeit als Grundbefindlichkeit: Der Mensch findet sich eines Tages in der Welt vor, hinausgeworfen als »lebenslängliche Frühgeburt«, nicht nur vertraut, sondern auch fremd, nicht nur im Du sich spiegelnd, sondern auch in abgründiger Andersartigkeit. Entweder rebelliert er gegen diesen Widerspruch: wird zum platten Optimisten, der die heimliche Pein, getrennt zu sein, leugnet, oder zum platten Pessimisten, der Geborgenheit und Nähe verweigert. Oder aber er bejaht den Widerspruch: die Liebe und Liebesferne, das Ähnlich- und Anderssein, die Wärme im Umfangensein und die Kälte im leeren Raum. Sich als Ganzes liebend, entdeckt er eine neue Liebe. Die alte Liebe im Halten und Gehaltensein, im Haften und Verhaftetsein, die Liebe aus Schwäche und Verzweiflung hat er hinter sich gelassen. Er findet sich in einer Liebe vor, die Liebesferne und Ungeliebtsein umfaßt, eine Liebe, die Einsamkeit einbezieht, nüchtern und glühend zugleich, eine Liebe, die nichts Bestimmtes will und deshalb verfügbar und offen ist, eine Liebe die Liebeswunden heilt, indem sie auch diese liebt.

In diesem abschließenden Kapitel werde ich bereits ausgeführte Gedanken vertiefen und zeigen, wie diese neue, realistische, nicht mehr auf Projektionen, Wunschphantasien und Verleugnungen beruhende Liebe zur Befreiung von einem Bewußtsein führt, durch das wir uns isolieren. Der Buddhismus nennt es Ichbewußtsein und bezeichnet die Befreiung von diesem als das höchste Glück. Aus der Warte einer Psychologie, die den Menschen aus objektiver Distanz betrachtet, ist der Ausdruck *»Befreiung vom Ichbewußtsein«* schierer Unsinn. Wie kann ein Ich, das vom Bewußtsein seiner selber befreit ist, die Befreiung vom Ichbewußtsein konstatieren? Dieses Unverständnis zeigt sich auch in folgender Aussage Jungs: »Ich-loser geistiger Zustand kann für uns nur unbewußt sein, weil ganz einfach kein Zeuge dabei wäre.« Wir erinnern uns an eine ähnlich lautende Aussage Jungs zur Meditation. – In der Sprache der unmittelbar aus dem Ereignisfluß sich ausdrückenden Psychoenergetik dagegen ist die Formulierung »Befreiung vom Ichbewußtsein« tiefe Weisheit. Sie bezeichnet den Übergang von einer Welt trennbarer Begriffe, Dinge und Körper zu einer Welt reiner Beziehungen, einer Welt, in der das einzige Bewußtsein *Beziehungsbewußtsein* ist, und Ichbewußtsein sich in diesem auflöst. Sogar der »Zeuge« des Beziehungsbewußtseins ist nicht »Ich«, sondern im wesentlichen ein und dieselbe Wahrnehmung, die ich und andere haben.

Solche Sprache ist nur in der Psychologie neu. In ihr drückt sich die Mystik seit eh und je aus. Es ist ein bemerkenswertes Phänomen, daß die Sprache der Mystik in den unterschiedlichsten Kulturen manchmal bis in feinste Formulierungen hinein ähnlich oder sogar gleich ist. Es scheint, daß die ideologischen, religiösen und politischen Abhängigkeiten sonstiger Sprache in der Sprache der Mystik weitgehend aufgehoben sind. Will nicht auch die Psychotherapie aus entfremdenden Abhängigkeiten befreien? Möchte nicht auch sie den Zugang zum Wesen des Menschen eröffnen? Warum also sollte sie sich einer Sprache, die therapeutisch, d. h. heilend ist, verweigern? Es gilt, sich darüber klar zu werden, daß das Heilende auch in der Sprache der bisherigen Psychotherapie v. a. aus deren Anteilen an unmittelbaren Wesenserfahrungen kam. Jung selber beschritt diesen Weg in der Beschreibung der archetypischen Bilder. Die Sprache der Mystik ist noch unabhängiger von Kultur und Epoche, da sie Grundbefindlichkei-

ten des Menschen widergibt und nicht Bilder beschreibt. Die Mythen verschiedener Völker sind sich ähnlich; mystische Gedankengänge sind sich überall fast gleich.
Ich behaupte allerdings nicht, daß die objektivierende Sprache der Psychotherapie überflüssig und sinnlos sei. Sie hat ihre Berechtigung vom Bedürfnis nach Übersicht, Einordnung und Einteilung der psychischen Erscheinungen her. Doch verschweige ich nicht, daß dieses Bedürfnis kleiner wird, je intensiver und bewußter wir im Ereignisfluß des Lebens sind. Die Differenzierung einer *Ereignissprache* steht der einer *Ordnungssprache* keineswegs nach, im Gegenteil: in ihrem schmiegsamen Fluß erfaßt sie subtil alle Unebenheiten und Formungen des Geländes, über das sie gleitet. – Praktisch gilt es, die Unterscheidung zu treffen zwischen einer Ordnungssprache, die verdinglicht, sich distanziert und auch in der Schilderung von Bewegungsabläufen statisch ist und einer erlebnishaften, unmittelbaren, dynamischen Ereignissprache. Jene ist Reflexion, die sich vom Tun entfernt, diese dagegen ist Tun, das sich selber erhellt und umschreibt.
Zuviel denken schafft Abstand zur bedachten Wirklichkeit. Wer kennt nicht die Sorte von unglücklichen Studenten, die eine Forschungsarbeit besonders gut machen wollen, vom Hundertsten ins Tausendste kommen, sich vom inneren Fließzusammenhang des zu Bedenkenden und Erforschenden entfernen, und schließlich vor den zahllosen Bruchstükken ihres Eifers wie vor einem Scherbengericht verzweifelt und gelähmt kleben bleiben! Die richtige Nähe zur Sache fehlt. – Dasselbe gilt auch für politische Problemstellungen. Wer zuviel denkt, denkt von der Sache weg. Ji Wenzi, ein vorbildlicher chinesischer Minister im 6. Jahrhundert v. Chr., überlegte immer dreimal bevor er handelte. Konfuzius bemerkte dazu: »Zweimal reicht völlig«[1], denn dreimal überlegen heißt in diesem Falle für Konfuzius, den unmittelbaren Sachverhalt bereits ein wenig aus dem Gespür zu verlieren. Wir haben Angst vor Nähe, auch im Denken.
Ungeliebte denken im falschen Moment. Eine Frau erzählte mir, im Laufe sexueller Begegnungen kämen ihr oft folgende Gedanken: »Mache ich eigentlich Theater?« oder: »Macht mein Partner Theater?« Noch während sie dies denke, verliere sie jegliche Lust an der Sexualität. – Auf die erste Frage könnten wir antworten: »Ja, wenn du so fragst, ist es immer Theater. Die Frage selber ist Theater. Vor der Frage war

kein Theater. Die Frage steht im Dienst deiner Angst vor Intimität.« – Auf die zweite Frage, ob der Partner Theater mache, wäre etwa folgende Antwort angebracht: »Du machst Theater, indem du diese Frage stellst. Würdest du selber fraglos im Fluß deiner zärtlichen Empfindungen bleiben, wäre es dir nicht wichtig, wie weit du damit heute mit deinem Partner kommst. Du wärest identisch mit eurer Beziehung, wie sie gerade ist.« – Überlegungen im falschen Moment sind lieblos: zu sich selber und zum anderen. Wer in Augenblicken der Nähe über sich oder den anderen nachdenkt, spaltet sein Bewußtsein von der Beziehung ab. Das natürliche Beziehungsbewußtsein wird zu einem künstlichen Ichbewußtsein. Dieses ist ein Kennzeichen aller *Unliebesspiele* (2. und 3. Kapitel).

Doch wäre die Frau ebenfalls lieblos mit sich selber, wenn sie sich jetzt für die Frage, die sie gestellt hat, quälen und kritisieren würde. Abwehrende Selbstkritik entfernt noch weiter von der Selbstliebe. Nun gilt es, auch den distanzschaffenden Impuls zu bejahen, um wieder eins und ganz zu werden: »Es ist in Ordnung. Ich habe die Frage gestellt. Ich mag die Frau, welche die Frage gestellt hat. Ich mag mich zusammen mit meiner Frage.« Diese große Bejahung führt zur augenblicklichen Entspannung. Die Frage wird losgelassen, das Ich wird losgelassen, Lust an Nähe regt sich wieder. Das Ichbewußtsein erweitert sich zu einem Beziehungsbewußtsein.

Ungeliebte verlieren leichter als andere das Beziehungsbewußtsein. Die *älteste aller seelischen Wunden* – nicht geliebt zu sein – kann wieder und wieder aufbrechen (1. Kapitel). In der *offenen Wunde der Depression* wird die affektive Beziehungslosigkeit zum Dauerzustand (7. Kapitel). Isolieren wir uns von den anderen in Er-innerung an früh erlittene Kränkung, erleben wir die Außenwelt als unerträglichen *Druck,* der unserem *Drang* nach Leben entgegenwirkt (9. Kapitel). Statt auf der *erotischen Spur* die Berührung zu suchen, verfolgen wir die tief eingefressene *traumatische Spur* der Selbstverlassenheit und Selbstunliebe (11. Kapitel). Unsere *Einsamkeit* ist unfruchtbar, weil sie sich gegen die Liebe abschirmt (15. Kapitel).

Wie äußert sich Ichbewußtsein? In festen *Identifizierungen.* Diese werden im allgemeinen als Ichstärke bezeichnet. Wenn sie jedoch in Konflikte mit der Realität führen, erweisen sie sich als Schwäche: die Angst, das Vertraute loszulassen, entfernt uns dann immer mehr von dem, was in unserem Leben geschehen will. Sie staut den Lebensfluß mit Gewalt und meint, mit einem seelischen Damm die Springflut des Lebendigen bannen zu können. Sie läßt die Identifizierungen anwachsen: das Heil wird mit einem einzigen Menschen, einer einzigen Religion oder Weltanschauung, oder mit festen Vorstellungen über unsere eigene Person (8. Kapitel) oder die Eltern (6. Kapitel) verknüpft. Das Ich bekommt eine übersteigerte Bedeutung. Der Ton, mit dem übermäßig identifizierte Menschen »ich« sagen, ist überspannt: »*ich* habe Angst«, »*ich* fühle mich schuldig«, »*ich* will das oder jenes unbedingt erreichen«, »*ich* bin einsam und verlassen«. Wenn sie das Wörtchen »ich« aussprechen, krampft sich etwas in ihnen zusammen. Die Angst vor Bedrohung und Verunsicherung macht sie angespannt und fordernd. Das Du ist ausgeblendet, die Liebe verstummt.

Wie wenig tragfähig sind doch Identifizierungen! Ich identifiziere mich mit meinen Gedanken, mit meiner Intelligenz, – ein erhebendes Gefühl. Da bekomme ich heftige Magenschmerzen, und ich kann keinen klaren Gedanken mehr fassen. Meine Intelligenz wird mir egal. Wenn ich gar einen Hirnschaden hätte, wo wäre ich dann mit meiner Intelligenz? – Oder ich identifiziere mich mit einer guten körperlichen Präsenz, einem guten Körpergefühl. Ein starker Schmerz löst auch diese Identifizierung auf. – Oder ich identifiziere mich mit der Beziehung zu einem bestimmten Menschen. Diese zerbricht. Wo bin ich dann? – Oder ich identifiziere mich mit meinem Leben. Dann werde ich krank und sterbe. Wo bleibt dann dieses ans Leben verhaftete Ich? – Wer sich vom Ichbewußtsein, das sich in starren Identifizierungen äußert, nicht befreit, lebt voller Angst, das zu verlieren, was »Ich« ist. Glücklich wird er dabei nicht, jedoch fanatisch im Aufrichten von Mauern und Glaubenssätzen. Er will das, womit er sich identifiziert, schützen. Wogegen? Gegen das *Beziehungsbewußtsein*.

Das, wogegen wir uns am heftigsten sträuben, hält oft das größte Glück bereit. Solange wir uns mit etwas identifizieren, schenkt es uns keinen Genuß; zuviel Angst ist in unserem Klammern. Sobald wir es jedoch innerlich freigeben, befreit sich auch unser Genuß. Wir können das am fröhlichsten genießen, worauf wir uns nicht unbedingt angewiesen fühlen. Nicht geplante Sexualität wirkt am erfrischendsten. Eine Begegnung, mit der ich nicht mehr gerechnet habe, ist herrlich.

Glückliche Zufälle bescheren uns ab und zu das Glück des Unvorhergesehenen. Doch braucht es sie nicht, um Identifizierungen zu lösen. Eine *Meditation*, in deren Verlauf der Halt in einem festen, d. h. mit bestimmten Dingen identifizierten Ich vom Gefühl des *Fließgleichgewichts* abgelöst wird, läßt uns das Glück der Freiheit vom Ichbewußtsein klar erleben. Die einzige wirkliche »Ich-Stärke« ist dieses Fließgleichgewicht: der »Halt« liegt nicht im Anhalten, sondern in einer mit der Gesamtsituation stimmigen Bewegung. In dieser werden wir ohne weitere Bemühung zu bezogenen Menschen.
Wir sind einer Unzahl von *Sachzwängen* unterworfen. Wenn wir nicht achtgeben, werden sie zu Identifizierungen. Wir meinen dann, ohne sie nicht mehr leben zu können. In der sozialen Landschaft einer zunehmend organisierten Welt gilt es, einige Zonen von Sachzwängen auszusparen und sie frei und verfügbar zu halten: heilige Zonen schöpferischer Leere, in denen Beziehungen und Zusammenhänge aufblitzen, für die wir sonst kein Auge haben. Wie es in einem Landschaftsbild Zonen braucht, die nicht überbaut werden dürfen, tun uns in der Agenda leere Seiten not, nämlich Zeiten, in denen wir einfach da und verfügbar sind. Dann verlieren auch die realen Sachzwänge den Charakter von quälenden Identifizierungen. Wir erwachen aus der *sozialen Hypnose*, die uns das Geflecht unserer Verpflichtungen mit dem Leben verwechseln ließ[2].
Bedeutet Befreiung vom Ichbewußtsein nicht auch Verlust der Selbstliebe? Diese Frage gibt mir die Gelegenheit, tiefer in das Wesen der Selbstliebe einzudringen. Ich unterscheide zwischen einer tatsächlichen und einer scheinbaren Selbstliebe, zwischen einer offenen Selbstliebe und einer narzißtischen Selbstbeobachtung und -bespiegelung. Der Unterschied leuchtet aus einer eindrücklichen autobiographischen Kindheitserzählung Martin *Bubers* sofort ein:
»Während der Sommerferien auf dem Gut meiner Großeltern weilend, pflegte ich mich, sooft ich es unbeobachtet tun konnte, in den Stall zu schleichen und meinem Liebling, einem breiten Apfelschimmel, den Nacken zu kraulen. Das war für mich nicht ein beiläufiges Vergnügen, sondern eine ... tief erregende Begebenheit ... Was ich an dem Tier erfuhr, war das Andere, die ungeheure Anderheit des Anderen, die aber nicht fremd blieb, wie die von Ochs und Widder, die mich vielmehr ihr nahen, sie berühren ließ ..., sich elementar mit mir auf Du und Du

stellte . . . Einmal aber . . . fiel mir über dem Streicheln ein, was für einen Spaß es mir doch mache, und ich fühlte plötzlich meine Hand. Das Spiel ging weiter wie sonst, aber etwas hatte sich geändert, es war nicht mehr Das. Und als ich tags darauf, nach einer reichen Futtergabe, meinem Freund den Nacken kraulte, hob er den Kopf nicht.«[3]

Wirkliche Selbstliebe ist nicht von der Duliebe zu unterscheiden. Es besteht kein Abstand zwischen der einen und anderen. In der Berührung des Du bin ich ergriffen. In der Nähe zum Du bin ich mir selber nahe. In der liebenden Bewegung werde ich von Liebe bewegt, bin nichts als Liebe, auch zu mir selber, doch ohne daran zu denken. Es gibt kein Ichbewußtsein, das Selbstliebe konstatiert und sich von einem Dubewußtsein unterscheiden würde, das Duliebe feststellt. Das Beziehungsbewußtsein ist Liebe im wachen Vollzug, Gewahrsein dessen, was im Zwischen schwingt, und dich und mich in sich hinein verwandelt. Es kommt nicht vom Kopf, sondern vom Herzen: es ist »raison du cœur« (Blaise Pascal). – Das Kind Martin Buber empfindet zunächst in der Hingabe an die Berührung des Apfelschimmels die selbstvergessene, mit sich identische Liebe, die vom Ichbewußtsein befreit und größtes Glück ist. Doch eines Tages gleitet es in eitle Selbstgefälligkeit ab: ein armseliger Ersatz, mit dem sich Zukurzgekommene über den Mangel an wirklicher Selbstliebe hinwegtrösten. – Wie alle Ungeliebten neigt es zur Selbstbeobachtung im falschen Moment, um sich zu vergewissern, daß es wirklich liebt, – daß seine Hand streicheln kann und dabei Lust empfindet. Sein Ichbewußtsein tritt also wieder in Kraft, und gleichzeitig erstirbt die Liebe. Das Pferd mit seinem sicheren Instinkt spürt es und hebt den Kopf nicht mehr. Das Kind ist wieder im eigenen Ich verfangen und ohne Verbindung zum Pferd. – In bezug auf dieses Geschehen besteht kein Unterschied zwischen der Beziehung des Kindes Martin Buber zum Apfelschimmel und der Beziehung eines Erwachsenen zu einem andern Menschen. Liebe und Selbstgefälligkeit schließen sich aus.

Der Therapeut, der *am Leiden des ungeliebten Kindes teilnimmt,* gibt im Moment der Heilung die reflektierende Distanz ganz auf und folgt mit seinem Spüren der Spur der Empfindung, die sich im Klienten befreien will (12. Kapitel).

Auch in der *Mentalmassage* schnurrt die Katze, unser Körper, nur, wenn die Hinwendung der Aufmerksamkeit ohne distanzierende

Selbstreflexion geschieht. Der Körper wird zum Du, das in der mentalen Berührung auflebt (13. Kapitel).
Das ist das Entscheidende in der Energetik der Liebe: die Erweiterung des Ichbewußtseins zu einem Beziehungsbewußtsein durch die Aufhebung eines Reflexionsabstands in unserem Tun. Das heißt natürlich nicht, daß wir unüberlegt handeln sollen, doch bewegt sich die Überlegung zusammen mit dem Tun, ähnlich wie ein Reiter die Reitbewegungen in engster Fühlung mit seinem Pferd ausführt. Das Tun rückt ins Zentrum der Aufmerksamkeit. Der Bewegungstherapeut Feldenkrais schreibt: »Wer es nicht dahin bringt, daß sein Eigenwert aufhört, seine Haupttriebkraft zu sein, der wird keine Besserung erzielen ... Indem einer wächst und sich verbessert, wird ihm sein Tun und was er tut immer mehr zum Mittelpunkt seines Lebens, während der Täter – er selbst – ihm immer weniger wichtig wird.«[4]
Im Tun bin ich mit der ganzen Welt verbunden: In mir kommt die Welt zu sich, und in der Welt komme ich zu mir. Tun, in dem ich aufgehe, ist Hingabe. Diese ist nur möglich, solange ich nicht vom jetzt Wirklichen wegdränge und wegdenke, zurück in Vergangenes und vorwärts in Zukünftiges. Dann aber, im Ereignis des Bei-mir-Seins ohne Selbstreflexion erwacht Liebe. Der Raum öffnet sich. Die Welt weitet sich: Weiträumig fühlt sich der in die Liebe hinein Befreite. Der Atem – der innere Wind, wie die Tibetaner sagen – wird eins mit allen anderen Rhythmen der Welt, flicht sich ein in deren Auf- und Abwehen.
Ist jetzt die Wunde der Ungeliebten ein für allemal geheilt? Wie könnte dies sein, da doch die traumatische Spur früher Lieblosigkeit nie ganz gelöscht wird, und außerdem das Gefühl der Fremdheit eine Grundbefindlichkeit des Menschen ist! Wieder und wieder wird an springenden Punkten des Lebens die Wunde der Ungeliebten aufbrechen. Doch kennen wir die Richtung: Wir werden erneut eine Abhängigkeit lösen, um Liebe zu ermöglichen. Die Wunde der Ungeliebten ist der Schoß, aus dem wir viele Male geboren werden.

Anmerkungen

1 Keine Wunde ist älter

[1] Gautama Buddha, Die vier edlen Wahrheiten, z. B. S. 110 u. 115
[2] P. Sloterdijk, Der Zauberbaum, S. 253
[3] Zum Problem der Scham vgl. P. Hultberg, Scham – Eine überschattete Emotion, in: Ztschr. f. Analytische Psychologie, Juli 1987, S. 84–104
[4] M. S. Mahler, Symbiose und Individuation, S. 63
[5] ebenda, S. 221

2 »Wieder der Falsche!« und andere Unliebesspiele

[1] E. und R. Zundel, Leitfiguren der Psychotherapie, S. 149

3 »Alle lieben mich« und weitere Unliebesspiele

[1] P. Watzlawick, Anleitung zum Unglücklichsein, S. 97
[2] W. Wieck, Männer lassen lieben
[3] Vgl. P. Schellenbaum, »Heilende Impulse aus der winzigen, weichen Bewegung«, in: Abschied von der Selbstzerstörung, S. 192–205

4 Psychoenergetik

[1] Vgl. P. Schellenbaum, Abschied von der Selbstzerstörung, S. 37f.
[2] zitiert in: E. und R. Zundel, Leitfiguren der Psychotherapie, S. 152f.
[3] Meister Eckehart Deutsche Predigten und Traktate, S. 121
[4] P. Sloterdijk, Der Zauberbaum, S. 185
[5] ebenda, S. 188
[6] Vgl. Bibliographie: F. A. Mesmer, Kaly, J. Josipovici, S. Zweig, H. Schott, P. Sloterdijk (Der Zauberbaum)
[7] Vgl. P. Sloterdijk, Der Zauberbaum, S. 250f.
[8] F. A. Mesmer, Abhandlung über die Entdeckung des thierischen Magnetismus, S. 12, 20, 46f.
[9] Kaly, Initiation au Magnétisme, S. 28–33
[10] J. Josopovici, F. A. Mesmer, magnétiseur, médecin et francmaçon, S. 188–194
[11] Vgl. H. Schott, Über den thierischen Magnetismus und sein Legitimationsproblem, S. 104, mit Anm. 7

[12] H. J. Störig, Kleine Weltgeschichte der Philosophie, S. 456
[13] Zitiert nach H. Schott, op. cit., S. 110f.
[14] S. Zweig, Heilung durch den Geist, S. 220
[15] F. Nietzsche, Der Wille zur Macht

5 Liebe zu Ausgestoßenen

[1] P. Schwarzenau, Das göttliche Kind, S. 17–25
[2] A. Watts, Psychotherapie und östliche Befreiungswege, S. 85

6 Verzicht auf zu späte Elternliebe

[1] P. Sloterdijk, Der Zauberbaum, S. 189
[2] F. Nietzsche, Also sprach Zarathustra, S. 92
[3] F. Nietzsche, Über Wahrheit und Lüge im außermoralischen Sinn
[4] F. Nietzsche, Also sprach Zarathustra, S. 331
[5] C. G. Jung, Symbole der Wandlung, S. 524
[6] ebenda, S. 526
[7] ebenda, S. 524

7 Die offene Wunde der Depression

[1] S. Freud, Trauer und Melancholie, G. W. Bd. 10, S. 429
[2] ebenda, S. 431
[3] ebenda, S. 433 u. 438
[4] ebenda, S. 431
[5] ebenda, S. 439
[6] Gautama Buddha, Die vier edlen Wahrheiten, S. 110

8 Identität in der Sehnsucht

[1] F. Nietzsche, Abschied von der Metaphysik
[2] R. Fetscher, Selbst und Identität, in: Psyche, Mai 1983, S. 397
[3] ebenda, S. 398
[4] ebenda, S. 399
[5] S. M. Weber, Rückkehr zu Freud, S. 14
[6] ebenda, S. 14
[7] Vgl. P. Schellenbaum, Die Homosexualität des Mannes, und: Stichwort Gottesbild
[8] Vgl. P. Schellenbaum, Das Nein in der Liebe, und: Abschied von der Selbstzerstörung

9 Druck und Drang

[1] P. Sloterdijk, Kritik der zynischen Vernunft Bd. 1, S. 21
[2] ebenda, S. 22
[3] ebenda, S. 21
[4] P. Sloterdijk, Der Zauberbaum, S. 253
[5] S. Freud, Das Unbehagen in der Kultur
[6] A. Cheng (Hrsg.), Entretiens de Confucius, Übers. P. Schellenbaum, S. 57
[7] Nach Jürg Willi bedeutet *Kollusion* das meist unbewußte Zusammenspiel der Partner, welches sie zur Abwehr und Bewältigung von gemeinsamen Ängsten und Schuldgefühlen gestalten und nicht unterlassen können, weil sie sich dadurch schicksalhaft verbunden fühlen. (Jürg Willi, Die Zweierbeziehung, S. 39f.)
[8] P. Sloterdijk, Der Zauberbaum, S. 224
[9] Vgl. A. Lowen, Bioenergetik, S. 237 u. 239
[10] F. Nietzsche, Also sprach Zarathustra, Teil III
[11] A. Lowen, Bioenergetik, S. 247
[12] F. Nietzsche, Fröhliche Wissenschaft

10 Das Fleisch wird Wort: Körpergeistigkeit

[1] C. G. Jung, Seelenprobleme der Gegenwart, G. W. Bd. 10, S. 434f.
[2] A. Cheng (Hrsg.), Entretiens de Confucius, Übers. P. Schellenbaum, S. 41
[3] P. Sloterdijk, Der Denker auf der Bühne, S. 137 u. 140
[4] P. Sloterdijk, Kritik der zynischen Vernunft, Bd. 2, S. 657

11 Die traumatische und die erotische Spur

[1] Zur traumatischen Spur vgl. M. Frischknecht, Die Verzauberung der Therapie, Gespräch mit P. Sloterdijk, in: Spuren, Nr. 2, Jan. 1986, S. 5
[2] F. Nietzsche, Also sprach Zarathustra
[3] Vgl. den Mythos der Nachtmeerfahrt
[4] P. Schellenbaum, Homosexualität des Mannes, S. 203f.

12 Teilnahme am Leiden des ungeliebten Kindes

[1] M. Meierhofer, W. Keller, Frustration im frühen Kindesalter, S. 223
[2] R. Spitz, Die Entstehung der ersten Objektbeziehungen
[3] P. Schellenbaum, Abschied von der Selbstzerstörung, S. 168–171
[4] Vgl. S. B. Kopp, Triffst du Buddha unterwegs

14 Liebe ist anormal

[1] P. Schellenbaum, Das Nein in der Liebe, S. 15
[2] A. Cheng, Entretiens de Confucius, Übers. P. Schellenbaum, S. 58
[3] A. Watts, Psychotherapie und östliche Befreiungswege, S. 47

15 Wesentliche Einsamkeit

[1] F. Nietzsche, Also sprach Zarathustra, S. 64
[2] P. Sloterdijk, Der Denker auf der Bühne, S. 72
[3] M. Buber, Begegnung, S. 10f.
[4] Vgl. P. Schellenbaum, Abschied von der Selbstzerstörung, S. 163–168
[5] A. Strindberg, Einsam – Autobiographische Schrift
[6] C. G. Jung, Bewußtsein, Unbewußtsein und Individuation, G. W. 9/1, S. 305f.
[7] Vgl. E. Neumann, Ursprungsgeschichte des Bewußtseins
[8] L. Pirandello, Der Humor (L'umorismo)
[9] P. Sloterdijk, Kritik zur zynischen Vernunft, Bd. 1, S. 259f.
[10] J.-C. Carrière, The Mahabarata – Zum Dialog zwischen Krishna und Arjuna vgl. P. Schellenbaum, Stichwort: Gottesbild, S. 181–188

16 Energetik der Liebe: Die Befreiung vom Ichbewußtsein

[1] A. Cheng, Entretiens de Confucius, Übers. P. Schellenbaum, S. 52
[2] Vgl. A. Watts, Psychotherapie und östliche Befreiungswege, S. 80
[3] M. Buber, Begegnung, S. 25f.
[4] M. Feldenkrais, Bewußtheit durch Bewegung, S. 42

Bibliographie

L. Andreas, Salomé – Lebensrückblick, Frankfurt 1974
Bhagavadgita, Stuttgart 1955
G. Boyesen, Über den Körper die Seele heilen, München 1987
G. Buddha, Die vier edlen Wahrheiten, München 1985
M. Buber, Hinweise, Zürich 1953
–, Der Weg des Menschen, Heidelberg 1960
–, Das dialogische Prinzip, Heidelberg 1979
–, Begegnung – Autobiographische Fragmente, Heidelberg 1986
J.-C. Carrière, The Mahabarata, New York 1987
A. Cheng, Entretiens de Confucius, Paris 1981
C. Collodi, Pinocchios Abenteuer, Stuttgart 1986
M. Eliade, Kosmos und Geschichte, Frankfurt 1984
E. H. Erikson, Identität und Lebenszyklus, Frankfurt 1966
T. Evers, Mythos und Emanzipation, Hamburg 1987
M. Feldenkrais, Bewußtheit durch Bewegung, Frankfurt 1978
R. Fetscher, Das Selbst und das Ich, in: Psyche 7, 35. Jg., Juli 1981, Stuttgart
–, Selbst und Identität, in: Psyche 5, 37. Jg., Mai 1983, Stuttgart
F. F. Flach, Depression als Lebenschance, Hamburg 1985
A. Freud, Das Ich und die Abwehrmechanismen, München 1964
S. Freud, Gesammelte Werke, London 1940–1952
Sigmund Freud, Oskar Pfister, Briefe 1909–1939, Frankfurt 1963
L. Frey-Rohn, Jenseits der Werte seiner Zeit, Friedrich Nietzsche im Spiegel seiner Werke, Zürich 1984
M. Frischknecht, Die Verzauberung der Therapie, Gespräch mit P. Sloterdijk, in: Spuren Nr. 2, Zürich 1986
M. Frisch, Andorra, Frankfurt 1962
E. u. A. Green, Biofeedback, Freiburg 1978
S. Grof, Geburt, Tod und Transzendenz, München 1985
A. Gruen, Der Verrat am Selbst, München 1986
–, Der Wahnsinn der Normalität, München 1987
Al Huang, Lebensschwung durch T'ai chi, Bern und München 1984
J. Josipovici, Franz-Anton Mesmer, magnétiseur, médecin et francmaçon, Monaco 1982
C. G. Jung, Gesammelte Werke, Olten 1971–1981
F. Kafka, Amerika, Frankfurt 1953
O. Kaltenmarte (Hrsg.), La littérature chinoise, Paris 1977
Kaly, Initiation au magnétisme, Paris 1982
P. Kaplan, Die drei Pfeiler des Zen, Weilheim/Obb. 1972
K. Kerényi, Die Mythologie der Griechen, Bd. I u. II, München 1966
M. Klein, Die Psychoanalyse des Kindes, München 1973

H. Kohut, Narzißmus, Frankfurt 1973
–, Die Heilung des Selbst, Frankfurt 1979
S. B. Kopp, Triffst du Buddha unterwegs, Düsseldorf/Köln 1976
G. Krishna, Kundalini, Bern 1985
J. Lacan, Gesammelte Werke, Olten und Freiburg 1973 ff.
Lao Tse, Tao Tê King, Zürich 1959
A. Lowen, Liebe und Orgasmus, München 1980
–, Narzißmus, München 1983
–, Bioenergetik, München 1986
J.-T. Maertens, Ritanalyses 1, Paris 1987
M. S. Mahler, Symbiose und Individuation, Bd. 1, Stuttgart 1972
M. Meierhofer, W. Keller, Frustration im frühen Kindesalter, Bern 1974
Meister Eckehart, Vom Wunder der Seele, 1966
–, Deutsche Predigten und Traktate, Zürich 1979
F. A. Mesmer, Abhandlung über die Entdeckung des thierischen Magnetismus, Tübingen 1984
A. u. M. Mitscherlich, Die Unfähigkeit zu trauern, München 1968
A. Moravia, Agostino, Hamburg 1963
E. Neumann, Das Kind, Zürich 1963
–, Ursprungsgeschichte des Bewußtseins, München 1974
–, Die Große Mutter, Olten 1974
F. Nietzsche, Die Philosophie im tragischen Zeitalter der Griechen, München 1921
–, Die fröhliche Wissenschaft, München 1924
–, Jenseits von Gut und Böse, München 1925
–, Der Wille zur Macht, München 1926
–, Also sprach Zarathustra, Frankfurt 1978
–, Der Antichrist, Frankfurt 1986
–, Die Geburt der Tragödie aus dem Geiste der Musik, Frankfurt 1987
R. Norwood, Wenn Frauen zu sehr lieben, Hamburg 1987
F. S. Perls, Gestalttherapie, Bd. 1 u. 2, Stuttgart 1985
L. Pirandello, Der Humor (L'umorismo), Mindelheim 1986
M. Proust, Auf der Suche nach der verlorenen Zeit, Frankfurt 1974
R. von Ranke-Graves, Griechische Mythologie Bd. 1 u. 2, Hamburg 1960
K. L. Frh. v. Reichenbach, Der sensitive Mensch und sein Verhalten zum Ode, Bd. 1 u. 2, Stuttgart 1854
D. Rieger (Hrsg.), Französische Chansons, Stuttgart 1987
P. de Ronsard, Amours, Lausanne 1964
S. Sabetti, Lebensenergie, München 1985
P. Schellenbaum, Le Christ dans l'Energétique teilhardienne, Paris 1971
–, Die Christologie des Teilhard de Chardin, in: Theol. Berichte II, Zürich 1973
–, Homosexualität des Mannes, München 1980
–, Stichwort: Gottesbild, Stuttgart 1981

–, Das Nein in der Liebe, Stuttgart 1984
–, Abschied von der Selbstzerstörung, Stuttgart 1987
H. Schott, (Hsg.), Franz Anton Mesmer und die Geschichte des Mesmerismus: Beitr. zum internat. wiss. Symposion anläßl. s. 250. Geburtstages, Stuttgart 1985
P. Schwarzenau, Das göttliche Kind, Stuttgart 1984
P. Sloterdijk, Kritik der zynischen Vernunft, Bd. 1 u. 2, Frankfurt 1983
–, Der Zauberbaum, Frankfurt 1986
–, Der Denker auf der Bühne – Nietzsches Materialismus, Frankfurt 1986
S. Spielrein, Die Destruktion als Ursache des Werdens, Tübingen 1986
R. Spitz, Die Entstehung der ersten Objektbeziehungen, Stuttgart 1966
H. J. Störig, Kleine Weltgeschichte der Philosophie, Frankfurt 1987
A. Strindberg, Einsam – Autobiographische Schrift, München 1961
P. Teilhard de Chardin, Œuvres 1–10, Paris 1955–65
L. N. Tolstoi, Anna Karenina, Frankfurt 1962
A. Watts, Nichts, München 1984
–, Meditation, München 1985
–, Psychotherapie und östliche Befreiungswege, München 1986
–, Vom Geist des Zen, Hamburg 1986
P. Watzlawick, Die Möglichkeit des Andersseins, Bern 1977
–, Anleitung zum Unglücklichsein, München 1985
S. M. Weber, Rückkehr zu Freud, Jacques Lacans Ent-stellung der Psychoanalyse, Frankfurt 1978
F. Werfel, Der Abituriententag, Wien 1958
W. Wieck, Männer lassen lieben, Stuttgart 1987
O. Wilde, De Profundis, Hamburg 1966
J. Willi, Die Zweierbeziehung, Hamburg 1975
D. W. Winicott, Reifungsprozesse und fördernde Umwelt, München 1974
H. Zimmer, Indische Mythen und Symbole, Köln 1981
E. u. R. Zundel, Leitfiguren der Psychotherapie, München 1987
S. Zweig, Die Heilung durch den Geist, Frankfurt 1986